Claudia Stock

Wi man di ku fom ais kricht

Claudia Stock

Wi man di ku fom ais kricht

Mit dem Grundschul-Wortschatz eine
sichere Rechtschreibung erlernen

Impressum

Julius-Maximilians-Universität Würzburg
Würzburg University Press
Universitätsbibliothek Würzburg
Am Hubland
D-97074 Würzburg
www.wup.uni-wuerzburg.de

© 2017 Würzburg University Press
Print on Demand

Coverdesign: Daniel Farò

ISBN 978-3-95826-054-2 (print)
ISBN 978-3-95826-055-9 (online)
urn:nbn:de:bvb:20-opus-154080

Inhaltsverzeichnis

1 Einleitung

Dieses Buch ist dazu gedacht, es Lehrer/innen, Therapeut/innen und Eltern zu erleichtern, Diktate oder anders geartete Texte für Grundschulkinder zu erstellen, sei es für den Unterricht, für die Leistungsüberprüfung oder für das Üben zu Hause. Den größten Teil des Buches nehmen Wörterlisten ein, die in aufwändiger Kleinarbeit zusammengetragen wurden und die einen Überblick liefern, welche Wörter in der ersten oder zweiten Hälfte der Grundschulzeit als gekonnt vorausgesetzt werden können oder sollten. Worauf sich dieser Anspruch begründet, wie diese Listen entstanden und wie sie zu handhaben sind, darauf sollen die ersten Seiten dieses Buches eingehen.

1.1 Entstehung der Wörterlisten

Im Rahmen der Erstellung der Deutschen Rechtschreibtests für die Grundschuljahrgänge eins bis vier (DERET 1-2+, Stock & Schneider, 2007b; DERET 3-4+, Stock & Schneider, 2007a) wurden Diktatwörter benötigt, die möglichst bei allen Kindern im bundesdeutschen Raum vorausgesetzt werden konnten. Aufgrund der großen Unterschiede in den Lehrplänen der 16 deutschen Bundesländer stellte dies einen größeren Rechercheaufwand dar:

Die Lehrpläne der Bundesländer Bayern, Niedersachsen, Sachsen, Sachsen-Anhalt sowie Thüringen enthalten oder erhielten neben den Lernzielen zusätzlich einen so genannten Grundwortschatz, d.h. Wörter, die jeweils am Ende der vier Jahrgangsstufen beherrscht werden sollten. Den Lehrer/innen der übrigen Bundesländer, deren Lehrpläne keine Grundwortschätze beinhalten, wird nahegelegt, einen Klassenwortschatz zu erarbeiten. Die meisten Lehrkräfte orientieren sich bei der Erstellung des Klassenwortschatzes an den Vorgaben der im Deutschunterricht verwendeten Schulbücher der jeweiligen Jahrgangsstufe bzw. an den darin enthaltenen Wortschatzlisten. Diese Wörter sollten von den Schülerinnen und Schülern am Ende des jeweiligen Schuljahres beherrscht werden.

Für die Erstellung des *Grundschul-Wortschatzes* wurden sowohl die Wörter aus den Grundwortschätzen als auch jene aus den gängigsten Schulbüchern für diesen Fachbereich für das erste bis vierte Schuljahr katalogisiert und ausgewertet. Der Umfang der so entstandenen Wörterliste für die Jahrgangsstufen 1 und 2 beträgt insgesamt mehr als 2200 Wörter und Lexeme (im Sinne des Wortstammes), für die Jahrgangsstufen 3 und 4 erhöhte sich diese Anzahl auf ca. 4100. Diese Listen sind in diesem Buch zusammengefasst und als komplette Auflistung sowie nach Themenschwerpunkten gegliedert *(Themenlisten)* wiedergegeben.

Die *Themenlisten* orientieren sich an den Rechtschreibanforderungen der Grundschullehrpläne für das Fach Deutsch. Dabei ist jedoch festzuhalten, dass sich die Leistungsanforderungen in den verschiedenen Bundesländern zum Teil erheblich unterscheiden. Aus diesen unterschiedlichen Vorgaben wurde deshalb zur Vereinheitlichung ein mittleres Anforderungsprofil für die vier Grundschuljahrgänge erarbeitet. Tabelle 1 gibt eine Übersicht, welche orthographischen Fähigkeiten bundesweit durchschnittlich am Ende der einzelnen Klassenstufen vorausgesetzt werden.

Tabelle 1: Lehrplananforderungen je Klassenstufe (in Anlehnung an Stock, 2005)

Klassenstufe	berücksichtigte Lehrplananforderungen
1. Klasse	• lautgetreue Schreibung • Großschreibung am Satzanfang • Großschreibung von Namenwörtern
2. Klasse	<u>zusätzliche Schwerpunkte, die zu den bereits in der ersten Klassenstufe aufgeführten Punkten hinzukommen:</u> • Schreibung kurzer vs. langer Vokale • Schreibung von Umlauten und Diphthongen • Schreibung einfacher Vokal- und Konsonantenverdopplungen • Besonderheiten bei der Schreibung von <sp> und <st> • Besonderheiten bei der Schreibung von <f> vs. <v> • Großschreibung von Abstrakta
3. Klasse	<u>zusätzliche Schwerpunkte, die zu den bereits in den ersten beiden Klassenstufen aufgeführten Punkten hinzukommen:</u> • Schreibung von Vokal- und Konsonantenverdopplungen (inkl. <ck>) • Schreibung von Konsonantenclustern (z.B. <pf>, <ng>) • Schreibung kurzer und langer Vokale (inkl. Dehnungs-h und i-Lauten) • Besonderheiten bei der Schreibung bspw. von <qu> • Auslautverhärtungen • Verwendung besonderer Nachsilben als Hinweis für die Groß-Kleinschreibung (z.B. -ung, -heit, -keit vs. -ig, -lich)
4. Klasse	<u>zusätzliche Schwerpunkte, die zu den bereits in den ersten drei Klassenstufen aufgeführten Punkten hinzukommen:</u> • unterschiedliche Schreibung der s-Laute

1.2 Verwendete Schulbücher

Wie bereits erwähnt, basiert der *Grundschul-Wortschatz* neben den Wörtern aus den Grundwortschätzen der Lehrpläne auch auf den Wörterlisten der gängigsten Schulbücher für das Fach Deutsch bzw. Rechtschreibung für das erste bis vierte Schuljahr. Insgesamt gingen hierbei 63 Schulbücher aus sieben Schulbuchverlagen in die Analyse ein. Der nachfolgenden Tabelle sind die Verlage und die Bücherreihen zu entnehmen. Eine genaue Auflistung findet sich im Literaturverzeichnis.

Tabelle 2: Verwendete Schulbücher für den Grundschul-Wortschatz

Verlag	Buchreihe
Auer Verlag	• Das Auer Rechtschreibheft (1.und 2. Schuljahr) • Mein Rechtschreibheft (2. Schuljahr) • Spaß mit dem Grundwortschatz (3. und 4. Schuljahr)
Cornelsen	• Der neue Sprachschatz (3. und 4. Schuljahr • Grundwortschatz-Kartei (1. bis 4. Schuljahr)
Diesterweg	• Bausteine Deutsch (2. bis 4. Schuljahr)
Klett	• Sicher zum Grundwortschatz, neue Rechtschreibung (3. und 4. Schuljahr) • Sprachfuchs – verschiedene Ausgaben (2. bis 4. Schuljahr)
Oldenbourg	• Diktatbuch (1. Schuljahr) • Grundwortschatz spielend leicht (1. bis 4.Schuljahr) • Leseschule (4. Schuljahr)
Volk und Wissen	• Sprachfreunde (2. und 3. Schuljahr)
Westermann	• Leporello (1. bis 4. Schuljahr) • Miteinander sprechen (2. bis 4. Schuljahr) • Mobile Sprachbuch (1. bis 4.Schuljahr)

Aufgrund bundesland- bzw. regionsspezifischer Ausgaben der Buchreihen gingen manche Bücher mehrfach in den *Grundschul-Wortschatz* ein, da sich ihre Wörterlisten im Anhang der Bücher unterschieden.

Natürlich erhebt dieses Buch nicht den Anspruch auf Vollständigkeit, denn es konnten nicht alle auf dem deutschen Schulbuchmarkt erhältlichen Bücher in die Analyse einbezogen werden. Dennoch stellt dieses Buch zum heutigen Zeitpunkt eine gute Grundlage dar, wenn man Texte für

Grundschülerinnen und -schüler erstellen will, die Wörter enthalten sollen, die den Anforderungen des Lehrplanes und der gängigen Schulbücher entsprechen.

1.3 Zur Handhabung des Buches

Der Hauptteil dieses Buches lässt sich in zwei Bereiche unterteilen – die grundlegende *Liste der Grundschulwörter* einerseits und die *Themenlisten* andererseits. Die *Liste der Grundschulwörter* stellt die vollständige Auflistung der aus den oben beschriebenen Schulbüchern und Lehrplänen gewonnenen Wörter bzw. Lexeme. Die Wörter sind in alphabetischer Reihenfolge angegeben, wobei für die Umlaute keine besonderen Bereiche eröffnet wurden, ein <ö> wurde also bspw. wie ein <o> behandelt.

Für die *Themenlisten* wurden die Wörter aus der *Liste der Grundschulwörter* noch einmal nach Themenschwerpunkten aufgeteilt. Sie orientieren sich an den in Tabelle 1 aufgelisteten Rechtschreibanforderungen bzw. –regeln und erleichtern es, Texte mit entsprechenden Fehlerschwerpunkten zu formulieren. In den *Themenlisten* wird hierbei auf besondere Buchstaben und Buchstabenkombinationen (inklusive Umlaute, Zwielaute sowie gängige Konsonantencluster) ebenso eingegangen, wie auch auf Vokal- und Konsonantendopplungen, auf das Dehnungs-h, auf Auslautverhärtungen und auf Wörter mit besonderen Substantiv- sowie Adjektiv-Endungen. Darüber hinaus wurden zur Abgrenzung der aufgelisteten Themenschwerpunkte auch weiterführende Rechtschreibphänomene aufgelistet, z.B. Konsonantendopplungen, die nicht zur Kennzeichnung eines vorangehenden kurzen Vokales dienen, sondern durch Wortverbindungen entstanden sind.

Beide Listen beinhalten Wörter, die sowohl häufig als auch selten in den Schulbüchern und Lehrplänen vorkommen – oder die in ihrer Häufigkeit zwischen diesen beiden Polen liegen. Zur besseren Übersichtlichkeit wurden die Wörter mittels unterschiedlich gefüllter Kreise gekennzeichnet: ein leerer Kreis (○) bedeutet dabei, dass das Wort eher selten ist, ein voller Kreis (●), dass es häufig gefunden wurde, und ein Kreis mit einem Punkt in der Mitte (◉), dass es weder als häufig noch als selten angesehen werden kann. Diese Einstufung wurde gesondert für die Klassenstufen 1 und 2 (linke Tabellenseite) sowie 3 und 4 (rechte Tabellenseite) vorgenommen[1]. Wenn keine Kreise angegeben wurden, dann kam das betreffende Wort in den einbezogenen Schulbüchern nicht vor.

Dieses Häufigkeitssystem kann sehr hilfreich bei der Texterstellung sein. Soll ein Text Wörter enthalten, die zweifelsohne als gekonnt vorausgesetzt werden können, dann sollten überwiegend solche Wörter verwendet werden, die durch einen vollen Kreis gekennzeichnet wurden, denn für diese Wörter besteht über die verschiedenen Schulbücher hinweg ein breiter Konsens. Soll jedoch eher der Transfer von Rechtschreibregeln überprüft werden, dann sollten vermehrt die mit den beiden anderen Kreisen gekennzeichneten Wörter verwendet werden.

---

[1] Auf eine gesonderte Unterscheidung für alle vier Klassenstufen wurde verzichtet, da auch die Lehrpläne in den meisten Bundesländern die ersten beiden und die Grundschuljahrgänge 3 und 4 zusammenfassen.

Eine entsprechende Zusammenfassung der Häufigkeiten in den Grundwortschätzen der Lehrpläne aus den Bundesländern Bayern, Niedersachsen[2], Sachsen, Sachsen-Anhalt und Thüringen wurde nicht vorgenommen, damit Anwender aus den entsprechenden Bundesländern auf einen Blick erkennen können, welche Wörter in ihrem Lehrplan aufgelistet sind und eventuell häufiger geübt werden sollten.

Die meisten Wörter sind linksbündig aufgelistet. Beugungsformen der Verben oder Steigerungsformen der Adjektive wurden unter die Grundform rechtsbündig angefügt. Besondere Wendungen (z.B. „herzliche Grüße" unter „herzlich") sind ebenfalls rechtsbündig unter der Grundform zu finden. Sie wurden zusätzlich kursiv gekennzeichnet. In manchen *Themenlisten* wurde die Grundform in eckige Klammern gesetzt. Die ist dann der Fall, wenn zwar die Abwandlung den Fehlerschwerpunkt der Themenliste erfüllt, nicht aber die Grundform (Bsp.: Umlaut <ä>: „lässt" findet sich unter dem Infinitiv „[lassen]"). Zur besseren Übersichtlichkeit wurde auch in diesen Fällen das System beibehalten, Beugungen und Steigerungen immer unter die Grundform anzuordnen, deshalb wurde diese zusätzlich mit aufgelistet.

---

[2] Der niedersächsische Lehrplan wurde mittlerweile geändert und enthält nun keine Grundwortschatzliste mehr, die bayerische Liste wurde deutlich gekürzt. Da aber nicht ausgeschlossen werden kann, dass in beiden Bundesländern für die Unterrichtsgestaltung die alten Grundwortschatzlisten dennoch weiter herangezogen werden, wurde auch die Kennzeichnung in diesem Buch beibehalten.

2 Liste der Grundschulwörter A-Z

2.1 Buchstabe A

Klassenstufen 1-2						Wörter	Klassenstufen 3-4					
Bay	NiSa	S	S-A	Th	LB		LB	Bay	NiSa	S	S-A	Th
					○	Aal(e)	○					
✗	✗	✗	✗	✗	●	ab	●	✗	✗	✗	✗	✗
					○	abbauen	○					
					○	baust ab	○					
						abbeißen	○					
						beißt ab	○					
						biss ab	○					
						abgebissen	○					
						abbilden	○					
						Abbildung	○					
						abbürsten	○					
✗		✗	✗	✗	◉	Abend(e)	●	✗		✗	✗	✗
	✗				○	*am Abend*	○		✗			
	✗					*eines Abends*	○		✗			
						gestern Abend	○		✗			
						Abendessen	○					
						abendlich	○					
	✗	✗	✗	✗	○	abends	◉		✗	✗	✗	✗
						Abenteuer	○					
✗	✗	✗	✗	✗	◉	aber	●	✗	✗	✗	✗	✗
						abfahren	○					
						fährt ab	○					
						fuhr ab	○					
						Abfahrt	○					
						Abfall / Abfälle	○					
						abgeben	○					
						gibt ab	○					
						gab ab	○					
						abholen	○					
						holt ab	○					
						abmessen	○					
					○	abräumen	○					
						räumst ab	○					
						absägen	○					
						sägt ab	○					
						abschicken	○					
						schickt ab	○					
						Abschied	○					
						abschließen	○					
						schließt ab	○					
						schloss ab	○					
						abgeschlossen	○					
						Abschluss	○					
						Absender	○					

| Klassenstufen 1-2 | | | | | | Wörter | Klassenstufen 3-4 | | | | | |
Bay	NiSa	S	S-A	Th	LB		LB	Bay	NiSa	S	S-A	Th
						Absicht	○					
	✗					absichtlich	○		✗			
						abwärts	○					
						Abzeichen	○					
						ach	○					
		✗	✗	✗		Achse / Achsen	○			✗	✗	✗
✗	✗	✗		✗	●	acht	●	✗	✗	✗		✗
						Achtel	○					
						Achtelnote	○					
		✗	✗			achten	○			✗	✗	
						Acht geben	○					
						achtlos	○					
						achtmal	○					
						achtsam	○					
						Achtung	○					
						achtzehn	○					
		✗		✗		achtzig	○			✗		✗
	✗					Acker / Äcker	◉		✗			
						addieren	○					
						Addition	○					
						Adjektiv(e)	○					
						Adler	○					
						Adressbuch	○					
					○	Adresse(n)	○					
					○	Advent	○					
						Adventskranz	○					
					○	Affe(n)	○					
						Afrika	○					
		✗	✗		○	ahnen	○			✗	✗	
✗	✗	✗	✗	✗	○	ähnlich	◉	✗	✗	✗	✗	✗
						Ähnlichkeit	○					
	✗					Ahnung	○		✗			
						ahnungslos	○					
						Ähre(n)	○					
				✗		aktiv	○					✗
					○	Album	○					
✗	✗	✗	✗	✗	●	alle	●	✗	✗	✗	✗	✗
						Allee(n)	○					
	✗	✗	✗	✗	◉	allein	●		✗	✗	✗	✗
	✗					allerdings	○		✗			
✗	✗				○	alles	◉	✗	✗			
	✗					allmählich	○		✗			
					○	Alphabet	○					
✗	✗	✗	✗		◉	als	●	✗	✗	✗	✗	
✗	✗	✗	✗		◉	also	◉	✗	✗	✗	✗	
✗	✗	✗	✗		●	alt	●	✗	✗	✗	✗	
✗	✗				◉	älter	◉	✗	✗			
	✗					am ältesten	○		✗			

Bay	NiSa	S	S-A	Th	LB	Wörter	LB	Bay	NiSa	S	S-A	Th
						Klassenstufen 1-2 → / ← **Klassenstufen 3-4**						
	✗				○	Alter	○		✗			
✗	✗	✗	✗	✗	●	am	●	✗	✗	✗	✗	✗
					○	Ameise(n)	○					
✗					◉	Ampel(n)	○	✗				
						Amt / Ämter	○					
✗	✗	✗	✗	✗	●	an	●	✗	✗	✗	✗	✗
	✗	✗	✗	✗	○	andere(-r, n…)	◉		✗	✗	✗	✗
✗	✗	✗		✗		ändern	◉	✗	✗	✗		✗
						änderst	○					
						ändert	○					
						änderte	○					
✗	✗				○	anders	○	✗	✗			
						Änderung	○					
						aneinander	○					
	✗	✗	✗			Anfang / Anfänge	○		✗	✗	✗	
	✗	✗	✗		○	anfangen	◉		✗	✗	✗	
						fängst an	○					
	✗					fängt an	○		✗			
	✗					fing an	○		✗			
	✗					angefangen	○		✗			
	✗				○	anfassen	○		✗			
					○	fasst an	○					
	✗				○	angefasst	○		✗			
						anführen	○					
						führte an	○					
	✗					angeben	○		✗			
	✗					Angeber	○		✗			
						Angel(n)	○					
						angeln	○					
						angenehm	○					
						Angler	○					
✗	✗	✗	✗	✗	○	Angst / Ängste	●	✗	✗	✗	✗	✗
						ängstigen	○					
✗	✗	✗	✗	✗	○	ängstlich	◉	✗	✗	✗	✗	✗
						ängstlicher	○					
						Anker	○					
						anklopfen	○					
	✗				○	ankommen	○		✗			
					○	kommst an	○					
	✗					kommt an	○		✗			
					○	kam an	○					
						anlegen	○					
						legt an	○					
		✗	✗			anlehnen	○			✗	✗	
						Anlehnung	○					
						anlügen	○					
					○	anmalen	○					
					○	malt an	○					
	✗					Anorak	○		✗			

| Klassenstufen 1-2 | | | | | | Wörter | Klassenstufen 3-4 | | | | | |
Bay	NiSa	S	S-A	Th	LB		LB	Bay	NiSa	S	S-A	Th
						anreißen	○					
						angerissen	○					
						anrufen	○					
						rief an	○					
						anschließen	○					
						schloss sich an	○					
						angeschlossen	○					
	✗	✗	✗	✗		anstrengen	○		✗	✗	✗	✗
	✗					anstrengend	○		✗			
						Anstrengung	○					
	✗					Antenne	○		✗			
	✗	✗	✗			Antwort(en)	○		✗	✗	✗	
✗	✗	✗	✗		◉	antworten	●	✗	✗	✗	✗	
					○	antwortest	○					
					○	antwortet	○					
	✗					antwortete	○		✗			
					○	Anzeige	○					
	✗					anziehen	○		✗			
						zieht an	○					
	✗					zieht sich an	○		✗			
					○	Anzug / Anzüge	○					
					○	anzünden	○					
					○	zündet an	○					
						zündete an	○					
✗	✗	✗	✗	✗	●	Apfel / Äpfel	●	✗	✗	✗	✗	✗
	✗					Apfelsine	○		✗			
						Apparat	○					
						Appetit	○					
						appetitlich	○					
✗	✗	✗	✗	✗	●	April	●	✗	✗	✗	✗	✗
						Aquarium / Aquarien	○					
	✗	✗		✗	◉	Arbeit(en)	◉		✗	✗		✗
✗	✗	✗	✗	✗	◉	arbeiten	●	✗	✗	✗	✗	✗
					○	arbeitest	○					
					○	arbeitet	○					
						arbeitete	○					
		✗			○	Arbeiter	○			✗		
						Arbeiterin(nen)	○					
						arbeitslos	○					
						arg	○					
	✗	✗	✗		○	Ärger	◉					
	✗		✗			ärgerlich	○		✗		✗	
						ärgerlicher	○					
✗	✗	✗	✗	✗	○	ärgern	●	✗	✗	✗	✗	✗
					○	ärgerst	○					
						ärgert	○					
	✗					ärgert sich	○		✗			
						ärgerte sich	○					
	✗					geärgert	○		✗			

| Klassenstufen 1-2 | | | | | | Wörter | Klassenstufen 3-4 | | | | | |
Bay	NiSa	S	S-A	Th	LB		LB	Bay	NiSa	S	S-A	Th
						argwöhnisch	○					
✗	✗				●	Arm(e)	●	✗	✗			
	✗				○	arm	○		✗			
	✗					ärmer	○		✗			
	✗					Ärmel	○		✗			
		✗	✗			Art(en)	○			✗	✗	
						Art und Weise	○					
	✗	✗	✗			artig	○			✗	✗	✗
						artige	○					
					○	Artist(in)	○					
						Arznei	○					
✗	✗	✗	✗	✗	○	Arzt / Ärzte	●	✗	✗	✗	✗	✗
✗						Ärztin(nen)	○	✗				
						ärztlich	○					
✗	✗	✗			●	Ast / Äste	●	✗	✗	✗		
						Astronaut(en)	○					
				✗		Atlas						✗
					○	atmen	○					
	✗	✗	✗		◉	auch	◉		✗	✗	✗	
✗	✗	✗	✗	✗	●	auf	●	✗	✗	✗	✗	✗
	✗					auf einmal	○		✗			
	✗					auf Wiedersehen	○		✗			
					○	aufbauen	○					
					○	baust auf	○					
✗	✗	✗	✗	✗	◉	Aufgabe(n)	●	✗	✗	✗	✗	✗
						aufgeben	○					
						gibt auf	○					
					○	aufgehen	○					
						geht auf	○					
					○	ging auf	○					
					○	aufgeregt	○					
						aufhängen	○					
						hängt auf	○					
						hing auf	○					
						aufgehängt	○					
	✗					aufhören	○		✗			
						hörte auf	○					
						aufklären	○					
						klärt auf	○					
						klärte auf	○					
						Aufklärung	○					
					○	aufmerksam	○					
	✗	✗	✗	✗	○	aufpassen	○		✗	✗	✗	✗
	✗					passt auf	○		✗			
						pass auf	○					
✗	✗					aufräumen	○	✗	✗			
	✗					Aufregung	○		✗			
	✗					Aufsatz	○		✗			

Klassenstufen 1-2						Wörter	Klassenstufen 3-4					
Bay	NiSa	S	S-A	Th	LB		LB	Bay	NiSa	S	S-A	Th
						aufschlagen	○					
						schlägt auf	○					
						schlug auf	○					
					○	aufstehen	○					
					○	stehst auf	○					
					○	stand auf	○					
						aufgestanden	○					
					○	aufwachen	○					
✗	✗					aufwecken	○	✗	✗			
	✗					weckt auf	○		✗			
	✗					aufgeweckt	○		✗			
✗	✗				●	Auge(n)	●	✗	✗			
	✗				○	Augenblick(e)	○		✗			
✗	✗	✗	✗	✗	●	August	●	✗	✗	✗	✗	✗
✗	✗	✗	✗	✗	●	aus	●	✗	✗	✗	✗	✗
	✗					*aus Versehen*	○		✗			
						Ausbildung(en)	○					
					○	ausbreiten	○					
						breitet aus	○					
						ausbrechen	○					
						brichst aus	○					
						brach aus	○					
	✗	✗	✗	✗		auseinander	○					
						auseinander gehen	○					
						ausgehen	○		✗			
					○	ausgerechnet	○					
				✗		Auskunft	○					✗
	✗					Ausnahme	○		✗			
					○	Ausreißer	○					
						ausschalten	○					
						schaltet aus	○					
					○	ausschneiden	○					
						schneidet aus	○					
						schnitt aus	○					
						Ausschnitt	○					
	✗					aussehen	○		✗			
						siehst aus	○					
						sah aus	○					
✗	✗	✗	✗	✗	○	außen	◉	✗	✗	✗	✗	✗
	✗	✗				außer	○		✗	✗		
					○	außerdem	○					
						außerhalb	○					
						aussetzen	○					
						setzte aus	○					
						ausstellen	○					
						stellst aus	○					
				✗		Ausstellung	○					✗
						auswählen	○					
						wählt aus	○					

Klassenstufen 1-2						Wörter	Klassenstufen 3-4					
Bay	NiSa	S	S-A	Th	LB		Bay	NiSa	S	S-A	Th	LB
		✗	✗	✗		Ausweis(e)	○			✗	✗	✗
✗	✗	✗	✗	✗	●	Auto(s)	●	✗	✗	✗	✗	✗
					○	Automat	○					
		✗	✗			Axt / Äxte	◉				✗	✗

2.2 Buchstabe B

Klassenstufen 1-2						Wörter	Klassenstufen 3-4					
Bay	NiSa	S	S-A	Th	LB		LB	Bay	NiSa	S	S-A	Th
✗					○	Baby(s)	○	✗				
	✗				◉	Bach / Bäche	◉		✗			
✗	✗	✗	✗	✗	◉	backen	●	✗	✗	✗	✗	✗
						backst / bäckst	○					
					○	backt / bäckt	○					
						backte / buk	○					
						backtest / bukst	○					
						gebacken	○					
✗	✗				○	Bäcker	○	✗	✗			
						Bäckerin(nen)	○					
		✗	✗	✗	○	Bad / Bäder	○			✗	✗	✗
					○	Badehose	○					
✗	✗	✗	✗	✗	◉	baden	●	✗	✗	✗	✗	✗
					○	badest	○					
					○	badet	○					
						badete	○					
	✗	✗	✗		○	Bagger	◉		✗	✗	✗	
						baggern	○					
✗	✗	✗	✗	✗	◉	Bahn(en)	●	✗	✗	✗	✗	✗
					○	Bahnhof	○					
	✗	✗	✗	✗	◉	bald	●		✗	✗	✗	✗
		✗	✗	✗		Balken	○			✗	✗	✗
						Balkon(s)	○					
✗	✗	✗	✗	✗	●	Ball / Bälle	●	✗	✗	✗	✗	✗
						Ballett	○					
						Ballon(s)	○					
					○	Banane(n)	○					
	✗	✗	✗			Band / Bänder	○			✗	✗	✗
✗	✗	✗	✗	✗	◉	Bank / Bänke	●	✗	✗	✗	✗	✗
						Bank(en)	○					
	✗				○	Bär(en)	◉			✗		
						Bärenfell	○					
				✗		barfuß	○					✗
						barfüßig	○					✗
						Bart / Bärte	○					

| Klassenstufen 1-2 | | | | | | Wörter | Klassenstufen 3-4 | | | | | |
Bay	NiSa	S	S-A	Th	LB		LB	Bay	NiSa	S	S-A	Th
	✗	✗	✗	✗	○	basteln	◉		✗	✗	✗	✗
					○	bastelst	○					
					○	bastelt	○					
						bastelte	○					
						bastle	○					
						Bastler	○					
						Batterie(n)	○					
						Bau	○					
✗	✗				◉	Bauch / Bäuche	◉	✗	✗			
✗	✗	✗	✗	✗	●	bauen	●	✗	✗	✗	✗	✗
					○	baust	○					
					○	baut	○					
						baue	○					
	✗	✗	✗		○	Bauer(n)	◉		✗	✗	✗	
						Bäuerin(nen)	○					
✗	✗	✗	✗	✗	●	Baum / Bäume	●	✗	✗	✗	✗	✗
						Baumwolle	○					
					○	Becher	○					
		✗	✗		○	Becken	○			✗	✗	
		✗		✗		bedeuten	○			✗		✗
	✗	✗		✗		bedeutet	○		✗	✗		✗
						bedeutend	○					
						Bedeutung(en)	○					
						bedrohen	○					
						bedrohst	○					
						bedrohte	○					
						bedrohlich	○					
						Bedrohung	○					
						beenden	○					
						beendest	○					
		✗	✗	✗		Beere(n)	○			✗	✗	✗
		✗	✗		○	Beet(e)	○				✗	✗
						Befehl(e)	○					
					○	befehlen	○					
						befahl	○					
						befohlen	○					
		✗	✗	✗		begegnen	◉			✗	✗	✗
						Begegnung	○					
						begeistern	○					
						Beginn	○					
✗	✗	✗	✗	✗	○	beginnen	●	✗	✗	✗	✗	✗
						beginnst	○					
						beginnt	○					
✗	✗					begann	◉	✗	✗			
✗	✗					begonnen	○	✗	✗			
					○	Begleiter	○					
						begründen	○					

Bay	NiSa	S	S-A	Th	LB	Wörter	LB	Bay	NiSa	S	S-A	Th
	X				○	behalten	○		X			
	X				○	behält	○		X			
X	X	X	X	X	●	bei	◉	X	X	X	X	X
	X	X	X		○	beide	◉		X	X	X	
	X					*die beiden*	○		X			
	X					beim	○		X			
X	X	X	X		◉	Bein(e)	◉	X	X	X	X	
	X	X	X	X	○	beinahe	◉		X	X	X	X
					○	beisammen	○					
X	X	X	X	X	○	Beispiel(e)	●	X	X	X	X	X
X	X	X	X	X	○	beißen	●	X	X	X	X	X
	X				○	beißt	◉		X			
					○	bissest	○					
X	X	X	X		○	biss	◉	X	X	X	X	
	X	X	X		○	gebissen	◉		X	X	X	
					○	bekannt	○					
	X				◉	bekommen	◉		X			
					○	bekommst	○					
	X				○	bekommt	○		X			
	X				○	bekam	◉		X			
		X	X	X		beleidigen	○			X	X	X
						Beleidigung	○					
	X	X	X		○	bellen	◉		X	X	X	
					○	bellst	○					
	X				○	bellte	○		X			
	X				○	gebellt	○		X			
X	X	X	X			belohnen	○	X	X	X	X	
						belohnt	○					
						belohnte	○					
	X					Belohnung	○		X			
						bemalen	○					
						bemalst	○					
					○	bemerken	○					
	X				○	Benzin	○		X			
X	X	X	X	X	○	beobachten	●	X	X	X	X	X
						beobachtest	○					
						beobachtete	○					
						Beobachtung(en)	○					
X	X	X	X	X	○	bequem	◉	X	X	X	X	X
						Bequemlichkeit	○					
X		X			○	bereit	○	X			X	
		X				bereiten	○			X		X
X		X	X	X	○	bereits	◉	X		X	X	X
	X	X	X	X	◉	Berg(e)	●		X	X	X	X
						bergab	○					
						Bergführer(In)	○					
						bergig	○					
						Bergmann	○					

Klassenstufen 1-2						Wörter	Klassenstufen 3-4					
Bay	NiSa	S	S-A	Th	LB		LB	Bay	NiSa	S	S-A	Th
	✗	✗	✗			Bericht	○		✗	✗	✗	
	✗	✗	✗	✗	○	berichten	◉		✗	✗	✗	✗
						berichtete	○					
	✗	✗	✗	✗		Berichtigung(en)	○		✗	✗	✗	✗
✗	✗	✗			○	Beruf(e)	◉	✗	✗	✗		
						beruflich	○					
						berufstätig	○					
	✗			✗		berühmt	○		✗			✗
						Berühmtheit	○					
						beschäftigen	○					
						beschäftigst	○					
						beschäftigt	○					
						Beschäftigung	○					
	✗					Bescheid	○		✗			
						beschenken	○					
						beschenkt	○					
					○	beschließen	○					
						beschmutzen	○					
						beschnuppern	○					
						beschreiben	○					
						beschreibst	○					
						beschrieb	○					
						Beschreibung	○					
						beschützen	○					
						beschützte	○					
					○	Besen	○					
						Besenstiel	○					
					○	besetzen	○					
✗						besetzt		✗				
		✗	✗			besichtigen	○			✗	✗	
						Besichtigung	○					
					○	besitzen	○					
	✗	✗	✗	✗	○	besonders	◉	✗	✗	✗	✗	
✗	✗	✗	✗	✗	○	besser	●	✗	✗	✗	✗	✗
	✗	✗	✗		○	am besten	◉		✗	✗	✗	
	✗					*etwas Besseres*	○		✗			
						Besserung	○					
						bestäuben	○					
						Bestäubung	○					
						Beste (das)	○					
		✗	✗	✗		beste(-r, ...)	○			✗	✗	✗
		✗	✗			bestimmen	○			✗	✗	
						bestimmst	○					
✗	✗				○	bestimmt	◉	✗	✗			
						Bestimmung	○					
	✗	✗	✗		○	Besuch(e)	○		✗	✗	✗	

Klassenstufen 1-2						Wörter	Klassenstufen 3-4					
Bay	NiSa	S	S-A	Th	LB		LB	Bay	NiSa	S	S-A	Th
	✗	✗	✗		○	besuchen	◉		✗	✗	✗	
						besuchst	○					
						besucht	○					
					○	beten	○					
						Betonung(en)	○					
		✗	✗	✗		betrachten	○			✗	✗	✗
						Betrachtung	○					
						betragen	○					
		✗	✗			Betrieb(e)	○			✗	✗	
						betroffen	○					
✗	✗	✗	✗	✗	◉	Bett(en)	●	✗	✗	✗	✗	✗
						Bettelei	○					
		✗				betteln	○			✗		
						bettlägerig	○					
						Bettler(in)	○					
		✗	✗		○	beugen	○			✗	✗	
						Beugung	○					
					○	Beute	○					
✗	✗			✗	○	bevor	◉	✗	✗			✗
						bevorstehen	○					
✗	✗	✗	✗	✗	○	bewegen	●	✗	✗	✗	✗	✗
					○	bewegst	○					
✗					○	bewegt	○	✗				
						bewegte	○					
						beweglich	○					
						Bewegung	○					
						Beweis	○					
	✗	✗	✗	✗		beweisen	○			✗	✗	✗
						bewohnbar	○					
						Bewohner	○					
					○	bewusstlos	○					
✗	✗				◉	bezahlen	◉	✗	✗			
					○	bezahlst	○					
					○	bezahlt	○					
						bezahlte	○					
						bezeichnen	○					
						Bezeichnung	○					
					○	Biber	○					
						Bibliothek(en)	○					
						Bibliothekarin	○					
✗	✗	✗	✗	✗	○	biegen	◉	✗	✗	✗	✗	✗
						biegst	○					
✗						bog	○	✗				
	✗					gebogen	○		✗			
						biegsam	○					
						Biegung	○					
✗					○	Biene(n)	○	✗				
					○	Bier	○					

Klassenstufen 1-2						Wörter	Klassenstufen 3-4					
Bay	NiSa	S	S-A	Th	LB		LB	Bay	NiSa	S	S-A	Th
						bieten	○					
						bietest	○					
						bot	○					
						geboten	○					
✗	✗	✗	✗	✗	●	Bild(er)	●	✗	✗	✗	✗	✗
		✗				bilden	○			✗		
						Bildung	○					
	✗	✗	✗	✗	○	billig	◉		✗	✗	✗	✗
	✗	✗	✗		○	binden	◉		✗	✗	✗	
						bindest	○					
						band(e)st	○					
						band	○					
	✗					gebunden	○		✗			
✗	✗	✗	✗		◉	Birne(n)	●	✗	✗	✗	✗	
✗	✗	✗	✗	✗	●	bis	●	✗	✗	✗	✗	✗
					○	*bis morgen*	○					
	✗					bisher	○		✗			
						Biss	○					
✗	✗			✗	○	bisschen	●	✗	✗			✗
						Bitte	○					
✗	✗	✗	✗	✗	●	bitten	●	✗	✗	✗	✗	✗
					○	bittest	○					
					○	bittet	○					
						bat(e)st						
	✗				○	bat	○		✗			
					○	gebeten	○					
	✗	✗	✗	✗	○	bitter	◉		✗	✗	✗	✗
						bitterlich	○					
						Blamage	○					
						blamieren	○					
						blamierst	○					
						blamierte	○					
						Blase	○					
		✗	✗	✗	○	blasen	○			✗	✗	✗
					○	bläst	○					
		✗	✗			blies	○			✗	✗	
						geblasen	○					
						blass	○					
✗	✗	✗	✗		●	Blatt / Blätter	●	✗	✗	✗	✗	
						blättern	○					
✗	✗	✗	✗		●	blau	●	✗	✗	✗	✗	
✗	✗	✗	✗	✗	●	bleiben	●	✗	✗	✗	✗	✗
					○	bleibst	◉					
✗					◉	bleibt	◉	✗				
						blieb(e)st	○					
✗	✗				○	blieb	◉	✗	✗	✗	✗	
	✗				○	geblieben	○		✗			
						Bleistift(e)	○					

Klassenstufen 1-2						Wörter	Klassenstufen 3-4					
Bay	NiSa	S	S-A	Th	LB		LB	Bay	NiSa	S	S-A	Th
						Bleistiftmine	○					
✗						Blick(e)	○	✗				
✗		✗	✗	✗	○	blicken	◉	✗		✗	✗	✗
						blickte	○					
✗					○	blind	○	✗				
✗						Blinde		✗				
						blinken	○					
						blinkst	○					
						blinkte	○					
						Blinker	○					
✗	✗	✗	✗	✗	○	Blitz(e)	●	✗	✗	✗	✗	✗
✗		✗	✗			blitzen	○	✗		✗	✗	
						blitzt	○					
						blitzte	○					
✗		✗	✗	✗		Block / Blöcke	○	✗		✗	✗	✗
						blöd	○					
✗	✗	✗	✗	✗	○	bloß	●	✗	✗	✗	✗	✗
						blond	○					
✗	✗	✗	✗	✗	◉	blühen	●	✗	✗	✗	✗	✗
✗	✗				○	blüht	◉	✗	✗			
						blühte	○					
						geblüht	○					
✗	✗	✗	✗	✗	●	Blume(n)	●	✗	✗	✗	✗	✗
	✗			✗	○	Blut	○		✗			✗
	✗				○	bluten	○		✗			
						blutet	○					
						blutete	○					
✗	✗	✗	✗	✗	○	Blüte(n)	◉	✗	✗	✗	✗	✗
						Blütenstaub	○					
✗	✗	✗			◉	Boden / Böden	●	✗	✗	✗		
	✗	✗				Bogen / Bögen	○			✗	✗	
				✗	○	Bohne(n)	○					✗
✗		✗	✗	✗	○	bohren	◉	✗		✗	✗	✗
				✗		Bohrer	○					✗
						Bohrung	○					
					○	Bonbon(s)	○					
✗	✗	✗	✗	✗	◉	Boot(e)	●	✗	✗	✗	✗	✗
						borgen	○					
						borgst	○					
						borgte	○					
✗	✗	✗	✗	✗	●	böse	●	✗	✗	✗	✗	✗
						böser	○					
	✗					*nichts Böses*	○		✗			
						boshaft	○					
✗	✗	✗	✗	✗		boxen	◉	✗	✗	✗	✗	✗
	✗					boxt	○		✗			
						boxte	○					
		✗	✗	✗		Boxer(in)	○			✗	✗	✗

Klassenstufen 1-2						Wörter	Klassenstufen 3-4					
Bay	NiSa	S	S-A	Th	LB		LB	Bay	NiSa	S	S-A	Th
✗						Brand / Brände	○	✗				
						braten	○					
						brätst	○					
						briet	○					
						gebraten	○					
	✗	✗		✗	◉	brauchen	●		✗	✗		✗
	✗				○	brauchst	○		✗			
	✗				○	braucht	○		✗			
						brauchte	○					
✗	✗	✗	✗	✗	◉	braun	●	✗	✗	✗	✗	✗
✗				✗		brav	◉	✗				✗
	✗				○	brechen	◉		✗			
	✗					bricht	○		✗			
	✗					brach	○		✗			
	✗					gebrochen	○		✗			
						Brei	○					
	✗	✗	✗	✗	○	breit	◉		✗	✗	✗	✗
						breiter	○					
						am breitesten	○					
						Breite	○					
		✗	✗			Bremse	○			✗	✗	
	✗	✗	✗	✗	○	bremsen	◉		✗	✗	✗	✗
						bremst	○					
						bremste	○					
✗	✗	✗	✗		○	brennen	◉	✗	✗	✗	✗	
					○	brennt	○					
✗	✗				○	brannte	◉	✗	✗			
	✗				○	gebrannt	○		✗			
		✗	✗	✗	○	Brett(er)	◉			✗	✗	✗
						Brettchen	○					
✗	✗	✗	✗	✗	●	Brief(e)	●	✗	✗	✗	✗	✗
						brieflich	○					
						Briefmarke(n)	○					
✗	✗	✗	✗		○	Brille(n)	●	✗	✗	✗	✗	
✗	✗	✗	✗	✗	●	bringen	●	✗	✗	✗	✗	✗
						bringst	○					
✗	✗				◉	bringt	◉	✗	✗			
	✗				○	brachte	◉		✗	✗	✗	
	✗				○	gebracht	○		✗			
✗	✗	✗	✗	✗	●	Brot(e)	●	✗	✗	✗	✗	✗
✗					◉	Brötchen	○	✗				
						Bruch	○					
✗	✗	✗	✗	✗	◉	Brücke(n)	●	✗	✗	✗	✗	✗
✗	✗	✗	✗	✗	●	Bruder / Brüder	●	✗	✗	✗	✗	✗
				✗		Brühe	○					✗
				✗		brühen	○					✗

Klassenstufen 1-2						Wörter	Klassenstufen 3-4					
Bay	NiSa	S	S-A	Th	LB		LB	Bay	NiSa	S	S-A	Th
					○	brüllen	○					
						brüllst	○					
						brüllte	○					
		✗	✗		○	brummen	◉			✗	✗	
						brummst	○					
						brummt	○					
						brummig	○					
					○	Brunnen	○					
		✗	✗	✗		Brust / Brüste	○			✗	✗	✗
						brüsten	○					
✗	✗	✗	✗	✗	●	Buch / Bücher	●	✗	✗	✗	✗	✗
						Bücherei(en)	○					
		✗	✗	✗		Büchse(n)	○			✗	✗	✗
					○	Buchstabe(n)	○					
		✗	✗			bücken	○			✗	✗	
						Bückling	○					
		✗		✗		Bühne(n)	○			✗		✗
						Bummel	○					
						Bummelei	○					
		✗	✗			bummeln	○			✗	✗	
						Bummler	○					
✗	✗	✗	✗	✗	◉	bunt	●	✗	✗	✗	✗	✗
						bunter	○					
	✗	✗	✗		○	Burg(en)	●		✗	✗	✗	
				✗		Bürger	○					✗
						Bürgermeister(in)	○					
					○	Bürgersteig	○					
						Burgruine	○					
					○	Bursche	○					
		✗	✗			Bürste	○			✗	✗	
		✗	✗	✗		bürsten	○			✗	✗	✗
	✗				○	Büro	○		✗			
	✗	✗	✗	✗	◉	Bus(se)	◉		✗	✗	✗	✗
✗					○	Busch / Büsche	○	✗				
	✗	✗	✗	✗	◉	Butter	●		✗	✗	✗	✗
						Butterbrot	○					

2.3 Buchstabe C

Klassenstufen 1-2						Wörter	Klassenstufen 3-4					
Bay	NiSa	S	S-A	Th	LB		LB	Bay	NiSa	S	S-A	Th
						Café(s)	○					
	✗					Camping	○		✗			
						Celsius	○					
✗					○	Cent	○	✗				
						Chamäleon	○					
						Chance(n)	○					
						Charakter	○					
						charakterlich	○					
						Chef	○					
		✗	✗	✗	○	Chor / Chöre	○			✗	✗	✗
						Chips	○					
✗				✗	○	Christ(en)	○	✗				✗
✗					○	Christbaum/…bäume	○	✗				
						Christine	○					
						Christkind	○					
						Christus	○					
						City	○					
✗					○	Clown(s)	○	✗				
						Club(s)	○					
						Comic(s)	○					
✗					◉	Computer	◉	✗				
						Container	○					
						cool	○					
						Cornflakes	○					
						Cowboy	○					
						Creme(s)	○					
						Curry	○					
						Currywurst	○					

2.4 Buchstabe D

Bay	NiSa	S	S-A	Th	LB	Wörter	LB	Bay	NiSa	S	S-A	Th
						Klassenstufen 1-2				**Klassenstufen 3-4**		
✗	✗	✗	✗	✗	●	da	●	✗	✗	✗	✗	✗
	✗	✗	✗		○	dabei	◉		✗	✗	✗	
	✗	✗	✗		○	Dach / Dächer	◉		✗	✗	✗	
						Dachs(e)	○					
						Dackel	○					
	✗					dadurch	○		✗			
	✗				○	dafür	○		✗			
	✗					dagegen	○		✗			
					○	daheim	○					
					○	daher	○					
						dahin	○					
	✗	✗	✗	✗		damals	◉		✗	✗	✗	✗
						Dame(n)	○					
	✗				○	damit	◉		✗			
		✗	✗			Damm / Dämme	○			✗	✗	
						dämmern	○					
						dämmert	○					
						Dämmerung	○					
		✗	✗			Dampf / Dämpfe	○			✗	✗	
						dampfen	○					
						dämpfen	○					
						Dampfer	○					
	✗					danach	○		✗			
					○	daneben	○					
						Dänemark	○					
					○	Dank	○					
✗	✗	✗	✗	✗	◉	danken	●	✗	✗	✗	✗	✗
					○	dankst	○					
					○	dankt	○					
					○	dankte	○					
						gedankt	○					
✗	✗	✗	✗	✗	●	dann	●	✗	✗	✗	✗	✗
	✗	✗	✗	✗	○	daran	●		✗	✗	✗	✗
	✗	✗	✗	✗	○	darauf	●		✗	✗	✗	✗
	✗	✗				daraus	○		✗	✗		
	✗	✗	✗	✗	○	darin	◉		✗	✗	✗	✗
	✗	✗	✗			darüber	◉		✗	✗	✗	✗
	✗	✗		✗	○	darum	●		✗	✗		✗
	✗			✗		darunter	○			✗		✗
✗	✗	✗	✗	✗	●	das	●	✗	✗	✗	✗	✗
✗	✗				◉	dass	◉	✗	✗			
						dasselbe	○					
						Datum / Daten	○					
		✗	✗		○	dauern	◉			✗	✗	
	✗					dauert	○		✗			

Klassenstufen 1-2						Wörter	Klassenstufen 3-4					
Bay	NiSa	S	S-A	Th	LB		LB	Bay	NiSa	S	S-A	Th
						Daumen	○					
	✗				○	davon	○		✗			
						davor	○					
	✗					dazu	○		✗			
						dazugehören	○					
						gehörte dazu	○					
						Deck	○					
✗				✗	○	Decke(n)	◉	✗				✗
					○	Deckel	○					
		✗	✗		○	decken	○			✗	✗	
						deckst	○					
					○	deckt	○					
					○	deckte	○					
						gedeckt	○					
		✗	✗			dehnen	○			✗	✗	
						dehnbar	○					
						Dehnung	○					
✗	✗	✗	✗	✗	◉	dein(-e, -er, …)	◉	✗	✗	✗	✗	✗
						Delfin(e)	○					
✗	✗	✗	✗	✗	●	dem	●	✗	✗	✗	✗	✗
						demonstrieren	○					
						demonstriert	○					
✗	✗	✗	✗	✗	●	den	●	✗	✗	✗	✗	✗
		✗				denen	○			✗		
✗	✗	✗	✗	✗	◉	denken	●	✗	✗	✗	✗	✗
					○	denkst	◉					
					○	denkt	◉					
						dachtest	○					
	✗	✗	✗		○	dachte	◉		✗	✗	✗	
	✗					gedacht	○		✗			
✗	✗	✗	✗		◉	denn	●	✗	✗	✗	✗	
✗	✗	✗	✗	✗	●	der	●	✗	✗	✗	✗	✗
					○	derselbe	○					
✗	✗	✗	✗		○	des	◉	✗	✗	✗	✗	
	✗				○	deshalb	○		✗			
		✗				dessen	○			✗		
						Detektiv(e)	○					
						deuten	○					
✗	✗	✗	✗	✗	○	deutlich	◉	✗	✗	✗	✗	✗
						Deutsch	○					
✗	✗	✗	✗	✗	○	deutsch	●	✗	✗	✗	✗	✗
						deutsche Sprache	○					
✗						Deutschland	○	✗				
						Deutung	○					
✗	✗	✗	✗	✗	●	Dezember	●	✗	✗	✗	✗	✗
✗	✗	✗	✗	✗	◉	dich	◉	✗	✗	✗	✗	✗
		✗	✗		○	dicht	◉			✗	✗	
✗	✗	✗	✗	✗	○	dick	●	✗	✗	✗	✗	✗

Klassenstufen 1-2						Wörter	Klassenstufen 3-4					
Bay	NiSa	S	S-A	Th	LB		LB	Bay	NiSa	S	S-A	Th
						Dickicht	○					
✗	✗	✗	✗	✗	●	die	●	✗	✗	✗	✗	✗
					○	Dieb(e)	○					
						diebisch	○					
						Diebstahl	○					
		✗	✗		○	dienen	◉			✗	✗	
						dient	○					
						diente	○					
		✗	✗	✗		Dienst	○			✗	✗	✗
✗	✗	✗	✗	✗	●	Dienstag(e)	●	✗	✗	✗	✗	✗
						dienstags	○					
						dienstlich	○					
		✗	✗		◉	dies	◉			✗	✗	
✗	✗	✗		✗	◉	diese(-r,-m,-n,-s)	◉	✗	✗	✗		✗
						Diktat	○					
	✗				○	Ding(e)	○		✗			
					○	Dino	○					
						Dinosaurier	○					
✗	✗	✗	✗	✗	●	dir	●	✗	✗	✗	✗	✗
				✗		Direktor	○					✗
✗						Diskette	○	✗				
						Diskussion	○					
						diskutieren	○					
						dividieren	○					
						Division	○					
✗	✗	✗	✗	✗	◉	doch	●	✗	✗	✗	✗	✗
	✗				○	Doktor(en)	◉		✗			
					○	Dompteur(e)	○					
✗						Donner	○	✗				
✗		✗	✗			donnern	◉	✗		✗	✗	
						donnert	○					
✗	✗	✗	✗	✗	●	Donnerstag(e)	●	✗	✗	✗	✗	✗
						donnerstags	○					
						Doppelpunkt	○					
		✗	✗	✗	○	doppelt	◉			✗	✗	✗
						doppelt so viel	○					
	✗	✗	✗	✗	◉	Dorf / Dörfer	◉		✗	✗	✗	✗
	✗	✗	✗	✗	◉	dort	◉		✗	✗	✗	✗
						dorthin	○					
					○	Dose	○					
			✗		○	Drache(n)	○				✗	
✗			✗		○	Draht / Drähte	○	✗			✗	
						drahtig	○					
						Drang	○					
		✗	✗	✗		drängeln	○			✗	✗	✗
						Drängelei	○					
		✗	✗		○	drängen	◉			✗	✗	

| Klassenstufen 1-2 | | | | | | Wörter | Klassenstufen 3-4 | | | | | |
Bay	NiSa	S	S-A	Th	LB		LB	Bay	NiSa	S	S-A	Th
✗	✗	✗	✗	✗	○	draußen	●	✗	✗	✗	✗	✗
✗						Dreck	○	✗				
✗	✗			✗		dreckig	◉	✗	✗			✗
						drehbar	○					
✗	✗	✗	✗	✗	○	drehen	●	✗	✗	✗	✗	✗
					○	drehst	○					
						drehte	○					
						gedreht	○					
						Drehung	○					
✗	✗	✗	✗	✗	●	drei	●	✗	✗	✗	✗	✗
						Dreieck	○					
		✗	✗	✗	○	dreißig	○			✗	✗	✗
		✗				dreizehn	○			✗		
	✗					drinnen	○		✗			
						dritte	○					
						Dritte	○					
	✗	✗	✗	✗	○	drohen	◉		✗	✗	✗	✗
						drohte	○					
						drohend	○					
					○	Drohung	○					
	✗	✗		✗		drüben	○		✗	✗		✗
						drüber	○					
						drüberfahren	○					
						drübergehen	○					
✗					○	Druck	○	✗				
					○	drucken	○					
					○	druckt	○					
✗	✗	✗	✗		○	drücken	●	✗	✗	✗	✗	
						drückst	○					
					○	drückt	○					
						drückte	○					
						gedrückt	○					
						Drucker	○					
						Drücker	○					
✗	✗	✗		✗	◉	du	●	✗	✗	✗		✗
✗	✗	✗	✗		○	dumm	◉	✗	✗	✗	✗	
	✗					dümmer	○		✗			
						am dümmsten	○					
✗						Dummheit	○	✗				
						Dummkopf	○					
✗	✗	✗		✗	●	dunkel	●	✗	✗	✗		✗
	✗					dunkelblau	○		✗			
						Dunkelheit	○					
						dunkle	○					
✗	✗	✗	✗			dünn	◉	✗	✗	✗	✗	
						Dünger	○					
✗	✗	✗	✗			durch	●	✗	✗	✗	✗	
						durcheinander	○					

Klassenstufen 1-2						Wörter	Klassenstufen 3-4					
Bay	NiSa	S	S-A	Th	LB		LB	Bay	NiSa	S	S-A	Th
	X	X	X	X	◉	dürfen	●		X	X	X	X
					○	darfst	○					
	X				○	darf	○		X			
	X				○	durfte	○		X			
						gedurft	○					
						dürftest	○					
		X			○	dürr	○			X		
X	X	X	X	X	○	Durst	◉	X	X	X	X	X
X	X				○	durstig	○	X	X			
					○	duschen	○					

2.5 Buchstabe E

Klassenstufen 1-2						Wörter	Klassenstufen 3-4					
Bay	NiSa	S	S-A	Th	LB		LB	Bay	NiSa	S	S-A	Th
	X				○	eben	○		X			
	X					ebenso	○		X			
						Echo	○					
	X				○	echt	◉		X			
X	X	X	X		○	Ecke(n)	●	X	X	X	X	
X					○	eckig	○	X				
	X	X		X		ehe	○		X	X		X
						Ehe(n)	○					
						ehemals	○					
		X	X			Ehre(n)	○			X	X	
		X	X			ehren	○			X	X	
X	X	X	X	X		ehrlich	◉	X	X	X	X	X
						Ehrlichkeit	○					
						Ehrung	○					
X	X			X	◉	Ei(er)	◉	X	X			X
					○	Eichhörnchen	○					
						Eidechse(n)	○					
						Eifer	○					
						eifersüchtig	○					
						Eiffelturm	○					
		X	X	X	○	eifrig	◉			X	X	X
						eigen	○					
					○	eigenartig	○					
	X	X		X		eigene(-r, …)	○			X	X		X
X	X	X		X	○	eigentlich	●	X	X	X		X
						Eigenschaft	○					
					○	Eigenschaftswort	○					
		X		X		Eigentum	○				X		X
						Eile	○					

Klassenstufen 1-2						Wörter	Klassenstufen 3-4					
Bay	NiSa	S	S-A	Th	LB		LB	Bay	NiSa	S	S-A	Th
		✗			○	eilen	○				✗	
					○	eilig	○					
						Eilzug	○					
					○	Eimer	○					
✗	✗	✗	✗	✗	●	ein(-e, -r, -en, …)	●	✗	✗	✗	✗	✗
	✗	✗	✗	✗		einander	○		✗	✗	✗	✗
					○	Einbrecher	○					
						eindämmen	○					
	✗	✗			○	einfach	◉		✗	✗		
					○	Einfall	○					
						einfetten	○					
						einhaken	○					
		✗	✗			einig	○			✗	✗	
	✗	✗	✗	✗	○	einige	◉		✗	✗	✗	✗
						einigermaßen	○					
						Einigkeit	○					
					○	einkaufen	○					
					○	kauft ein	○					
					○	einladen	○					
						lädst ein	○					
					○	lädt ein	○					
						lud ein	○					
						eingeladen	○					
					○	Einladung(en)	○					
	✗	✗	✗	✗	◉	einmal	●		✗	✗	✗	✗
						auf einmal	○		✗			
	✗					einpacken	◉		✗			
						packt ein	○					
						packte ein	○					
	✗					eingepackt	○		✗			
						einrahmen	○					
✗	✗			✗	●	eins	●	✗	✗			✗
						einsam	○					
						einsamer	○					
						Einsamkeit	○					
						einschalten	○					
						schaltet ein	○					
						eintausend	○					
						eintreten	○					
						Eintritt	○					
						einunddreißig	○					
					○	einverstanden	○					
						einwerfen	○					
						wirft ein	○					
						warf ein	○					
					○	Einwohner	○					
						Einzelheit	○					

Klassenstufen 1-2						Wörter	Klassenstufen 3-4					
Bay	NiSa	S	S-A	Th	LB		LB	Bay	NiSa	S	S-A	Th
	✗	✗	✗	✗	○	einzeln	◉		✗	✗	✗	✗
	✗					einzig(e)	○		✗			
	✗	✗	✗	✗	◉	Eis	●		✗	✗	✗	✗
						Eisbecher	○					
						Eisberg	○					
					○	Eisen	○					
	✗					Eisenbahn	○		✗			
						eisig	○					
						eiskalt	○					
					○	ekeln (sich)	○					
					○	Elefant(en)	○					
				✗	○	elektrisch	○					✗
						Elektrizität	○					
						Elektronik	○					
						elektronisch	○					
✗					◉	elf	◉	✗				
✗	✗	✗	✗	✗	◉	Eltern	●	✗	✗	✗	✗	✗
						Empfang	○					
						Empfänger(in)	○					
		✗	✗	✗		empfangen	○			✗	✗	✗
						empfängt	○					
						Empfangsbescheinigung	○					
✗				✗		empfinden	○	✗				
✗						empfindlich	○	✗				
						Empfindung	○					
✗	✗	✗	✗		◉	Ende(n)	●	✗	✗	✗	✗	
					○	*am Ende*	○					
						zu Ende	○		✗			
						enden	○					
						endet	◉					
						endete	○					
						endgültig	○					
	✗	✗	✗	✗	○	endlich	◉		✗	✗	✗	✗
						endlos	○					
						Endstation	○					
✗	✗	✗	✗	✗	◉	eng	●	✗	✗	✗	✗	✗
					○	Engel	○					
						England	○					
						englisch	○					
						Enkel	○					
✗	✗	✗	✗		○	entdecken	◉	✗	✗	✗	✗	
						entdeckst	○					
						entdeckt	○					
						Entdecker(in)	○					
						Entdeckung	○					
✗		✗		✗	◉	Ente(n)	◉	✗		✗		✗
						Enterich	○					

| Klassenstufen 1-2 | | | | | | Wörter | Klassenstufen 3-4 | | | | | |
Bay	NiSa	S	S-A	Th	LB		LB	Bay	NiSa	S	S-A	Th
✗						entfernen		✗				
	✗					entfernt	○		✗			
✗						Entfernung	○	✗				
						entführen	○					
						entführt	○					
						entführte	○					
						Entführung	○					
✗	✗	✗	✗		○	entgegen	◉	✗	✗	✗	✗	
						entgegengesetzt	○					
					○	entgegnen	○					
		✗	✗	✗		entlang	○				✗	✗	✗
						entlangfahren	○					
						entlanggehen	○					
						entnehmen	○					
						entnimmt	○					
						entrollen	○					
						entrollte	○					
					○	entrüstet	○					
					○	entscheiden	○					
						entscheidest	○					
						entschied	○					
						entschieden	○					
						Entscheidung	○					
						entschließen	○					
						entschließt	○					
						entschlossen	○					
						Entschluss /…schlüsse	○					
	✗					entschuldigen	○		✗			
						entschuldigst	○					
						entschuldigte sich	○					
	✗					Entschuldigung(en)	○		✗			
						entsetzlich	○					
					○	entstehen	○					
						entsteht	○					
						entstand	○					
						entstanden	○					
						enttäuschen	○					
						enttäuschst	○					
	✗					enttäuscht	○		✗			
						enttäuschte	○					
						Enttäuschung(en)	○					
	✗					entweder … oder	○	✗				
✗						entwickeln	○	✗				
						entwickelst	○					
						entwickelt	○					
						entwickelte	○					
✗						Entwicklung(en)	○	✗				
						entzwei	○					

Bay	NiSa	S	S-A	Th	LB	Wörter	LB	Bay	NiSa	S	S-A	Th
						Klassenstufen 1-2 / **Klassenstufen 3-4**						
						entzweibrechen	○					
✗	✗	✗	✗	✗	●	er	●	✗	✗	✗	✗	✗
					○	Erbse(n)	○					
						Erdball	○					
✗	✗	✗		✗	◉	Erde	●	✗	✗	✗		✗
						Erdbeben	○					
						Erdbeere	○					
						Erdgeschoss	○					
						Erdöl	○					
						Ereignis	○					
						erfahren	○					
						erfährst	○					
						erfuhr	○					
						Erfahrung	○					
	✗					erfinden	○		✗			
						erfindest	○					
	✗					erfand	○		✗			
	✗					erfunden	○		✗			
						erfinderisch	○					
						Erfindung(en)	○					
	✗					Erfolg	○		✗			
					○	erfüllen	○					
						Erfüllung	○					
		✗	✗			ergänzen	○			✗	✗	
						ergänzt	○					
						Ergänzung	○					
				✗		Ergebnis	○					✗
						ergebnislos	○					
		✗	✗			erholen	○			✗	✗	
						Erholung	○					
	✗	✗	✗	✗		erinnern	◉		✗	✗	✗	✗
						erinnerte	○					
						Erinnerung(en)	○					
					○	erkennen	○					
						erkennst	○					
						erkannte	○					
✗	✗			✗	○	erklären	◉	✗	✗			✗
						erklärst	○					
						erklärt	○					
						erklärte	○					
						Erklärung	○					
✗					○	erlauben	○	✗				
	✗				○	erlaubt	○		✗			
✗				✗		Erlaubnis		✗				
✗						erleben		✗				
	✗					erlebt	○		✗			
✗	✗			✗	○	Erlebnis(se)	◉	✗	✗			✗

Bay	NiSa	S	S-A	Th	LB	Wörter	LB	Bay	NiSa	S	S-A	Th
						erlernen	○					
						erlernt	○					
						erleuchten	○					
						erleuchtet	○					
						ermahnen	○					
						Ermahnung	○					
						ermäßigt	○					
						Ermäßigung	○					
X		X	X	X		ernähren	○	X		X	X	X
						Ernährung	○					
						Ernährungsberater(in)	○					
						Ernst	○		X			
	X					*im Ernst*	○		X			
	X	X	X	X		ernst	○		X	X	X	X
						ernsthaft	○					
		X	X			Ernte(n)	○			X	X	
		X	X	X	○	ernten	◉			X	X	X
						erntest	○					
						erreichen	○					
						erreichte	○					
					○	erscheinen	○					
						erscheint	○					
						erschien	○					
						erschienen	○					
X	X	X	X	X	○	erschrecken	◉	X	X	X	X	X
						erschreckst	○					
					○	erschrickst	○					
	X					erschrickt	○		X			
X	X	X			○	erschrak	◉	X	X	X		
	X					erschrocken	◉		X			
	X			X	○	erst	◉		X			X
						erstarren	○					
						erstarrst	○					
						Erste(n)	○					
	X	X	X		◉	erste(r,s,n...)	◉		X	X	X	
	X				○	erstaunt	○		X			
						ersticken	○					
						erwachsen (sein)	○					
						Erwachsene	○					
X						erwarten		X				
X						Erwartung		X				
	X				○	erwidern	◉		X			
						erwiderst	○					
						erwiderte	○					
X	X	X	X		◉	erzählen	●	X	X	X	X	
					○	erzählst	○					
	X				○	erzählt	○		X			
						erzählte	○					

Klassenstufen 1-2						Wörter	Klassenstufen 3-4					
Bay	NiSa	S	S-A	Th	LB		LB	Bay	NiSa	S	S-A	Th
✗						Erzählung(en)	○	✗				
						Erziehen	○					
						erzog / erzogen	○					
						Erziehung	○					
✗	✗	✗	✗	✗	●	es	●	✗	✗	✗	✗	✗
					○	Esel	○					
✗	✗	✗	✗	✗	●	Essen	●	✗	✗	✗	✗	✗
✗	✗				◉	isst	●	✗	✗	✗	✗	
	✗			✗	○	aß	◉		✗	✗	✗	✗
	✗					gegessen	◉		✗	✗	✗	
					○	iss	○					
						zu essen	○		✗			
	✗				○	Essen	○		✗			
					○	Essig	○					
						Esslöffel	○					
						Etui(s)	○					
	✗	✗				etwa	○		✗	✗		
	✗	✗		✗	◉	etwas	●		✗	✗		✗
✗	✗	✗	✗	✗	◉	euch	●	✗	✗	✗	✗	✗
✗	✗	✗	✗	✗	◉	euer	◉	✗	✗	✗	✗	✗
✗	✗	✗	✗	✗	◉	eu(e)re	◉	✗	✗	✗	✗	✗
✗					○	Eule(n)	○	✗				
✗					○	Euro(s)	○	✗				
✗						Europa	○	✗				
					○	ewig	○					
						experimentieren	○					
						experimentierst	○					
						experimentierte	○					
						Experiment	○					
	✗			✗	○	extra	◉		✗			✗

2.6 Buchstabe F

Bay	NiSa	S	S-A	Th	LB	Wörter	LB	Bay	NiSa	S	S-A	Th
	✗	✗	✗		○	Fabrik(en)	●		✗	✗	✗	
						Fabrikant(in)	○					
						fabrikneu	○					
						Fach / Fächer	○					
		✗			○	Fahne(n)	○			✗		
✗	✗	✗	✗	✗	●	fahren	●	✗	✗	✗	✗	✗
					○	fährst	○					
✗	✗				◉	fährt	◉	✗	✗			
					○	fahrt	○					
						fuhrst	○					
	✗				○	fuhr	◉			✗		
	✗					gefahren	○			✗		
					○	fahre	○					
		✗	✗		○	Fahrer	○				✗	✗
						Fahrgast / Fahrgäste	○					
	✗	✗	✗	✗	○	Fahrrad / Fahrräder	◉			✗	✗	✗	✗
	✗	✗	✗	✗		Fahrt(en)	◉			✗	✗	✗	✗
						Fährt(en)	○					
						Fall / Fälle	○					
						Falle	○					
✗	✗	✗	✗	✗	●	fallen	●	✗	✗	✗	✗	✗
					○	fällst	○					
✗	✗				◉	fällt	◉	✗	✗			
						fielst	○					
	✗				○	fiel	◉			✗	✗	✗	
	✗				○	gefallen	○			✗		
						fällen	○					
						fällt	○					
						falls	○					
	✗	✗	✗	✗	◉	falsch	◉			✗	✗	✗	✗
						falten	○					
						faltest	○					
✗	✗	✗	✗	✗	◉	Familie(n)	●	✗	✗	✗	✗	✗
						Familienname(n)	○					
						Fan(s)	○					
						Fang	○					
✗	✗	✗	✗		●	fangen	◉	✗	✗	✗	✗	
					○	fängst	○					
✗	✗				◉	fängt	◉	✗	✗			
						fingst	○					
	✗				○	fing	◉			✗		
	✗					gefangen	○			✗		
						Fanpost	○					
						Fantasie	○					
						fantastisch	○					
	✗	✗	✗		○	Farbe(n)	●			✗	✗	✗	

Bay	NiSa	S	S-A	Th	LB	Wörter	LB	Bay	NiSa	S	S-A	Th
						färben	○					
						färbst	○					
						Farbfernseher	○					
						Farbfilm	○					
						farbig	○					
		X	X		○	Fass / Fässer	◉			X	X	
	X	X	X	X	◉	fassen	◉		X	X	X	X
	X	X	X		○	fasst	○		X	X	X	
						fasstest	○					
					○	fasste	○					
	X					gefasst	○		X			
	X	X	X	X	○	fast	●		X	X	X	X
					○	faul	○					
						Faust / Fäuste	○					
						Fax(e)	○					
						faxen	○					
						Faxen	○					
						Faxenmacher	○					
X	X	X	X	X	●	Februar	●	X	X	X	X	X
					○	Feder(n)	○					
						Federhalter	○					
						Fee(n)	○					
						feenhaft	○					
	X	X	X	X	◉	fehlen	◉		X	X	X	X
						fehlst	○					
					○	fehlt	○					
					○	fehlte	○					
					○	gefehlt	○					
X	X	X	X	X	○	Fehler	◉	X	X	X	X	X
X						fehlerfrei		X				
		X	X	X	○	Feier(n)	○			X	X	X
						feierlich	○					
	X	X	X		○	feiern	◉		X	X	X	
						feierst	○					
					○	feiert	○					
					○	gefeiert	○					
					○	Feiertag	○					
						feige	○					
						Feigling	○					
X	X	X	X	X	◉	fein	◉	X	X	X	X	X
	X			X	○	Feind(e)	◉		X			X
						feindlich	○					
						Feindschaft	○					
X	X	X	X		◉	Feld(er)	●	X	X	X	X	
		X	X		○	Fell(e)	◉			X	X	
		X	X			Fels(en)	○			X	X	
						felsenfest	○					
						Felswand	○					
X	X	X	X	X	●	Fenster	●	X	X	X	X	X

| Klassenstufen 1-2 | | | | | | Wörter | Klassenstufen 3-4 | | | | | |
Bay	NiSa	S	S-A	Th	LB		LB	Bay	NiSa	S	S-A	Th
✗	✗	✗	✗	✗	◉	Ferien	●	✗	✗	✗	✗	✗
					○	fern	○					
✗	✗				◉	fernsehen	◉	✗	✗			
					○	siehst fern	○					
					○	sah fern	○					
						ferngesehen	○					
	✗					*beim Fernsehen*	○		✗			
✗	✗				○	Fernseher	○	✗	✗			
✗	✗	✗	✗	✗	○	fertig	●	✗	✗	✗	✗	✗
	✗	✗	✗	✗	○	Fest(e)	◉		✗	✗	✗	✗
	✗	✗	✗		◉	fest	◉		✗	✗	✗	
						festhalten	○					
						hielt fest	○					
						festgehalten	○					
						festlich	○					
✗		✗	✗		○	Fett(e)	○	✗		✗	✗	
✗	✗	✗	✗			fett	◉	✗	✗	✗	✗	
						fettig	○					
✗		✗	✗	✗	○	feucht	◉	✗		✗	✗	✗
✗					○	Feuchtigkeit	○	✗				
✗	✗	✗	✗		○	Feuer	◉	✗	✗	✗	✗	
						feuern	○					
						Feuerwehr	○					
✗						Fichte		✗				
						Fieber	○					
					○	Figur(en)	○					
	✗				○	Film(e)	○		✗			
	✗					Filzschreiber	○		✗			
✗	✗	✗	✗		◉	finden	●	✗	✗	✗	✗	
					○	findest	○					
					○	findet	○					
						fand(e)st	○					
	✗				○	fand	◉		✗			
	✗					gefunden	○		✗			
						Finder	○					
✗	✗	✗			●	Finger	●	✗	✗	✗		
						Fingerhut	○					
						Fingernagel	○					
						Finnland	○					
						finster	○					
						Finsternis	○					
	✗	✗	✗		◉	Fisch(e)	●		✗	✗	✗	
						Fischer	○					
				✗		fix	○					✗
		✗	✗			flach	○			✗	✗	
		✗	✗			Fläche(n)	○			✗	✗	
						Flachland	○					
		✗	✗			Flamme(n)	○			✗	✗	
	✗	✗	✗	✗	○	Flasche(n)	◉		✗	✗	✗	✗

| Klassenstufen 1-2 | | | | | | Wörter | Klassenstufen 3-4 | | | | | |
Bay	NiSa	S	S-A	Th	LB		LB	Bay	NiSa	S	S-A	Th
		✗	✗		○	flattern	○			✗	✗	
						flatterst	○					
				✗		Fleck	○					✗
						fleckig	○					
						Fledermaus / Fledermäuse	○					
						flehen	○					
						flehst	○					
	✗	✗	✗	✗	○	Fleisch	◉		✗	✗	✗	✗
						Fleischer	○					
✗		✗	✗	✗	○	Fleiß	◉	✗		✗	✗	✗
✗	✗	✗	✗	✗		fleißig	◉	✗	✗	✗	✗	✗
						fleißiger	○					
		✗	✗			flicken	○			✗	✗	
						flickst	○					
						Flicken	○					
						Flickerei	○					
					○	Fliege(n)	○					
✗	✗	✗	✗		●	fliegen	●	✗	✗	✗	✗	
					○	fliegst	○					
✗	✗				◉	fliegt	◉	✗	✗			
						flogst	○					
	✗				○	flog	◉		✗			
	✗					geflogen	○		✗			
						Flieger	○					
		✗	✗	✗		fliehen	○			✗	✗	✗
						fliehst						
						floh	○					
						geflohen	○					
✗	✗	✗	✗	✗	○	fließen	●	✗	✗	✗	✗	✗
	✗					fließt	○		✗			
✗	✗	✗	✗			floss	◉	✗	✗	✗	✗	
	✗	✗	✗			geflossen	○		✗	✗	✗	
						flitzen	○					
						flitzt	○					
					○	Floh / Flöhe	○					
						Flohzirkus	○					
						Flucht	○					
						flüchtig	○					
						Flüchtigkeitsfehler	○					
						Flüchtling	○					
						Flug / Flüge	○					
✗					○	Flügel	◉	✗				
						Flughafen / Flughäfen	○					
✗	✗	✗	✗			Flugzeug(e)	◉	✗	✗	✗	✗	
						Flugzeugträger	○					
		✗				Flur(e)	○			✗		
✗	✗	✗	✗	✗	○	Fluss / Flüsse	●	✗	✗	✗	✗	✗
✗		✗	✗	✗	○	flüssig	◉	✗		✗	✗	✗
					○	flüssiger	○					

Bay	NiSa	S	S-A	Th	LB	Wörter	LB	Bay	NiSa	S	S-A	Th
						Klassenstufen 1-2				**Klassenstufen 3-4**		
✗						Flüssigkeit		✗				
						Flusspferd(e)	○					
					○	flüstern	◉					
						flüsterst / flüstert	○					
						flüsterte	○					
						Fohlen	○					
	✗				○	folgen	◉		✗			
						Folie	○					
						Förster	○					
						Försterin(nen)	○					
	✗	✗	✗		○	fort	○		✗	✗	✗	
						Foto(s)	○					
						fotografieren	○					
						fotografierst	○					
						fotografierte	○					
	✗					Frage	○		✗			
✗	✗	✗	✗	✗	●	fragen	●	✗	✗	✗	✗	✗
					○	fragst	◉					
✗					◉	fragt	◉	✗				
	✗				○	fragte	○		✗			
	✗					gefragt	○		✗			
						Frankreich	○					
						französisch	○					
						Fraß	○					
✗	✗	✗	✗	✗	●	Frau(en)	●	✗	✗	✗	✗	✗
	✗	✗	✗		○	frech	○		✗	✗	✗	
						Frechheit	○					
✗	✗	✗	✗		○	frei	◉	✗	✗	✗	✗	
✗						Freiheit	○	✗				
✗	✗	✗	✗	✗	●	Freitag(e)	◉	✗	✗	✗	✗	✗
						freitags	○					
✗	✗	✗	✗		◉	fremd	●	✗	✗	✗	✗	
✗					○	Fremde(n)	○	✗				
						Fremdsprache	○					
✗	✗	✗	✗	✗	○	fressen	●	✗	✗	✗	✗	✗
✗	✗	✗	✗		○	frisst	◉	✗	✗	✗	✗	
✗	✗	✗	✗		○	fraß	○	✗	✗	✗	✗	
	✗					gefressen	○		✗			
						Fressen	○					
✗					◉	Freude(n)	◉	✗				
						freudig	○					
✗	✗	✗	✗	✗	●	freuen	●	✗	✗	✗	✗	✗
					○	freust dich	○					
					○	freut sich	○					
✗	✗	✗	✗	✗	◉	Freund(e)	●	✗	✗	✗	✗	✗
✗	✗				◉	Freundin(nen)	●	✗	✗			
	✗	✗	✗	✗	○	freundlich	◉		✗	✗	✗	✗
						freundlicher	○					
						Freundschaft(en)	○					

Bay	NiSa	S	S-A	Th	LB	Wörter	LB	Bay	NiSa	S	S-A	Th
						Friede	○					
✗	✗	✗	✗	✗	◉	Frieden	●	✗	✗	✗	✗	✗
✗	✗				○	friedlich	○	✗	✗			
✗	✗	✗	✗	✗	○	frieren	◉	✗	✗	✗	✗	✗
						frierst	○					
						frorst	○					
✗						fror	○	✗				
	✗					gefroren	○		✗			
✗	✗	✗	✗	✗	◉	frisch	◉	✗	✗	✗	✗	✗
	✗	✗	✗		○	froh	◉		✗	✗	✗	
✗	✗	✗	✗	✗	○	fröhlich	●	✗	✗	✗	✗	✗
						fröhlicher	○					
✗						Fröhlichkeit		✗				
					○	Frosch / Frösche	○					
						Frost	○					
						frösteln	○					
						fröstelst	○					
						fröstelte	○					
						frostig	○					
✗					○	Frucht / Früchte	○	✗				
	✗	✗	✗		○	früh	◉		✗	✗	✗	
						Frühblüher	○					
	✗			✗		früher	◉		✗			✗
						Frühjahr	○					
✗	✗	✗	✗	✗	◉	Frühling	●	✗	✗	✗	✗	✗
	✗				○	Frühstück	◉		✗			
	✗					frühstücken	○		✗			
✗		✗	✗			Fuchs / Füchse	◉	✗		✗	✗	
						Fuchsbau	○					
✗	✗	✗	✗	✗	○	fühlen	●	✗	✗	✗	✗	✗
						fühlst	○					
						fühlte	○					
						Fühler	○					
✗	✗	✗	✗	✗	○	führen	●	✗	✗	✗	✗	✗
						führst	○					
						führte	○					
						Führerschein	○					
✗						Führung	○	✗				
✗		✗	✗		○	füllen	◉	✗		✗	✗	
					○	füllt	○					
					○	füllst	○					
✗	✗				○	Füller	◉	✗	✗			
						Füllung	○					
						Fund	○					
✗	✗	✗		✗	◉	fünf	●	✗	✗	✗		✗
						Fünfer	○					
						fünfundzwanzig	○					
						fünfzehn	○					
						fünfzig	○					

Klassenstufen 1-2						Wörter	Klassenstufen 3-4					
Bay	NiSa	S	S-A	Th	LB		LB	Bay	NiSa	S	S-A	Th
						funktionieren	○					
						funktioniert	○					
✗	✗	✗	✗	✗	◉	für	◉	✗	✗	✗	✗	✗
		✗	✗	✗		Furcht	○			✗	✗	✗
	✗					furchtbar	○		✗			
	✗	✗	✗	✗	○	fürchten	●		✗	✗	✗	✗
						fürchtest	○					
	✗				○	fürchterlich	○		✗			
						furchtlos	○					
						furchtsam	○					
✗	✗	✗	✗		●	Fuß / Füße	●	✗	✗	✗	✗	
	✗				○	Fußball / Fußbälle	○					
						Füßchen	○					
		✗	✗		○	Futter	◉				✗	✗
		✗	✗		○	füttern	◉				✗	✗
					○	fütterst	○					
						füttert	○					
						gefüttert	○					
						Fütterung(en)	○					

2.7 Buchstabe G

| Klassenstufen 1-2 | | | | | | Wörter | Klassenstufen 3-4 | | | | | |
Bay	NiSa	S	S-A	Th	LB		LB	Bay	NiSa	S	S-A	Th
					○	Gabel(n)	○					
						gaffen	○					
						Gameboy(s)	○					
		✗	✗		○	Gans / Gänse	○			✗	✗	
						Gänseblümchen	○					
✗	✗	✗	✗	✗	◉	ganz(-e, -er)	●	✗	✗	✗	✗	✗
	✗	✗			○	gar	◉		✗	✗		
						Garage	○					
						Gardine(n)	○					
	✗					gar kein	○		✗			
	✗	✗	✗	✗		gar nicht(s)	○		✗	✗	✗	✗
✗	✗	✗	✗	✗	●	Garten / Gärten	●	✗	✗	✗	✗	✗
						Gärtner	○					
				✗		Gas(e)	○					✗
						Gässchen	○					
		✗	✗	✗		Gasse(n)	○			✗	✗	✗
	✗	✗		✗		Gast / Gäste	○			✗	✗	✗
						Gasthaus	○					
						Gaststätte	○					
						gastlich	○					
						Gaul	○					
					○	Gebäck	○					
✗		✗	✗	✗		Gebäude	◉	✗		✗	✗	✗
✗	✗	✗	✗	✗	●	geben	●	✗	✗	✗	✗	✗
					○	gibst	○					
✗	✗	✗	✗		◉	gibt	◉	✗	✗	✗	✗	
					○	gebt	○					
	✗				○	gab	◉		✗			
					○	gegeben	○					
					○	gib	○					
						Gebiet(e)	○					
						Gebirge	○					
						gebirgig	○					
						Gebiss(e)	○					
						Gebläse	○					
	✗	✗	✗	✗		geboren	○			✗	✗	✗
						geborgen	○					
						Geborgenheit	○					
						Gebrüll	○					
✗						Geburt(en)	○	✗				
✗	✗	✗	✗	✗	◉	Geburtstag(e)	◉	✗	✗	✗	✗	✗
						Geburtstagsfeier	○					
	✗				○	Gedanke(n)	◉		✗			
					○	Gedicht(e)	○					
					○	geduldig	○					

Klassenstufen 1-2						Wörter	Klassenstufen 3-4					
Bay	NiSa	S	S-A	Th	LB		LB	Bay	NiSa	S	S-A	Th
✗	✗	✗	✗			Gefahr(en)	◉	✗	✗	✗	✗	
						gefährden	○					
✗	✗	✗	✗	✗	○	gefährlich	◉	✗	✗	✗	✗	✗
		✗	✗		○	gefallen	○			✗	✗	
						gefällst	○					
						gefällt	○					
		✗	✗			gefiel	○			✗	✗	
						Gefäß	○					
						gefräßig	○					
					○	gefrieren	○					
✗	✗				○	Gefühl	○	✗	✗			
	✗	✗			○	gegen	◉		✗	✗		
	✗					Gegend(en)	◉		✗			
						gegeneinander	○					
						gegenseitig	○					
						Gegenteil	○					
	✗				○	gegenüber	○		✗			
						Gegner	○					
✗					○	geheim	○	✗				
✗	✗			✗		Geheimnis(se)	○	✗	✗			✗
						geheimnisvoll	○					
						geheimnisvoller	○					
✗	✗	✗	✗		●	gehen	●	✗	✗	✗	✗	
						gehst	○					
✗	✗				◉	geht	◉	✗	✗			
	✗				○	ging	◉		✗	✗	✗	
	✗				○	gegangen	◉		✗	✗	✗	
						geh(e)	○					
						Geheul	○					
	✗				○	gehören	○		✗			
						gehörst	○					
					○	gehört	○					
						gehörte	○					
						Geige	○					
					○	Geiste(r)	○					
						Geiz	○					
						Geizhals	○					
		✗	✗	✗		geizig	○			✗	✗	✗
						Gejammere	○					
						Geläut	○					
✗	✗	✗	✗	✗	●	gelb	●	✗	✗	✗	✗	✗
✗	✗	✗	✗	✗	●	Geld(er)	●	✗	✗	✗	✗	✗
						Gelee	○					
						Gelegenheit(en)	○					
						gelehrt	○					
						Gelenk	○					

| Klassenstufen 1-2 | | | | | | Wörter | Klassenstufen 3-4 | | | | | |
Bay	NiSa	S	S-A	Th	LB		LB	Bay	NiSa	S	S-A	Th
		X	X		○	gelingen	◉			X	X	
						gelingt	○					
						gelang	○					
						gelungen	○					
						gemein	○					
X						Gemeinde		X				
	X	X	X		○	gemeinsam	◉		X	X	X	
						Gemeinsamkeit	○					
						Gemeinschaft	○					
						gemeinschaftlich	○					
X	X	X		X	◉	Gemüse	●	X	X	X		X
	X					gemütlich	○	X				
	X	X	X		○	genau	◉		X	X	X	
						Genick	○					
						genießen	○					
						Genießer	○					
	X	X	X	X	○	genug	◉		X	X	X	X
					○	genügend	○					
						Genuss	○					
						geölt	○					
					○	Gepäck	○					
						Gerade	○					
	X	X	X	X	○	gerade	◉		X	X	X	X
	X				○	geradeaus			X			
		X	X	X	○	Gerät(e)	○			X	X	X
					○	geraten	○					
					○	Geräusch	○					
						gerecht	○					
						gerechter	○					
						Gerechtigkeit	○					
						Gericht	○					
	X	X	X		◉	gern(e)	◉		X	X	X	
X						Geruch	○	X				
X	X	X	X	X	○	Geschäft(e)	◉	X	X	X	X	X
						geschäftlich	○					
						Geschäftsfrau	○					
						Geschäftsmann	○					
						geschäftstüchtig	○					
X	X	X	X	X	○	geschehen	◉	X	X	X	X	X
X	X	X	X			geschieht	◉	X	X	X	X	
	X					geschah	○		X			
						gescheit	○					
	X	X	X			Geschenk(e)	○			X	X	X
						Geschenkpackung	○					
	X			X	○	Geschichte(n)	◉		X			X
						Geschicklichkeit	○					
						geschickt	○					

Klassenstufen 1-2						Wörter	Klassenstufen 3-4					
Bay	NiSa	S	S-A	Th	LB		LB	Bay	NiSa	S	S-A	Th
		✗	✗	✗		Geschirr	○			✗	✗	✗
						Geschwister	○					
✗				✗		Gesetz(e)	○	✗				✗
						gesetzlich	○					
✗	✗	✗	✗	✗	◉	Gesicht(er)	●	✗	✗	✗	✗	✗
					○	gespannt	○					
						gespannter	○					
					○	Gespenst(er)	○					
						Geständnis	○					
						gestehen	○					
✗	✗	✗	✗		●	gestern	●	✗	✗	✗	✗	
	✗				○	gestern Abend	○		✗			
✗	✗	✗	✗	✗	◉	gesund	●	✗	✗	✗	✗	✗
						gesünder	○					
						am gesündesten	○					
						Gesundheit	○					
		✗	✗	✗		Getreide	○			✗	✗	✗
						Getreidearten	○					
						Getreidefeld	○					
✗						Gewächs(e)	○	✗				
					○	Gewalt(en)	◉					
						Gewehr	○					
					○	Gewicht	○					
						Gewinn	○					
✗	✗	✗	✗		○	gewinnen	●	✗	✗	✗	✗	
						gewinnst	○					
✗	✗					gewinnt	○	✗	✗			
✗						gewann	○	✗				
	✗					gewonnen	○		✗			
						Gewinner	○					
						gewiss	○					
						Gewissheit	○					
✗	✗	✗	✗		○	Gewitter	◉	✗	✗	✗	✗	
						gewittert	○					
						Gewürz(e)	○					
						Gezänk	○					
						gezuckert	○					
✗	✗	✗	✗	✗	○	gießen	●	✗	✗	✗	✗	✗
	✗				○	gießt	◉		✗			
✗	✗	✗	✗			goss	◉	✗	✗	✗	✗	
	✗	✗	✗			gegossen	○		✗	✗	✗	
						Gießkanne	○					
					○	giftig	◉		✗			✗
						Gipfel	○					
					○	Giraffe(n)	○					
					○	Gitarre(n)	○					
						Glanz	○					

Klassenstufen 1-2						Wörter	Klassenstufen 3-4					
Bay	NiSa	S	S-A	Th	LB		LB	Bay	NiSa	S	S-A	Th
		✗	✗	✗		glänzen	○			✗	✗	✗
						glänzt	○					
	✗	✗	✗		◉	Glas / Gläser	◉		✗	✗	✗	
						Glaser	○					
✗	✗	✗	✗		○	glatt	●	✗	✗	✗	✗	
						glatter	○					
						Glätte	○					
						glätten	○					
						Glaube	○					
	✗	✗	✗	✗	○	glauben	◉		✗	✗	✗	✗
					○	glaubst	○					
	✗					glaubt	○		✗			
						glaubhaft	○					
						gläubig	○					
	✗	✗	✗	✗	◉	gleich	◉		✗	✗	✗	✗
						gleichermaßen	○					
						Gleichnis	○					
					○	gleichzeitig	○					
						Glocke(n)	○					
✗	✗	✗	✗		◉	Glück	●	✗	✗	✗	✗	
✗	✗	✗	✗	✗	○	glücklich	◉	✗	✗	✗	✗	✗
						glücklicher	○					
						Glückwunsch	○					
✗		✗	✗	✗		glühen	○	✗		✗	✗	✗
						Glühbirne	○					
		✗			○	Gold	○			✗		
		✗				golden	○			✗		
						goldener	○					
						goldig	○					
✗	✗			✗	○	Gott / Götter	◉	✗	✗			✗
						Gottesdienst	○					
		✗	✗			Graben	○			✗	✗	
		✗	✗		○	graben	◉			✗	✗	
						gräbst	○					
					○	gräbt	○					
						grub / gegraben	○					
✗	✗	✗	✗	✗	●	Gras / Gräser	●	✗	✗	✗	✗	✗
	✗	✗	✗	✗	○	gratulieren	◉		✗	✗	✗	✗
						gratulierst	○					
						gratuliert	○					
						gratulierte	○					
		✗	✗	✗		grau	○			✗	✗	✗
						Greifarm	○					
	✗	✗	✗		○	greifen	◉		✗	✗	✗	
						greifst	○					
	✗				○	greift	○		✗			
		✗	✗			griff	○			✗	✗	
	✗					gegriffen	○		✗			

Klassenstufen 1-2						Wörter	Klassenstufen 3-4					
Bay	NiSa	S	S-A	Th	LB		LB	Bay	NiSa	S	S-A	Th
		✗				Grenze(n)	○			✗		
						grenzenlos	○					
						Griechenland	○					
				✗		Grieß	○					✗
						Grießbrei	○					
	✗		✗		○	Griff	○			✗	✗	
					○	grinsen	○					
						grinst	○					
						grölen	○					
						grölst	○					
✗	✗	✗	✗		●	groß	●	✗	✗	✗	✗	
✗	✗				○	größer	◉	✗	✗			
		✗				am größten	○		✗			
						Größe	○					
	✗					Großen (die)			✗			
						Größten (die)	○					
						Großeltern	○					
					○	Großmutter/ Großmütter	○					
					○	Großvater / Großväter	○					
		✗	✗		○	Grube(n)	○			✗	✗	
✗	✗	✗	✗		●	grün	●	✗	✗	✗	✗	
	✗			✗	○	Grund / Gründe	○			✗		✗
						gründlich	○					
	✗	✗	✗		○	Gruppe(n)	◉		✗	✗	✗	
						gruselig	○					
						Gruselmärchen	○					
						gruseln	○					
	✗	✗	✗			Gruß / Grüße	◉		✗	✗	✗	
✗	✗	✗	✗	✗	○	grüßen	●	✗	✗	✗	✗	✗
	✗					grüßt	○		✗			
						grüßte / gegrüßt	○					
	✗				○	gucken	○		✗			
					○	guckst	○					
	✗					guckt	○		✗			
						guckte	○					
	✗					geguckt	○		✗			
						Gulli(s)	○					
	✗	✗			○	Gummi(s)	◉			✗	✗	
						Gummibärchen	○					
						Gummistiefel	○					
	✗	✗				Gurke(n)	○			✗	✗	
						Guss / Güsse	○					
✗	✗	✗	✗	✗	●	gut	●	✗	✗	✗	✗	✗
✗	✗	✗	✗	✗	○	besser	●	✗	✗	✗	✗	✗
	✗	✗	✗		○	am besten	◉		✗	✗	✗	
						Gute	○		✗			
	✗					alles Gute	○		✗			
						Gymnasium / Gymnasien	○					

| Klassenstufen 1-2 | | | | | | Wörter | Klassenstufen 3-4 | | | | | |
Bay	NiSa	S	S-A	Th	LB		LB	Bay	NiSa	S	S-A	Th
✗	✗	✗	✗		●	Haar(e)	●	✗	✗	✗	✗	
✗	✗	✗	✗	✗	●	haben	●	✗	✗	✗	✗	✗
✗	✗	✗	✗		◉	hast	◉	✗	✗	✗	✗	
	✗	✗			●	hat	●		✗	✗		
	✗	✗	✗		○	hatte	●		✗	✗	✗	
						gehabt	○					
	✗					hätte	○		✗			
						hab(e)	○					
						Hacke	○					
						hacken	○					
						hackst	○					
						hackte	○					
						Hafen / Häfen	○					
					○	Hahn / Hähne	○					
						Häkchen	○					
		✗	✗	✗	○	Haken	◉			✗	✗	✗
	✗	✗	✗	✗	○	halb(-e, …)	●		✗	✗	✗	✗
						halbieren	○					
						halbierst	○					
						halbierte	○					
					○	Hälfte(n)	○					
		✗	✗			Halle(n)	○			✗	✗	
						Hallenbad	○					
						hallo	○					
✗	✗	✗	✗	✗	◉	Hals / Hälse	●	✗	✗	✗	✗	✗
						haltbar	○					
✗	✗	✗	✗	✗	●	halten	●	✗	✗	✗	✗	✗
	✗				○	hältst	◉		✗			
✗	✗		✗		◉	hält	◉	✗	✗		✗	
	✗	✗	✗		○	hielt	◉		✗	✗	✗	
						gehalten	○					
						Halter	○					
					○	Hamster	○					
✗	✗	✗	✗	✗	●	Hand / Hände	●	✗	✗	✗	✗	✗
						handeln	○			✗	✗	
						Handel	○					
						Händler(in)	○					
						Handlung	○					
						Handtuchhalter	○					
✗					○	Handy(s)	○	✗				
✗					○	Hang / Hänge	○	✗				
✗	✗	✗	✗	✗	○	hängen	●	✗	✗	✗	✗	✗
					○	hängst	○					
	✗					hängt / hing	○		✗			
						hingst / gehangen	○					

| Klassenstufen 1-2 | | | | | | Wörter | Klassenstufen 3-4 | | | | | |
Bay	NiSa	S	S-A	Th	LB		LB	Bay	NiSa	S	S-A	Th
✗	✗	✗	✗		●	hart	●	✗	✗	✗	✗	
					○	härter	○	✗				
					○	am härtesten	○					
✗		✗	✗	✗	●	Hase(n)	●	✗		✗	✗	✗
					○	Hass	○					
					○	hassen	○					
					○	hässlich	○					
					○	Hast	○					
					○	hasten	○					
					○	hastest	○					
					○	hastete	○					
					○	hastig	○					
✗	✗				○	Haufen	◉	✗	✗			
✗		✗	✗	✗	○	häufig	◉	✗		✗	✗	✗
	✗					Hauptsache	○		✗			
		✗	✗			Hauptstadt	○			✗	✗	
✗	✗	✗	✗	✗	●	Haus / Häuser	●	✗	✗	✗	✗	✗
	✗	✗	✗			nach Hause	○		✗	✗	✗	
		✗	✗		○	zu Hause	○		✗	✗	✗	
					○	Hausflur	○					
					○	Haushalt	○					
✗	✗	✗			○	Haut / Häute	◉	✗	✗	✗		
					○	häuten	○					
					○	Häutung	○					
	✗	✗	✗		○	heben	◉		✗	✗	✗	
					○	hebst	○					
	✗				○	hebt	○		✗			
	✗					hob	○		✗			
	✗					gehoben	○		✗			
✗					○	Hecke(n)	○	✗				
	✗	✗	✗	✗	◉	Heft(e)	●		✗	✗	✗	✗
	✗	✗			○	heim	○			✗	✗	
	✗	✗	✗			Heimat	○			✗	✗	✗
						Heimatort	○					
					○	heimgehen	○					
						heimkehren	○					
						heimlich	○					
					○	Heimweg	○					
						heiraten	○					
						heiratet	○					
✗	✗	✗	✗		●	heiß	●	✗	✗	✗	✗	
					○	heißer	○					
✗	✗	✗	✗	✗	◉	heißen	●	✗	✗	✗	✗	✗
	✗				○	heißt	◉		✗			
					○	hieß(e)st	○					
	✗				○	hieß	◉		✗			
					○	geheißen	○					
					○	heiße	○					

Bay	NiSa	S	S-A	Th	LB	Wörter	LB	Bay	NiSa	S	S-A	Th
						Heißluftballon	○					
✗	✗	✗	✗	✗	○	heizen	◉	✗	✗	✗	✗	✗
						heizte	○					
						heizbar	○					
						Heizkörper	○					
						Heizöl	○					
✗	✗	✗	✗			Heizung	○	✗	✗	✗	✗	
						Held(en)	○					
						Heldin	○					
						heldenhaft	○					
✗	✗	✗	✗	✗	●	helfen	●	✗	✗	✗	✗	✗
					○	hilfst	○					
✗	✗				◉	hilft	◉	✗	✗			
						halfst	○					
	✗				○	half	◉		✗			
	✗					geholfen	○		✗			
✗	✗	✗	✗		◉	hell	◉	✗	✗	✗	✗	
	✗					hellblau	○		✗			
						Helligkeit	○					
						Helm(e)	○					
✗	✗	✗	✗	✗	◉	Hemd(en)	◉	✗	✗	✗	✗	✗
						Hemdknopf	○					
					○	Henkel	○					
✗	✗	✗		✗	◉	her	◉	✗	✗	✗		✗
		✗	✗		○	herab	○			✗	✗	
	✗	✗	✗	✗		herauf	○		✗	✗	✗	✗
	✗	✗	✗		◉	heraus	◉		✗	✗	✗	
	✗					herauskommen	○		✗			
✗	✗	✗	✗	✗	◉	Herbst	●	✗	✗	✗	✗	✗
						herbstlich	○					
					○	Herd(e)	○					
	✗	✗	✗	✗	○	herein	◉		✗	✗	✗	✗
						hereinkommen	○					
						Hering(e)	○					
	✗					herkommen	○		✗			
✗	✗	✗	✗		◉	Herr(en)	●	✗	✗	✗	✗	
	✗	✗	✗	✗	○	herrlich	○		✗	✗	✗	✗
						Herrschaft	○					
						herrschen	○					
						Herrscher	○					
✗						herstellen		✗				
✗						Herstellung		✗				
		✗	✗	✗		herüber	○			✗	✗	✗
	✗	✗	✗		○	herum	○		✗	✗	✗	
						herumlaufen	○					
	✗	✗	✗	✗	○	herunter	◉		✗	✗	✗	✗
	✗	✗	✗			hervor	○		✗	✗	✗	

Klassenstufen 1-2						Wörter	Klassenstufen 3-4					
Bay	NiSa	S	S-A	Th	LB		LB	Bay	NiSa	S	S-A	Th
						hervorragend	○					
						hervortreten	○					
	✗	✗	✗	✗	○	Herz(en)	●		✗	✗	✗	✗
						herzlich	○					
						herzlicher	○					
	✗					*herzliche Grüße*	○		✗			
						Hetze	○					
				✗		hetzen	○					✗
	✗	✗	✗		○	heulen	◉		✗	✗	✗	
						Heuschnupfen	○					
✗	✗	✗	✗	✗	●	heute	●	✗	✗	✗	✗	✗
	✗				○	*heute Abend*	○		✗			
✗	✗			✗	○	Hexe(n)	◉	✗	✗			✗
						hexen	○					
✗	✗	✗	✗	✗	◉	hier	●	✗	✗	✗	✗	✗
	✗					hierher	○		✗			
✗	✗				○	Hilfe(n)	◉	✗	✗			
						hilflos	○					
✗	✗	✗	✗		●	Himmel	●	✗	✗	✗	✗	
✗	✗			✗	●	hin	●	✗	✗			✗
					○	hinab	○					
	✗				○	hinauf	○		✗			
	✗	✗	✗		◉	hinaus	○		✗	✗	✗	
						hinausgehen	○					
	✗	✗	✗		◉	hinein	◉		✗	✗	✗	
	✗					hinfallen	○		✗			
						hinken	○					
						hinknien	○					
				✗		hinten	○					✗
✗	✗	✗	✗		◉	hinter	◉	✗	✗	✗	✗	
						hintereinander	○					
	✗					hinterher	○		✗			
	✗					hinterherlaufen	○		✗			
						hinüber	○					
					○	hinunter	○					
						Hinweis	○					
						hinzu	○					
						Hirsch(e)	○					
						Hit(s)	○					
✗	✗	✗	✗		○	Hitze	◉	✗	✗	✗	✗	
						hitzefrei	○					
						hitzig	○					
						Hitzkopf	○					
						Hobby(s)	○					
	✗	✗	✗	✗	●	hoch	●		✗	✗	✗	✗
	✗					*höher*	◉		✗	✗	✗	
	✗					*am höchsten*	◉		✗			

| \multicolumn{6}{c}{Klassenstufen 1-2} | | | | | | Wörter | \multicolumn{6}{c}{Klassenstufen 3-4} | | | | | |
Bay	NiSa	S	S-A	Th	LB		LB	Bay	NiSa	S	S-A	Th
						Hocke	○					
		✗	✗		○	hocken	◉			✗	✗	
						Hocker	○					
		✗			○	Hof / Höfe	○			✗		
✗		✗	✗		○	hoffen	◉	✗		✗	✗	
						hoffst	○					
						hofft	○					
						hoffte	○					
✗	✗	✗	✗	✗	○	hoffentlich	◉	✗	✗	✗	✗	✗
						Hoffnung(en)	○					
						hoffnungslos	○					
		✗	✗	✗		höflich	◉			✗	✗	✗
						Höflichkeit	○					
	✗	✗	✗		○	hohe	○		✗	✗	✗	
✗		✗	✗	✗		Höhe(n)	○	✗		✗	✗	✗
						Höhepunkt	○					
✗		✗	✗		○	hohl	○	✗		✗	✗	
✗	✗	✗	✗	✗	○	Höhle(n)	◉	✗	✗	✗	✗	✗
	✗	✗	✗	✗	◉	holen	◉		✗	✗	✗	✗
					○	holst	○					
	✗				○	holt	○		✗			
						holtest	○					
						holte	○					
	✗				○	geholt	○		✗			
						Holland	○					
						Hölle	○					
	✗	✗	✗		○	Holz / Hölzer	●		✗	✗	✗	
						holzig	○					
						Homepage	○					
						Honig	○					
					○	hopsen	○					
						horchen	○					
						horchst	○					
						horchte	○					
						Horcher	○					
✗	✗	✗	✗	✗	●	hören	●	✗	✗	✗	✗	✗
					○	hörst	○					
	✗				○	hört	○		✗			
						hörte	○					
					○	gehört	○					
					○	Hörer	○					
						Horst	○					
	✗				○	Hort	○			✗		
✗	✗	✗	✗	✗	●	Hose(n)	●	✗	✗	✗	✗	✗
						Hosenträger	○					
						Hotel(s)	○					
					○	hübsch	○					
						Hubschrauber	○					

| Klassenstufen 1-2 | | | | | | Wörter | Klassenstufen 3-4 | | | | | |
Bay	NiSa	S	S-A	Th	LB		LB	Bay	NiSa	S	S-A	Th
						Huhn / Hühner	○					
		✗	✗			Hülle(n)	○			✗	✗	
		✗				Hülse(n)	○			✗		
						Hülsenfrucht	○					
✗	✗	✗	✗	✗	●	Hund(e)	●	✗	✗	✗	✗	✗
						Hundenapf	○					
						Hundert	○					
✗	✗	✗	✗	✗	○	hundert	◉	✗	✗	✗	✗	✗
						hundertmal	○					
						hunderttausend	○					
✗		✗	✗		○	Hunger	●	✗		✗	✗	
	✗					*Hunger haben*	○		✗			
						hungern	○					
						Hungersnot	○					
✗					○	hungrig	◉	✗				
	✗					*hungrig sein*	○		✗			
						Hupe	○					
						hupen	○					
						hupst	○					
						hupte	○					
	✗	✗	✗	✗	○	hüpfen	●		✗	✗	✗	✗
	✗					hüpfst	○		✗			
					○	hüpft	○					
						hüpfte	○					
						hüsteln	○					
						Husten	○					
						husten	○					
						Hustensaft	○					
	✗				○	Hut / Hüte	○		✗			
		✗	✗		○	Hütte(n)	◉			✗	✗	

2.9 Buchstabe I

Klassenstufen 1-2						Wörter	Klassenstufen 3-4					
Bay	NiSa	S	S-A	Th	LB		LB	Bay	NiSa	S	S-A	Th
✗	✗	✗	✗	✗	●	ich	●	✗	✗	✗	✗	✗
	✗				○	Idee(n)	◉		✗			
✗				✗	◉	Igel	◉	✗				✗
✗	✗	✗	✗	✗	●	ihm	●	✗	✗	✗	✗	✗
✗	✗	✗	✗	✗	●	ihn (-en, …)	●	✗	✗	✗	✗	✗
✗	✗	✗	✗	✗	●	ihr (-e, -en, -em)	●	✗	✗	✗	✗	✗
						Illustrierte	○					
✗	✗	✗	✗	✗	●	im	●	✗	✗	✗	✗	✗
✗	✗	✗	✗	✗	◉	immer	●	✗	✗	✗	✗	✗
	✗					*immer noch*	○		✗			
	✗					*immer wieder*	○		✗			
✗				✗		impfen	○	✗				✗
✗						Impfung	○	✗				
✗	✗	✗	✗	✗	●	in	◉	✗	✗	✗	✗	✗
						Indianer	○					
✗						Information(en)	○	✗				
✗						informieren	○	✗				
						informierst	○					
						Inliner	○					
	✗	✗	✗		○	innen	◉		✗	✗	✗	
✗	✗	✗	✗		○	ins	◉	✗	✗	✗	✗	
	✗				○	Insel(n)	◉			✗		
						Insekt(en)	○					
✗	✗					interessant	○	✗	✗			
✗						Interesse	○	✗				
	✗					interessieren	○		✗			
						international	○					
						Internet	○					
						Interview(s)	○					
						interviewen	○					
	✗					inzwischen	○		✗			
	✗					irgend	○		✗			
						irgendjemand	○					
						irgendwann	○					
	✗					irgendwie	○		✗			
	✗					irgendwo	○		✗			
		✗	✗		○	irren	○			✗	✗	
						irrsinnig	○					
						irrtümlich	○					
						Irrtum	○					
						Italien	○					
						italienisch	○					

2.10 Buchstabe J

Klassenstufen 1-2						Wörter	Klassenstufen 3-4					
Bay	NiSa	S	S-A	Th	LB		LB	Bay	NiSa	S	S-A	Th
✗	✗	✗	✗	✗	●	ja	●	✗	✗	✗	✗	✗
						Jacht	○					
	✗	✗	✗		○	Jacke(n)	◉		✗	✗	✗	
				✗	○	Jagd(en)	○					✗
		✗	✗	✗	○	jagen	◉			✗	✗	✗
						jagst	○					
						jagt	○					
						jagte	○					
		✗	✗		○	Jäger(in)	○			✗	✗	
✗	✗	✗	✗	✗	●	Jahr(e)	●	✗	✗	✗	✗	✗
					○	Jahreszeiten	○					
						jährlich	○					
						Jammer	○					
						jämmerlich	○					
		✗	✗		○	jammern	○			✗	✗	
						jammerschade	○					
✗	✗	✗	✗	✗	●	Januar	●	✗	✗	✗	✗	✗
					○	jaulen	○					
	✗					Jeans	○		✗			
	✗					jedenfalls	○		✗			
✗	✗	✗	✗	✗	●	jeder(-e, -es)	◉	✗	✗	✗	✗	✗
				✗		jedoch						✗
						jemals	○					
✗	✗	✗	✗	✗	○	jemand(en)	◉	✗	✗	✗	✗	✗
	✗	✗	✗		◉	jetzt	●		✗	✗	✗	
						Joga	○					
						joggen	○					
						joggst	○					
						joggte	○					
						Jogger	○					
						Jogging	○					
						Jogurt	○					
						Johannis	○					
						Johannisbeere	○					
						Johannisfeuer	○					
					○	Jongleur(e)	○					
						jonglieren	○					
						jonglierst	○					
						Jubel	○					
						jubeln	○					
						Judo	○					
✗		✗	✗	✗		Jugend	○	✗		✗	✗	✗
✗						jugendlich	○	✗				
						Jugendliche	○					
✗	✗	✗	✗	✗	●	Juli	●	✗	✗	✗	✗	✗

Bay	NiSa	S	S-A	Th	LB	Wörter	LB	Bay	NiSa	S	S-A	Th
✗	✗	✗	✗		◉	jung	●	✗	✗	✗	✗	
	✗					jünger	◉		✗			
						am jüngsten	○					
✗	✗	✗	✗	✗	●	Junge(n)	●	✗	✗	✗	✗	✗
✗	✗	✗	✗	✗	●	Juni	●	✗	✗	✗	✗	✗

2.11 Buchstabe K

Bay	NiSa	S	S-A	Th	LB	Wörter	LB	Bay	NiSa	S	S-A	Th
✗					○	Käfer	○	✗				
	✗	✗	✗		○	Kaffee	◉		✗	✗	✗	
✗				✗	○	Käfig(e)	◉	✗				✗
	✗	✗				kahl	○			✗	✗	
	✗	✗	✗			Kahn / Kähne	○			✗	✗	✗
						Kaiser(in)	○					
					○	Kakao	○					
✗					◉	Kalender	◉	✗				
✗	✗	✗	✗	✗	●	kalt	●	✗	✗	✗	✗	✗
	✗					kälter	◉		✗			
						am kältesten	○					
✗					○	Kälte	○	✗				
						Kamel(e)	○					
						Kamera	○					
✗	✗	✗	✗			Kamm / Kämme	◉	✗	✗	✗	✗	
✗	✗	✗	✗			kämmen	○	✗	✗	✗	✗	
	✗	✗				Kammer(n)	○			✗	✗	
	✗				○	Kampf / Kämpfe	◉			✗		
	✗		✗			kämpfen	○			✗		✗
						kämpfst	○					
						kämpft	○					
						kämpfte	○					
						Kämpfer(in)	○					
						kämpferisch	○					
	✗		✗			Kanal / Kanäle	○				✗	✗
						Kanaldeckel	○					
						Kanalisation	○					
	✗	✗			○	Kanne(n)	◉				✗	✗
	✗				○	kaputt	○			✗		
						Karawane(n)	○					
						Karneval	○					
	✗	✗	✗	✗	○	Karte(n)	◉			✗	✗	✗	✗
	✗	✗	✗	✗	○	Kartoffel(n)	◉			✗	✗	✗	✗
						Kartoffelernte	○					
						Kartoffelsalat	○					

Klassenstufen 1-2						Wörter	Klassenstufen 3-4					
Bay	NiSa	S	S-A	Th	LB		LB	Bay	NiSa	S	S-A	Th
						Käse	○					
						Kasper	○					
						Kasperl	○					
	✗	✗	✗		○	Kasse(n)	◉		✗	✗	✗	
					○	Kassette(n)	○					
						kassieren	○					
						Kassierer/in	○					
						Kastanie(n)	○					
		✗	✗		○	Kasten / Kästen	○			✗	✗	
✗	✗	✗	✗	✗	●	Katze(n)	●	✗	✗	✗	✗	✗
						kauen	○					
						kaute	○					
✗	✗	✗	✗	✗	●	kaufen	●	✗	✗	✗	✗	✗
					○	kaufst	◉					
					○	kauft	○					
					○	gekauft	○					
						Kaugummi	○					
						Kaulquappe(n)	○					
	✗				○	kaum	○		✗			
		✗	✗	✗	○	kehren	○			✗	✗	✗
✗	✗	✗	✗	✗	●	kein(-e, -er, -em, -en)	●	✗	✗	✗	✗	✗
		✗	✗	✗		Keks(e)	○			✗	✗	✗
		✗	✗	✗	○	Keller	◉			✗	✗	✗
				✗		Kellner						✗
✗	✗	✗	✗	✗	◉	kennen	●	✗	✗	✗	✗	✗
					○	kennst	○					
	✗				○	kennt	○		✗			
						kanntest	○					
✗	✗				○	kannte	○	✗	✗			
	✗				○	gekannt	○		✗			
		✗				Kern(e)	○			✗		
						kerngesund	○					
						Kernkraftwerk	○					
						kernig	○					
				✗	○	Kerze(n)	○					✗
		✗	✗			Kessel	○			✗	✗	
						Ketchup / Ketschup	○					
		✗	✗		○	Kette(n)	◉			✗	✗	
						keuchen	○					
						kichern	○					✗
						Kids	○					
✗						Kiefer		✗				
					○	Kieselstein	○					
						Kilo	○					
						Kilogramm	○					
						Kilometer	○					
✗	✗	✗	✗	✗	●	Kind(er)	●	✗	✗	✗	✗	✗
						Kindheit	○					

Klassenstufen 1-2						Wörter	Klassenstufen 3-4					
Bay	NiSa	S	S-A	Th	LB		LB	Bay	NiSa	S	S-A	Th
					○	Kinn	○					
	✗	✗			○	Kino(s)	○		✗	✗		
		✗	✗		○	kippen	○			✗	✗	
						kippst	○					
						Kipper	○					
						kipplig	○					
	✗			✗	○	Kirche(n)	◉		✗			✗
						kirchlich	○					
		✗	✗	✗		Kirsche(n)	○			✗	✗	✗
						Kirschbaum	○					
						kirschrot	○					
		✗	✗		○	Kissen	◉			✗	✗	
					○	Kiste(n)	○					
		✗	✗			Klammer(n)	○			✗	✗	
					○	klammern	○					
						klammheimlich	○					
						Klang / Klänge	○					
		✗	✗			Klappe(n)	○			✗	✗	
		✗	✗			klappen	○			✗	✗	
					○	klappern	○					
						klapprig	○					
✗	✗	✗	✗		○	klar	●	✗	✗	✗	✗	
						Kläranlage	○					
						klären	○					
						Klarheit	○					
✗	✗	✗	✗	✗	●	Klasse(n)	●	✗	✗	✗	✗	✗
						Klassenzimmer	○					
						Klatsch	○					
				✗	○	klatschen	○					✗
						Klavier	○					
	✗	✗	✗		○	kleben	●		✗	✗	✗	
	✗				○	klebt	○		✗			
	✗					klebte	○		✗			
	✗					geklebt	○		✗			
						Kleber	○					
						klebrig	○					
					○	Klebstoff	○					
						Klecks(e)	○					
						Kleckserei	○					
		✗	✗			Klee	○			✗	✗	
						Kleeblatt	○					
✗	✗	✗	✗	✗	●	Kleid(er)	●	✗	✗	✗	✗	✗
						Kleidung	○					
✗	✗	✗	✗		●	klein	●	✗	✗	✗	✗	
						kleiner	○					
						am kleinsten	○					
	✗					Kleinen (die)	○		✗			

| Klassenstufen 1-2 | | | | | | Wörter | Klassenstufen 3-4 | | | | | |
Bay	NiSa	S	S-A	Th	LB		LB	Bay	NiSa	S	S-A	Th
						Klemme	○					
		✗			○	klemmen	○			✗		
✗	✗	✗	✗	✗	○	klettern	●	✗	✗	✗	✗	✗
						kletterst	○					
						kletterte	○					
	✗				○	geklettert	○		✗			
						Klima	○					
						klimatisch	○					
				✗	○	Klingel(n)	○					✗
	✗			✗		klingeln	○		✗			✗
						klingelst	○					
		✗	✗			klingen	○			✗	✗	
						klingst	○					
						klingt	○					
						klang	○					
						geklungen	○					
				✗		klirren						✗
	✗	✗	✗	✗	○	klopfen	◉			✗	✗	✗
						klopfst	○					
	✗					klopft	○		✗			
				✗		Kloß / Klöße	○					✗
		✗	✗	✗	○	klug	●			✗	✗	✗
						klüger	○					
						am klügsten	○					
						Klugheit	○					
				✗		knacken	○					✗
						knackt	○					
					○	Knall	○					
		✗	✗		○	knallen	◉				✗	✗
						Knick	○					
		✗	✗	✗		knicken	○			✗	✗	✗
	✗	✗	✗	✗		Knie	◉		✗	✗	✗	✗
						knobeln	○					
						Knöchel	○					
	✗	✗	✗	✗	○	Knochen	◉		✗	✗	✗	✗
						knochig	○					
						Knolle(n)	○					
		✗	✗	✗	○	Knopf / Knöpfe	◉			✗	✗	✗
						knöpfen	○					
						Knopfloch	○					
		✗	✗	✗		Knospe(n)	○			✗	✗	✗
				✗		Knoten						✗
		✗	✗			knurren	○			✗	✗	
						knurrig	○					
	✗	✗	✗		◉	kochen	●		✗	✗	✗	
					○	kochst	○					
					○	kocht	○					
		✗	✗		○	Koffer	◉			✗	✗	

Bay	NiSa	S	S-A	Th	LB	Wörter	LB	Bay	NiSa	S	S-A	Th
				✗	○	Kohle(n)	◉					✗
						Kolibri(s)	○					
	✗					komisch	○		✗			
✗	✗	✗	✗	✗	●	kommen	●	✗	✗	✗	✗	✗
					○	kommst	○					
	✗				○	kommt	◉		✗			
	✗	✗	✗		○	kam	◉		✗	✗	✗	
						kamst	○					
						kamen	○					
						gekommen	○					
	✗				○	komm	○		✗			
✗						Kompass(e)	○	✗				
						Kompost	○					
					○	König(e)	◉					
						Königin(nen)	○					
✗	✗	✗	✗	✗	●	können	●	✗	✗	✗	✗	✗
	✗				○	kannst	◉		✗			
✗	✗	✗	✗		●	kann	●	✗	✗	✗	✗	
						konntest	○					
	✗				○	konnte	◉		✗			
						gekonnt	○					
	✗					könnte	○		✗			
		✗			○	Konsum	○			✗		
						Kontrolle	○					
			✗			kontrollieren	○					✗
✗	✗	✗	✗	✗	●	Kopf / Köpfe	●	✗	✗	✗	✗	✗
		✗	✗	✗		Korb / Körbe	○				✗	✗	✗
		✗				Korn / Körner	○				✗	
						Kornähre	○					
						Kornblume	○					
						körnig	○					
✗		✗		✗	○	Körper	○	✗		✗		✗
						Kost	○					
						kostbar	○					
				✗		Kosten	○					✗
	✗	✗	✗	✗	○	kosten	◉			✗	✗	✗
						kostet	○					
						kostete	○					
						Kostprobe	○					
						krabbeln	○					
						krabbelst	○					
					○	krachen	○					
						krachte	○					
✗				✗		Kraft / Kräfte	○	✗				✗
✗	✗				○	kräftig	○	✗	✗			
						Krähe(n)	○					
					○	Kralle	○					
		✗	✗		○	Kran / Kräne	◉				✗	✗

Klassenstufen 1-2						Wörter	Klassenstufen 3-4					
Bay	NiSa	S	S-A	Th	LB		LB	Bay	NiSa	S	S-A	Th
✗	✗	✗	✗	✗	●	krank	●	✗	✗	✗	✗	✗
						kränker	○					
						am kränksten	○					
	✗					Krankenhaus/…häuser	○		✗			
						Kranker	○					
	✗				○	Krankheit	○		✗			
						kränklich	○					
		✗	✗	✗		Kranz / Kränze	○			✗	✗	✗
✗					○	kratzen	◉	✗				
					○	kratzt	○					
✗		✗	✗		○	Kraut / Kräuter	○	✗		✗	✗	
						Krawatte(n)	○					
	✗	✗	✗	✗		Kreis(e)	○			✗	✗	✗	✗
						kreischen	○					
						kreischst	○					
✗		✗	✗	✗	○	Kreuz(e)	◉	✗		✗	✗	✗
						kreuzen	○					
						gekreuzt	○					
✗					○	Kreuzung(en)	○	✗				
✗	✗	✗	✗	✗	○	kriechen	●	✗	✗	✗	✗	✗
						kriechst	○					
✗						kroch	○	✗				
						gekrochen	○					
✗	✗	✗	✗	✗	○	Krieg(e)	◉	✗	✗	✗	✗	✗
	✗				○	kriegen	○		✗			
	✗				○	kriegst	○		✗			
	✗					kriegt	○		✗			
						kriegte	○					
	✗					gekriegt	○		✗			
						kriegerisch	○					
						Krimi(s)	○					
						Krippe(n)	○					
						Kritik	○					
						Kritiker(in)	○					
						kritisch	○					
						Krone(n)	○					
					○	Krug / Krüge	○					
		✗	✗			krumm	○				✗	✗	
						Krümmung	○					
	✗	✗	✗	✗	◉	Küche(n)	●			✗	✗	✗	✗
	✗	✗	✗	✗	◉	Kuchen	◉			✗	✗	✗	✗
					○	Kugel(n)	○					
						Kugelschreiber	○					
✗	✗	✗	✗		◉	Kuh / Kühe	●	✗	✗	✗	✗	
✗		✗	✗	✗	○	kühl	◉	✗		✗	✗	✗
						kühler	○					
						am kühlsten	○					
✗						kühlen	○	✗				

| Klassenstufen 1-2 | | | | | | Wörter | Klassenstufen 3-4 | | | | | |
Bay	NiSa	S	S-A	Th	LB		LB	Bay	NiSa	S	S-A	Th
						Kühler	○					
					○	kümmern	○					
				✗		Kunst / Künste	○					✗
						Künstler(in)	○					
						Kunststück(e)	○					
						Kur(en)	○					
					○	Kürbis(se)	○					
						Kurve(n)	○					
	✗	✗	✗		●	kurz	●		✗	✗	✗	
	✗					kürzer	◉		✗			
						am kürzesten	○					
						kürzeste	○					
						Kürze	○					
						kürzen	○					
					○	kuscheln	○					
					○	kuschelst	○					
✗						Kuss / Küsse	◉	✗				
						Küsschen	○					
						küssen	○					
						küsst	○					
					○	Kutsche(n)	○					

2.12 Buchstabe L

Bay	NiSa	S	S-A	Th	LB	Wörter	LB	Bay	NiSa	S	S-A	Th
						Labyrinth(e)	○					
	✗	✗	✗	✗	●	lachen	●			✗	✗	✗	✗
					○	lachst	○					
					○	lacht	○					
					○	gelacht	○					
	✗					Lachen	○		✗			
					○	lächeln	○					
						Lächeln	○					
		✗				Lager	○			✗		
						Lagerhaus	○					
						lagern	○					
						Lagerung	○					
				✗		lahm	○					✗
						Lähmung	○					
						Laie	○					
						Lamm / Lämmer	○					
	✗	✗	✗		◉	Lampe(n)	●			✗	✗	✗	
✗	✗	✗	✗		○	Land / Länder	●	✗	✗	✗	✗	
						landen	○					
						landest	○					
						ländlich	○					
						Landschaft(en)	○					
						Landstraße	○					
✗	✗	✗	✗	✗	●	lang(...e, ...er)	●	✗	✗	✗	✗	✗
✗	✗					länger	◉	✗	✗			
						am längsten	○					
						Länge	○					
	✗	✗	✗	✗	●	langsam	●			✗	✗	✗	✗
						langsamer	○					
	✗				○	langweilig	○			✗		
						langweiliger	○					
						Lärche	○					
✗	✗	✗	✗	✗	○	Lärm	◉	✗	✗	✗	✗	✗
	✗	✗				lärmen	○				✗	✗	
						Lärmschutz	○					
						Larve	○					
✗	✗	✗	✗		●	lassen	●	✗	✗	✗	✗	
✗	✗	✗	✗		◉	lässt	◉	✗	✗	✗	✗	
	✗				○	lasst	○			✗		
						ließest	○					
	✗				○	ließ	◉			✗	✗	✗	
						gelassen	○					
	✗				○	lass	○			✗		
		✗	✗			Latte(n)	○				✗	✗	
						Lattenzaun	○					
✗		✗	✗		○	Laub	◉	✗			✗	✗	

Klassenstufen 1-2						Wörter	Klassenstufen 3-4					
Bay	NiSa	S	S-A	Th	LB		LB	Bay	NiSa	S	S-A	Th
						Laubbaum	○					
						Laubfärbung	○					
						Laubfrosch	○					
						Laubsäge	○					
						Lauf	○					
✗	✗	✗	✗	✗	●	laufen	●	✗	✗	✗	✗	✗
					○	läufst	○					
✗	✗				◉	läuft	◉	✗	✗			
						liefst	○					
	✗				○	lief	◉		✗			
					○	gelaufen	○					
						Läufer	○					
						Laus / Läuse	○					
					○	lauschen	○					
✗	✗	✗	✗	✗	◉	laut	●	✗	✗	✗	✗	✗
						lauter	○					
					○	Laut(e)	○					
					○	läuten	○					
						Lawine	○					
	✗	✗				Leben	◉		✗	✗		
✗	✗	✗	✗	✗	◉	leben	●	✗	✗	✗	✗	✗
					○	lebst	○					
✗					○	lebt	○	✗				
						lebte	○					
	✗				○	lebendig	○		✗			
						Lebensmittel	○					
		✗	✗		○	lecken	○			✗	✗	
						leckst	○					
						lecker	○					
						Leckerei	○					
	✗	✗	✗	✗	○	leer	◉		✗	✗	✗	✗
✗	✗	✗	✗	✗	●	legen	●	✗	✗	✗	✗	✗
					○	legst	○					
✗	✗				○	legt	◉	✗	✗			
	✗					gelegt	○		✗			
		✗				Lehne	○			✗		
						lehnen	○					
						Lehnstuhl	○					
		✗	✗			lehren	○			✗	✗	
						Lehre	○					
✗	✗	✗	✗	✗	◉	Lehrer	●	✗	✗	✗	✗	✗
✗	✗	✗	✗		◉	Lehrerin(nen)	◉	✗	✗	✗	✗	
						Lehrling	○					
						Lehrmädchen	○					
✗	✗	✗	✗	✗	◉	leicht	●	✗	✗	✗	✗	✗
						leichter	○					
						am leichtesten	○					
Bay	NiSa	S	S-A	Th	LB	Leid(en)	○					

Klassenstufen 1-2						Wörter	Klassenstufen 3-4					
Bay	NiSa	S	S-A	Th	LB		LB	Bay	NiSa	S	S-A	Th
		✗	✗		○	leiden	○			✗	✗	
						leidest	○					
						leidet	○					
		✗	✗			litt	○			✗	✗	
						gelitten	○					
						Leidenschaft	○					
	✗	✗		✗	○	leider	○		✗	✗		✗
						leihen	○					
						leihst	○					
						lieh / geliehen	○					
					○	Leim	○					
						Leine(n)	○					
						Leinen (das …)	○					
✗	✗	✗	✗	✗	◉	leise	●	✗	✗	✗	✗	✗
						leiser	○					
		✗				Leiste(n)	○			✗		
		✗				leiten	◉			✗		
		✗			○	Leiter(in)	○			✗		
						Leitung	○					
		✗	✗	✗		lenken	○			✗	✗	✗
						lenkte	○					
						Lenker(in)	○					
						Lenkrad	○					
						Lenkung	○					
						Lerche	○					
✗	✗	✗	✗	✗	●	lernen	●	✗	✗	✗	✗	✗
					○	lernst	○					
					○	lernt	○					
	✗					beim Lernen	○		✗			
						lesbar	○					
						lesbarer	○					
✗	✗	✗	✗	✗	●	lesen	●	✗	✗	✗	✗	✗
✗	✗				◉	liest	●	✗	✗	✗	✗	
						lasest	○					
	✗				○	las	◉		✗			
						gelesen	○					
					○	lies	○					
					○	Leser(in)	○					
✗	✗	✗	✗	✗	○	letzte (-r, s)	◉	✗	✗	✗	✗	✗
						Letzte(n)	○					
✗		✗	✗		○	leuchten	◉	✗		✗	✗	
						Leuchter	○					
✗	✗	✗	✗	✗	●	Leute	●	✗	✗	✗	✗	✗
✗				✗	○	Lexikon / Lexika	◉	✗				✗
✗	✗	✗	✗		◉	Licht(er)	●	✗	✗	✗	✗	
✗	✗				◉	lieb	◉	✗	✗			
						lieber	○					
						am liebsten	○					

| Klassenstufen 1-2 | | | | | | Wörter | Klassenstufen 3-4 | | | | | |
Bay	NiSa	S	S-A	Th	LB		LB	Bay	NiSa	S	S-A	Th
						Liebe	○					
X	X	X	X	X	◉	lieben	●	X	X	X	X	X
						liebst	○					
	X				○	liebt	○		X			
					○	lieblich	○					
	X					Lieblings…	○		X			
X	X	X	X	X	◉	Lied(er)	●	X	X	X	X	X
					○	liefern	○					
						lieferst	○					
						Lieferung	○					
X	X	X		X	●	liegen	●	X	X	X		X
					○	liegst	○					
X	X				○	liegt	◉	X	X			
						lagst	○					
	X				○	lag	◉		X			
						gelegen	○					
						lila	○					
				X	○	Lineal(e)	○					X
		X	X	X		Linie(n)	○			X	X	X
						linieren	○					
	X	X			○	linke(-r,…)	○		X	X		
					○	Linker	○					
X	X	X	X	X	○	links	●	X	X	X	X	X
					○	Lippe(n)	○					
		X	X		○	Liste(n)	○			X	X	
					○	listig	○					
	X	X	X	X	○	Liter	◉		X	X	X	X
						Lob	○					
					○	loben	○					
						lobenswert	○					
	X	X	X		○	Loch / Löcher	●		X	X	X	
						löchrig	○					
						Locke	○					
		X	X			locker	○			X	X	
						lockern	○					
						Lockerung	○					
						lockig	○					
X	X	X	X	X	◉	Löffel	◉	X	X	X	X	X
X		X	X	X	○	Lohn / Löhne	◉	X		X	X	X
		X	X			lohnen	○			X	X	
					○	Los	○					
						Löschblatt	○					
		X	X		○	löschen	○			X	X	
						löschte	○					
	X				○	los(e)	◉		X			
						loser	○					
				X		losen						X

Klassenstufen 1-2						Wörter	Klassenstufen 3-4					
Bay	NiSa	S	S-A	Th	LB		LB	Bay	NiSa	S	S-A	Th
		✗	✗		○	lösen	○				✗	✗
						löst	○					
						löste	○					
						losfahren	○					
						fuhr los	○					
						losgefahren	○					
	✗					loslassen	○		✗			
						ließ los	○					
						losgelassen	○					
						Lösung	○					
					○	Löwe(n)	○					
						Löwenzahn	○					
						Luchs	○					
		✗	✗		○	Lücke(n)	◉			✗	✗	
						lückenlos	○					
✗	✗	✗	✗		◉	Luft / Lüfte	●		✗	✗	✗	✗
						Luftballon	○					
						luftig	○					
						Luftpumpe	○					
	✗	✗				Lüge	○		✗	✗		
	✗	✗		✗	○	lügen	◉		✗	✗		✗
	✗					lügt	○		✗			
						log	○					
	✗					gelogen	○		✗			
						Lügner(in)	○					
						lügnerisch	○					
					○	Lupe	○					
	✗	✗	✗			Lust	○		✗	✗	✗	
	✗	✗	✗	✗	○	lustig	●		✗	✗	✗	✗
						lustiger	○					
					○	lutschen	○					

2.13 Buchstabe M

Bay	NiSa	S	S-A	Th	LB	Wörter	LB	Bay	NiSa	S	S-A	Th
✗	✗	✗	✗	✗	●	machen	●	✗	✗	✗	✗	✗
					○	machst	○					
					○	macht	○					
						Macht	○					
						mächtig	○					
✗	✗	✗	✗	✗	●	Mädchen	●	✗	✗	✗	✗	✗
						madig	○					
					○	Magen	○					
✗						Magnet		✗				
						Mahd	○					
						Mähdrescher	○					
		✗	✗		○	mähen	◉			✗	✗	
						Mahl	○					
		✗	✗		○	mahlen	◉			✗	✗	
						Mahlzeit	○					
		✗	✗	✗	○	mahnen	◉			✗	✗	✗
						Mahnung	○					
✗	✗	✗	✗	✗	●	Mai	●	✗	✗	✗	✗	✗
					○	Maiglöckchen	○					
					○	Maikäfer	○					
						Mais	○					
						Makkaroni	○					
	✗					mal	○		✗			
						Mal	○					
	✗					einige Male	○					
						erstes Mal	○					
✗	✗	✗	✗	✗	●	malen	●	✗	✗	✗	✗	✗
					○	malst	○					
					○	malt	○					
						malte	○					
						Maler	○					
		✗	✗		○	Mama	○			✗	✗	
✗	✗				◉	man	◉	✗	✗			
	✗	✗	✗	✗		manche(-r, …)	○		✗	✗	✗	✗
	✗	✗	✗	✗	○	manchmal	●		✗	✗	✗	✗
						Mandarine(n)	○					
						Mandel(n)	○					
✗	✗	✗	✗		●	Mann / Männer	●	✗	✗	✗	✗	
						Mannschaft	○					
	✗	✗	✗		○	Mantel / Mäntel	◉			✗	✗	✗
	✗	✗				Mappe(n)	○			✗	✗	
				✗	○	Märchen	○					✗
	✗	✗	✗			Margarine	○			✗	✗	✗
						Marienkäfer	○					
	✗	✗	✗	✗	○	Mark	◉			✗	✗	✗

Klassenstufen 1-2						Wörter	Klassenstufen 3-4					
Bay	NiSa	S	S-A	Th	LB		LB	Bay	NiSa	S	S-A	Th
		✗	✗	✗	◯	Marke(n)	◉			✗	✗	✗
		✗	✗	✗	◯	Markt / Märkte	◉			✗	✗	✗
						Marktplatz	◯					
						Marmelade	◯					
						Marsch	◯					
				✗	◯	marschieren	◯					✗
✗	✗	✗	✗	✗	●	März	●	✗	✗	✗	✗	✗
						Märzenbecher	◯					
✗	✗	✗	✗	✗	◯	Maschine(n)	●	✗	✗	✗	✗	✗
✗		✗		✗	◯	Maß(e)	◉	✗		✗		✗
						mäßig	◯					
						Maßstab	◯					
						maßvoll	◯					
						Mast(en)	◯					
		✗	✗			matt	◯			✗	✗	
		✗			◯	Mauer(n)	◉			✗		
						mauern	◯					
✗					◉	Maus / Mäuse		✗				
						Mauseloch/Mäuselöcher	◯					
					◯	Matratze(n)	◯					
						meckern	◯					
						meckerst	◯					
✗						Medien		✗				
✗	✗	✗	✗	✗	◉	Meer(e)	●	✗	✗	✗	✗	✗
						Meeresstrand	◯					
					◯	Meerschweinchen	◯					
		✗	✗	✗		Mehl	◉			✗	✗	✗
						mehlig	◯					
✗	✗	✗	✗	✗	◉	mehr	●	✗	✗	✗	✗	✗
						am meisten	◉		✗	✗	✗	
						nie mehr	◯					
	✗				◯	mehrere	◯		✗			
						mehrmals	◯					
						mehrspurig	◯					
						Mehrzahl	◯					
✗	✗	✗	✗	✗	●	mein(-e, -er, -em, …)	●	✗	✗	✗	✗	✗
	✗				◉	meinen	◉		✗			
						meinst	◯					
						meinte	◯					
	✗					Meinung(en)	◯		✗			
				✗		meist	◯					✗
						meiste (das …)	◯					
	✗	✗	✗		◯	*am meisten*	◉			✗	✗	✗
	✗					meisten (die)	◯		✗			
	✗				◯	meistens	◉		✗			
		✗	✗	✗	◯	Meister	◯			✗	✗	✗
						meisterhaft	◯					

Bay	NiSa	S	S-A	Th	LB	Wörter	LB	Bay	NiSa	S	S-A	Th
						Meisterin(nen)	○					
						meisterlich	○					
						meistern	○					
						Meisterschaft	○					
		✗			○	melden	○			✗		
						Meldung	○					
	✗	✗	✗		○	Menge(n)	◉		✗	✗	✗	
	✗	✗	✗		○	Mensch(en)	●		✗	✗	✗	
						menschlich	○					
	✗	✗	✗		◉	merken	◉		✗	✗	✗	
					○	merkst	○					
					○	merkt	○					
	✗					gemerkt	○		✗			
						messbar	○					
✗	✗	✗	✗	✗	○	messen	◉	✗	✗	✗	✗	✗
✗	✗	✗	✗		○	misst	◉	✗	✗	✗	✗	
						maßest	○					
✗						maß	○	✗				
						gemessen	○					
✗	✗	✗	✗	✗	◉	Messer	●	✗	✗	✗	✗	✗
						Messlatte	○					
		✗	✗			Metall(e)	○			✗	✗	
						metallisch	○					
	✗			✗	○	Meter	◉		✗			✗
						Metzger	○					
✗	✗	✗	✗	✗	●	mich	◉	✗	✗	✗	✗	✗
						Miene	○					
✗		✗	✗	✗	○	Miete(n)	◉	✗		✗	✗	✗
	✗	✗	✗			mieten	○			✗	✗	✗
					○	Mieter(in)	○					
	✗	✗	✗	✗	◉	Milch	◉		✗	✗	✗	✗
	✗	✗				mild	○			✗	✗	
						Milde	○					
						Milligramm	○					
						Millimeter	○					
						Million(en)	○					
						Mimik	○					
	✗					mindestens	○		✗			
						Mine(n)	○					
						Minuend(en)	○					
✗	✗			✗	◉	Minute(n)	●	✗	✗			✗
✗	✗	✗	✗	✗	●	mir	●	✗	✗	✗	✗	✗
						mischen	○					
						mischst	○					
						mischt	○					
✗	✗		✗	✗	●	mit	●	✗	✗		✗	✗
						mitbringen	○					
						bringt mit	○					

Klassenstufen 1-2						Wörter	Klassenstufen 3-4					
Bay	NiSa	S	S-A	Th	LB		LB	Bay	NiSa	S	S-A	Th
		✗	✗	✗	○	miteinander	◉			✗	✗	✗
	✗					mitfahren	○		✗			
	✗					mitkommen	○		✗			
						Mitlaut(e)	○					
						Mitleid	○					
	✗					mitmachen	○		✗			
						machte mit	○					
✗	✗	✗	✗		○	Mittag(e)	●	✗	✗	✗	✗	
						(eines) Mittags	○					
	✗					Mittagessen	○		✗			
	✗	✗	✗	✗	○	mittags	◉		✗	✗	✗	✗
						Mittagspause	○					
✗	✗	✗	✗	✗	◉	Mitte(n)	◉	✗	✗	✗	✗	✗
						Mittelmeer	○					
					○	mitten	○					
✗	✗	✗	✗	✗	●	Mittwoch(e)	●	✗	✗	✗	✗	✗
						mittwochs	○					
✗				✗		mixen	◉	✗				✗
						Mixer	○					
						Mixgerät	○					
	✗				○	Möbel	◉			✗		
						möblieren	○					
						Möbelgeschäft	○					
		✗	✗		○	möchten	○			✗	✗	
						möchtest	○					
	✗	✗	✗		○	möchte	○		✗	✗	✗	
						modern	○					
	✗			✗	◉	mögen	◉		✗			✗
					○	magst	○					
	✗				○	mag	○		✗			
					○	mochte	○					
						gemocht	○					
	✗	✗				möglich	○		✗	✗		
						möglicherweise	○					
						Möglichkeit	○					
						möglichst	○					
	✗					Moment(e)	○		✗			
✗	✗	✗	✗	✗	●	Monat(e)	●	✗	✗	✗	✗	✗
						monatelang	○					
						monatlich	○					
	✗	✗	✗		◉	Mond(e)	◉			✗	✗	✗
						Mondfinsternis	○					
						Mondfähre	○					
						mondhell	○					
						Mondschein	○					
						mondsüchtig	○					
✗	✗	✗	✗	✗	●	Montag(e)	●	✗	✗	✗	✗	✗
						Montage(n)	○					

Klassenstufen 1-2						Wörter	Klassenstufen 3-4					
Bay	NiSa	S	S-A	Th	LB		LB	Bay	NiSa	S	S-A	Th
					○	montags	○					
					○	montieren	○					
					○	Moor(e)	○					
					○	moorig	○					
✗		✗	✗	✗	○	Moos(e)	○	✗		✗	✗	✗
					○	moosig	○					
					○	Mops / Möpse	○					
	✗	✗	✗	✗	○	Morgen	◉		✗	✗	✗	✗
	✗					*eines Morgens*	○		✗			
✗	✗	✗	✗	✗	●	morgen	●	✗	✗	✗	✗	✗
						bis morgen	○					
	✗	✗	✗	✗	○	morgens	◉		✗	✗	✗	✗
	✗	✗	✗		○	Motor(en)	◉		✗	✗	✗	
					○	Motorboot	○					
					○	Motorsäge	○					
					○	Mountainbike(s)	○					
					○	Möwe(n)	○					
					○	Mücke(n)	○					
	✗	✗	✗	✗	○	müde	◉		✗	✗	✗	✗
						müder	○					
					○	Müdigkeit	○					
		✗	✗		○	Mühe(n)	○			✗	✗	
					○	mühelos	○					
		✗	✗	✗	○	mühen	○			✗	✗	✗
		✗	✗		○	Mühle(n)	○			✗	✗	
					○	mühsam	○					
✗				✗	○	Müll	◉	✗				✗
					○	Multiplikation	○					
					○	multiplizieren	○					
✗	✗				◉	Mund / Münder	◉	✗	✗			
					○	munter	○					
					○	Münze	○					
					○	Murmel(n)	○					
					○	murmeln	○					
						murmelst	○					
						murmelt	○					
						murren	○					
						mürrisch	○					
				✗		Mus	○					✗
						Museum / Museen	○					
	✗	✗			○	Musik	◉		✗	✗		
						musikalisch	○					
						Musikant(in)	○					
						Musikinstrument	○					
						Musikkapelle	○					
						musizieren	○					

Klassenstufen 1-2						Wörter	Klassenstufen 3-4					
Bay	NiSa	S	S-A	Th	LB		LB	Bay	NiSa	S	S-A	Th
✗	✗	✗	✗		●	müssen	●	✗	✗	✗	✗	
					○	musst	○					
✗	✗	✗	✗	✗	◉	muss	◉	✗	✗	✗	✗	✗
	✗		✗		○	musste	◉		✗		✗	
						gemusst	○					
	✗					müsste	○		✗			
	✗	✗	✗		○	Mut	◉		✗	✗	✗	
	✗	✗	✗		○	mutig	●		✗	✗	✗	
						mutiger	○					
						mutlos	○					
✗	✗	✗	✗	✗	●	Mutter / Mütter	●	✗	✗	✗	✗	✗
						mütterlich	○					
				✗		Mutti	○					✗
	✗	✗	✗	✗	○	Mütze(n)	◉		✗	✗	✗	✗

2.14 Buchstabe N

| Klassenstufen 1-2 | | | | | | Wörter | Klassenstufen 3-4 | | | | | |
Bay	NiSa	S	S-A	Th	LB		LB	Bay	NiSa	S	S-A	Th
✗	✗	✗	✗	✗	●	nach	●	✗	✗	✗	✗	✗
	✗	✗	✗			*nach Hause*	○		✗	✗	✗	
				✗	○	Nachbar(n)	◉					✗
						Nachbarin(nen)	○					
						nachbarschaftlich	○					
	✗				○	nachdem	○		✗			
	✗					nachdenken	○		✗			
						denkst nach	○					
						dachte nach	○					
	✗					nachher	○		✗			
	✗					nachmachen	○		✗			
	✗				○	Nachmittag(e)	◉		✗			
						nachmittags	○					
						Nächste	○					
	✗	✗	✗	✗	○	nächste(-r, …)	◉		✗	✗	✗	✗
	✗					*am nächsten*	○		✗			
✗		✗	✗			Nähe	○	✗		✗	✗	
✗		✗	✗		○	nähen	◉	✗		✗	✗	
						näht	○					
						nähte	○					
						Näher(in)	○					
						nähern	○					
						nahezu	○					
						Nähmaschine	○					
						Nähnadel	○					
		✗	✗			nähren	○			✗	✗	
						nahrhaft	○					
✗		✗	✗	✗	○	Nahrung(en)	◉	✗		✗	✗	✗
						Nahrungsmittel	○					
✗				✗		Naht	○	✗				✗
✗	✗	✗	✗	✗	●	Name(n)	●	✗	✗	✗	✗	✗
					○	Namenwort	○					
	✗			✗	○	nämlich	●		✗			✗
						Narr(en)	○					
						närrisch	○					
✗	✗	✗	✗	✗	●	Nase(n)	●	✗	✗	✗	✗	✗
✗	✗	✗	✗	✗	◉	nass	●	✗	✗	✗	✗	✗
✗						Nässe	○	✗				
✗	✗	✗	✗		○	Natur	◉	✗	✗	✗	✗	
						naturgetreu	○					
✗	✗				○	natürlich	◉	✗	✗			
						Naturschutz	○					
✗		✗			○	Nebel	◉	✗		✗		
	✗	✗	✗	✗	○	neben	◉		✗	✗	✗	✗
						nebeneinander	○					

| Klassenstufen 1-2 | | | | | | Wörter | Klassenstufen 3-4 | | | | | |
Bay	NiSa	S	S-A	Th	LB		LB	Bay	NiSa	S	S-A	Th
						neblig	○					
						nebliger	○					
✗	✗	✗	✗	✗	●	nehmen	●	✗	✗	✗	✗	✗
					○	nimmst	○					
✗	✗	✗	✗		◉	nimmt	◉	✗	✗	✗	✗	
					○	nehmt	○					
	✗				○	nahm	◉		✗			
	✗				○	genommen	◉		✗	✗	✗	
					○	nimm	○					
						Neid	○					
					○	neidisch	○					
✗	✗	✗		✗	●	nein	◉	✗	✗	✗		✗
	✗	✗	✗	✗	○	nennen	◉		✗	✗	✗	✗
						nennst	○					
	✗				○	nennt	○		✗			
						nanntest	○					
						nannte	○					
						Nenner	○					
		✗		✗	◉	Nest(er)	◉			✗		✗
	✗					nett	◉		✗			
		✗	✗		○	Netz(e)	◉			✗	✗	
✗	✗	✗	✗		●	neu	●	✗	✗	✗	✗	
						Neugier	○					
						Neugierde	○					
	✗	✗	✗	✗	○	neugierig	◉		✗	✗	✗	✗
					○	neulich	○					
✗	✗	✗		✗	●	neun	●	✗	✗	✗		✗
						neunmal	○					
						neunzehn	○					
						neunzig	○					
✗	✗	✗	✗	✗	●	nicht	●	✗	✗	✗	✗	✗
						Nichte	○					
✗	✗		✗	✗	◉	nichts	●	✗	✗	✗	✗	✗
		✗	✗			nicken	○			✗	✗	
✗	✗	✗			◉	nie	●	✗	✗	✗		
						nie mehr	○					
						nie und nimmer	○					
	✗					nieder	○			✗		
						auf und nieder	○					
						niederlassen	○					
				✗		niedlich	○					✗
	✗	✗	✗			niedrig	○			✗	✗	✗
✗	✗	✗	✗	✗		niemals	◉	✗	✗	✗	✗	✗
✗	✗	✗	✗	✗	○	niemand(en)	●	✗	✗	✗	✗	✗
				✗		nieseln	○					✗
						Nieselregen	○					
						niesen	○					
						niest	○					

| Klassenstufen 1-2 | | | | | | Wörter | Klassenstufen 3-4 | | | | | |
Bay	NiSa	S	S-A	Th	LB		LB	Bay	NiSa	S	S-A	Th
						Niete	○					
					○	Nikolaus	○					
	✗	✗		✗	○	nirgends	◉		✗	✗		✗
						nirgendwo	○					
						Nixe(n)	○					
	✗	✗	✗	✗	◉	noch	●		✗	✗	✗	
				✗		Norden	○					✗
						Nordsee	○					
						normal	○					
						Norwegen	○					
		✗			○	Not / Nöte	◉			✗		
						Notarzt / Notärztin	○					
					○	Note(n)	○					
						Notfall	○					
						notieren	○					
						Notizen	○					
						Notlandung	○					
						notwendig	○					
						Notwendigkeit	○					
✗	✗	✗	✗	✗	●	November	●	✗	✗	✗	✗	✗
					○	Nudel	○					
✗					○	Nummer(n)	◉	✗				
✗						nummerieren	○	✗				
						Nummerierung	○					
✗	✗	✗	✗	✗	●	nun	●	✗	✗	✗	✗	✗
✗	✗	✗	✗	✗	●	nur	●	✗	✗	✗	✗	✗
✗		✗	✗		○	Nuss / Nüsse	◉	✗		✗	✗	
						Nussknacker	○					
		✗	✗	✗	○	nutzen	○			✗	✗	✗
						Nutzen	○					
✗		✗	✗		○	nützen	◉	✗		✗	✗	
						nützt	○					
						nützte	○					
✗		✗	✗	✗		nützlich	○	✗		✗	✗	✗

2.15 Buchstabe O

| Klassenstufen 1-2 | | | | | | Wörter | Klassenstufen 3-4 | | | | | |
Bay	NiSa	S	S-A	Th	LB		LB	Bay	NiSa	S	S-A	Th
X	X	X	X		◉	ob	●	X	X	X	X	
	X	X	X	X	◉	oben	●		X	X	X	X
X		X	X	X	◉	Obst	●	X		X	X	X
						Obstbaum	○					
						Obstgarten	○					
						Obstmesser	○					
					○	obwohl	○					
X	X	X		X	◉	oder	●	X	X	X		X
						Ofen	○					
X	X	X	X	X	◉	offen	◉	X	X	X	X	X
	X	X	X		○	öffnen	○			X	X	X
						öffnest / öffnet	○					
						Öffner	○					
						Öffnung	○					
X	X	X	X	X	◉	oft	●	X	X	X	X	X
	X					öfter	○		X			
						oftmals	○					
X	X	X	X	X	◉	ohne	●	X	X	X	X	X
X	X	X	X	X	●	Ohr(en)	●	X	X	X	X	X
X	X	X	X	X	●	Oktober	●	X	X	X	X	X
					○	Öl(e)	○					
						ölig	○					
		X	X	X	◉	Oma(s)	◉			X	X	X
				X		Omnibus(se)	○					X
X	X	X	X	X	◉	Onkel	●	X	X	X	X	X
		X	X	X	◉	Opa(s)	◉			X	X	X
						Orange(n)	○					
					○	orange	○					
		X	X	X		ordentlich	○			X	X	X
		X	X	X	○	ordnen	◉			X	X	X
		X	X	X		Ordnung	○			X	X	X
						organisieren	○					
						Organisation	○					
						orientieren	○					
						Orientierung	○					
	X	X	X	X	◉	Ort(e)	◉		X	X	X	X
				X		Osten	○					X
						Osterei	○					
						Osterfest	○					
						österlich	○					
X		X	X	X	◉	Ostern	◉	X		X	X	X
						Ostsee	○					
						Otter	○					
						oval	○					
						Ozean(e)	○					

2.16 Buchstabe P

Klassenstufen 1-2						Wörter	Klassenstufen 3-4					
Bay	NiSa	S	S-A	Th	LB		LB	Bay	NiSa	S	S-A	Th
		✗	✗	✗	◯	Paar(e)	◉			✗	✗	✗
	✗	✗	✗	✗	◯	paar	◉		✗	✗	✗	✗
✗		✗	✗	✗	◯	Päckchen	◉	✗		✗	✗	✗
✗	✗	✗	✗	✗	◉	packen	●	✗	✗	✗	✗	✗
					◯	packst	◯					
	✗				◯	packt	◯		✗			
						gepackt	◯					
						paddeln	◯					
						paddelst	◯					
✗	✗	✗	✗	✗	◯	Paket(e)	◉	✗	✗	✗	✗	✗
						Paketpapier	◯					
						Panter	◯					
						Pantoffel	◯					
						Pantomime	◯					
		✗	✗	✗	◯	Papa	◯			✗	✗	✗
✗	✗	✗	✗	✗	●	Papier(e)	●	✗	✗	✗	✗	✗
		✗	✗			Pappe(n)	◯			✗	✗	
						Pärchen	◯					
		✗	✗			Park(s)	◯			✗	✗	
						Parkanlage	◯					
				✗	◯	parken	◯					✗
						Partner	◯					
✗				✗		Pass / Pässe	◯	✗				✗
✗	✗	✗	✗	✗	◯	passen	◉	✗	✗	✗	✗	✗
	✗	✗	✗		◯	passt	◯		✗	✗	✗	
						passte	◯					
	✗				◯	passieren	◉		✗			
	✗				◯	passiert	◯		✗			
						passierte	◯					
						Pastor	◯					
						Pate(n)	◯					
						Patin(nen)	◯					
		✗	✗	✗	◯	Pause(n)	◉			✗	✗	✗
					◯	Pech	◯					
						pechschwarz	◯					
						Pedal(e)	◯					
		✗	✗			Pelz(e)	◯			✗	✗	
						pelzig	◯					
					◯	Perle(n)	◯					
						Person	◯					
						persönlich	◯					
						petzen	◯					
						petzt	◯					
						Pfand / Pfänder	◯					
					◯	Pfanne(n)	◯					

| Klassenstufen 1-2 | | | | | | Wörter | Klassenstufen 3-4 | | | | | |
Bay	NiSa	S	S-A	Th	LB		LB	Bay	NiSa	S	S-A	Th
						Pfarrer	○					
					○	Pfau	○					
						Pfeffer	○					
					○	Pfeife(n)	○					
		X	X	X	○	pfeifen	◉			X	X	X
						pfeifst	○					
						pfeift	○					
		X	X			pfiff	○			X	X	
						gepfiffen	○					
	X	X	X	X	○	Pfennig(e)	◉		X	X	X	X
X	X	X	X	X	◉	Pferd(e)	●	X	X	X	X	X
						Pfiff(e)	○					
						pfiffig	○					
				X		Pfirsich(e)	○					X
		X		X	○	Pflanze(n)	◉			X		X
X	X		X	X	◉	pflanzen	●	X	X		X	X
					○	pflanzt	○					
						pflanzte	○					
					○	gepflanzt	○					
						Pflanzloch	○					
				X		Pflaster	○					X
		X	X	X		Pflaume(n)	○			X	X	X
						Pflaumenmus	○					
						Pflege	○					
X		X	X	X	○	pflegen	◉	X		X	X	X
					○	pflegst	○					
X					○	pflegt	○	X				
						pflegte	○					
		X	X	X		Pflicht(en)	○			X	X	X
						Pflichtgefühl	○					
		X	X	X		pflücken	○			X	X	X
						pflückst	○					
						pflückte	○					
		X	X			Pflug / Pflüge	○			X	X	
		X	X	X		pflügen	○			X	X	X
					○	Pfund(e)	○					X
	X	X	X	X		Pfütze(n)	◉		X	X	X	X
						Picknick	○					
X		X	X	X		Pilz(e)	○	X		X	X	X
		X				Pinsel	○			X		
						pinseln	○					
X					○	Pizza	○	X				
				X		Plakat	○					X
		X			○	Plan / Pläne	○			X		
					○	planen	○					
					○	plant	○					
					○	Planet(en)	○					
					○	planschen	○					

Bay	NiSa	S	S-A	Th	LB	Wörter	LB	Bay	NiSa	S	S-A	Th
						platt	○					
		✗	✗			Platte	○				✗	✗	
						Plattenspieler	○					
✗	✗	✗	✗	✗	●	Platz / Plätze	●	✗	✗	✗	✗	✗
						platzen	○					
						platzt	○					
						plappern	○					
						plapperst	○					
✗	✗	✗	✗	✗	●	plötzlich	●	✗	✗	✗	✗	✗
					○	pochen	○					
						Polen	○					
			✗		○	Polizei	○					✗
	✗			✗	○	Polizist(en)	◉		✗			✗
✗					○	Pommes (frites)	○	✗				
					○	Portion	○					
						Portmonee(s)	○					
						Portugal	○					
						positiv	○					
	✗	✗	✗	✗	○	Post	◉		✗	✗	✗	✗
						Postkarte(n)	○					
						Postleitzahl(en)	○					
				✗		prahlen	○					✗
						prahlst	○					
						Prahlerei	○					
	✗					praktisch	○		✗			
						Praline	○					
						Praxis / Praxen	○					
	✗	✗	✗	✗	○	Preis(e)	◉		✗	✗	✗	✗
						Preisausschreiben	○					
						preiswert	○					
		✗	✗			Presse	○				✗	✗	
		✗	✗			pressen	○				✗	✗	
		✗	✗			presst	○				✗	✗	
						Priester	○					
						primitiv	○					
					○	Prinz(en)	○					
					○	Prinzessin(nen)	○					
		✗	✗			Probe(n)	○				✗	✗	
		✗	✗			proben	○				✗	✗	
	✗	✗	✗	✗	○	probieren	◉		✗	✗	✗	✗
						probiert	○					
	✗					Problem	○		✗			
✗				✗	○	Programm(e)	○	✗				✗
						programmieren	○					
		✗	✗	✗	○	prüfen	○				✗	✗	✗
						prüfst	○					
					○	prüft	○					

Klassenstufen 1-2						Wörter	Klassenstufen 3-4					
Bay	NiSa	S	S-A	Th	LB		LB	Bay	NiSa	S	S-A	Th
		✗	✗	✗	○	Prüfung(en)	◉			✗	✗	✗
		✗	✗	✗	○	Pudding(s)	○			✗	✗	✗
						Puddingpulver	○					
						Pulli(s)	○					
				✗		Pullover	○					✗
					○	pumpen	○					
	✗	✗	✗	✗		Punkt(e)	◉		✗	✗	✗	✗
		✗	✗	✗	○	pünktlich	○			✗	✗	✗
✗	✗	✗	✗	✗	●	Puppe(n)	●	✗	✗	✗	✗	✗
					○	purzeln	○					
		✗	✗	✗	○	putzen	◉			✗	✗	✗
					○	putzt	○					
						putzte	○					
						Pyramide(n)	○					

2.17 Buchstabe Q

Klassenstufen 1-2						Wörter	Klassenstufen 3-4					
Bay	NiSa	S	S-A	Th	LB		LB	Bay	NiSa	S	S-A	Th
						Quader	○					
✗					○	Quadrat(e)	○	✗				
						quadratisch	○					
✗					○	quaken	○	✗				
					○	quakst	○					
					○	quakt	○					
✗						Qual	○	✗				
✗		✗	✗	✗	○	quälen	◉	✗		✗	✗	✗
						quälst	○					
						Quälerei	○					
						Quälgeist	○					
						Qualle(n)	○					
				✗		qualmen	○					✗
						qualmt	○					
						Qualm	○					
						qualvoll	○					
	✗	✗	✗	✗	○	Quark	◉		✗	✗	✗	✗
						Quarktorte	○					
						Quatsch	○					
						quatschen	○					
✗		✗	✗	✗	○	Quelle(n)	◉	✗		✗	✗	✗
						quellen	○					
						quengeln	○					
						quengelst	○					
	✗	✗	✗	✗	○	quer	◉		✗	✗	✗	✗
						Quere	○					
				✗		quetschen	○					✗
						quetscht	○					
						Quetschung	○					
					○	quieken	○					
						quiekst	○					
					○	quiekt	○					
						quietschen	○					
						quietscht	○					
				✗		Quirl(e)	○					✗
						quirlen	○					
						Quitte(n)	○					
						Quittung(en)	○					
						Quiz	○					
						Quizfrage	○					

2.18 Buchstabe R

Klassenstufen 1-2						Wörter	Klassenstufen 3-4					
Bay	NiSa	S	S-A	Th	LB		LB	Bay	NiSa	S	S-A	Th
						Rabe	○					
	✗	✗	✗	✗	◉	Rad / Räder	◉		✗	✗	✗	✗
						Rad fahren	○					
						fuhr Rad	○					
						Radiergummi	○					
✗				✗		Radio(s)	○	✗				✗
		✗	✗	✗		Rahmen	○			✗	✗	✗
					○	Rakete(n)	◉					
		✗	✗		○	Rand / Ränder	○			✗	✗	
						Ranke	○					
						ranken	○					
		✗			○	rasch	○			✗		
						rascheln	○					
						raschelst	○					
						raschelte	○					
		✗			○	rasen	○			✗		
						rasend	○					
						Raserei	○					
					○	rasseln	○					
						Rassismus	○					
						Rast	○					
						rasten	○					
		✗			○	Rat	○			✗		
✗	✗	✗		✗	○	raten	◉	✗	✗	✗		✗
						rätst	○					
						rät	○					
						riet	○					
						geraten	○					
						Rathaus	○					
						ratlos	○					
						Ratschlag	○					
						ratsam	○					
✗					○	Rätsel	○	✗				
		✗	✗	✗	○	rau	○			✗	✗	✗
						rauben	○					
						Räuber	○					
						räuberisch	○					
						Rauch	○					
						rauchen	◉					
						rauchte	○					
						Raucher	○					
						rauf	○					
✗	✗	✗	✗			Raum / Räume	◉	✗	✗	✗	✗	
		✗	✗			räumen	○			✗	✗	
✗					○	Raupe(n)	○	✗				
						Raureif	○					

Bay	NiSa	S	S-A	Th	LB	Wörter	LB	Bay	NiSa	S	S-A	Th
						Klassenstufen 1-2 / **Klassenstufen 3-4**						
		✗	✗		○	rauschen	○			✗	✗	
	✗					rauskommen	○		✗			
✗	✗	✗	✗	✗	●	rechnen	●	✗	✗	✗	✗	✗
					○	rechnest	○					
					○	rechnet	○					
						rechnete	○					
						Rechnung	○					
						Recht(e)	○					
	✗	✗	✗		○	rechte(r…)	○			✗	✗	✗
						Rechteck	○					
✗	✗	✗	✗	✗	○	rechts	●	✗	✗	✗	✗	✗
					○	rechtzeitig	○					
						recken	○					
✗						Recycling		✗				
✗	✗	✗			◉	reden	◉	✗	✗	✗		
					○	redest	○					
						Rede	○					
						Rederei	○					
						Redner(in)	○					
						Regal(e)	○					
						Regel	○					
						regelmäßig	○					
✗	✗	✗	✗	✗	◉	Regen	●	✗	✗	✗	✗	✗
						Regenbogen	○					
					○	Regenwetter	○					
						Regenwurm/…würmer	○					
						regnerisch	○					
		✗	✗		○	regnen	◉				✗	✗
	✗				○	regnet	○		✗			
						regnete	○					
✗		✗	✗		○	Reh(e)	◉	✗			✗	✗
						Rehkitz	○					
						Reibe	○					
						reiben	○					
						Reibung	○					
✗	✗	✗		✗	◉	reich	◉	✗	✗	✗		✗
		✗	✗		○	reichen	○				✗	✗
						reichlich	○					
						Reiche	○					
						Reichtum	○					
		✗	✗		○	reif	◉				✗	✗
						reifer	○					
						am reifsten	○					
		✗				Reifen	○				✗	
	✗	✗	✗	✗	○	Reihe(n)	◉			✗	✗	✗
						Reihenfolge	○					
						reimen	○					

| Klassenstufen 1-2 | | | | | | Wörter | Klassenstufen 3-4 | | | | | |
Bay	NiSa	S	S-A	Th	LB		LB	Bay	NiSa	S	S-A	Th
		✗				rein	○			✗		
						reiner	○					
						am reinsten	○					
	✗					reingehen	○		✗			
				✗		Reis	○					✗
	✗	✗	✗		○	Reise(n)	◉		✗	✗	✗	
✗	✗	✗	✗	✗	◉	reisen	◉	✗	✗	✗	✗	✗
	✗				○	reist	○		✗			
						reiste	○					
✗		✗	✗	✗	○	reißen	◉	✗		✗	✗	✗
						reißt	○					
✗		✗	✗			riss	○	✗		✗	✗	
		✗	✗			gerissen	○			✗	✗	
	✗	✗	✗		○	reiten	◉		✗	✗	✗	
					○	reitest	○					
		✗	✗		○	ritt	○			✗	✗	
	✗					geritten	○		✗			
						Reiter(in)	○					
						Reiz	○					
						reizen	○					
						Reizung	○					
						Rekord(e)	○					
						Rekorder	○					
						Rektor	○					
✗	✗	✗	✗		◉	rennen	●	✗	✗	✗	✗	
					○	rennst	○					
	✗				○	rennt	○		✗			
						ranntest	○					
✗	✗				○	rannte	◉	✗	✗			
	✗					gerannt	○		✗			
						Rennen	○					
						Rennfahrer	○					
						Reparatur(en)	○					
						reparieren	○					
						reparierst	○					
						repariert	○					
						reparierte	○					
				✗		Republik						✗
	✗	✗	✗		○	Rest(e)	○			✗	✗	✗
						restlos	○					
	✗	✗	✗		○	retten	●		✗	✗	✗	
						rettest	○					
						rettet	○					
						rettete	○					
	✗					gerettet	○		✗			
						Retter(in)	○					
						Rettung	○					
						Rezept	○					

Klassenstufen 1-2						Wörter	Klassenstufen 3-4					
Bay	**NiSa**	**S**	**S-A**	**Th**	**LB**		**LB**	**Bay**	**NiSa**	**S**	**S-A**	**Th**
						Richter	○					
						Richterin(nen)	○					
✗	✗	✗	✗	✗	○	richtig	●	✗	✗	✗	✗	✗
						Richtung(en)	○					
✗	✗	✗	✗		○	riechen	◉	✗	✗	✗	✗	
						riechst	○					
						roch	○					
						gerochen	○					
						rieseln	○					
				✗	○	riesig	○					✗
						riesiger	○					
		✗	✗			Rind(er)	○			✗	✗	
					○	Rinde(n)	○					
						Rindvieh	○					
	✗	✗	✗		◉	Ring(e)	◉		✗	✗	✗	
		✗	✗		○	ringen	○			✗	✗	
						ringst	○					
						rang	○					
						gerungen	○					
						Ringkampf	○					
						Rinne(n)	○					
						rinnen	○					
		✗	✗	✗		Riss(e)	○			✗	✗	✗
						rissig	○					
						Ritt	○					
					○	Ritter	○					
						Ritterzeit	○					
✗	✗	✗	✗	✗	○	Rock / Röcke	◉	✗	✗	✗	✗	✗
						Rodelbahn	○					
		✗	✗			rodeln	○			✗	✗	
						Rodelschlitten	○					
		✗	✗	✗	○	roh	◉			✗	✗	✗
						Rohheit	○					
						Rohr / Röhre	○					
						Rohstoff	○					
						Rolle(n)	○					
✗		✗	✗	✗	●	rollen	◉	✗		✗	✗	✗
					○	rollst	○					
					○	rollt	○					
					○	gerollt	○					
	✗	✗	✗	✗	○	Roller	○		✗	✗	✗	✗
						rollern	○					
						rosa	○					
					○	Rose(n)	○					
						Rosine	○					
						Ross	○					
						Rosskastanie	○					
		✗	✗			Rost	○			✗	✗	

Klassenstufen 1-2						Wörter	Klassenstufen 3-4					
Bay	NiSa	S	S-A	Th	LB		LB	Bay	NiSa	S	S-A	Th
		✗	✗			rosten	◉			✗	✗	
						rostig	○					
✗	✗	✗	✗	✗	●	rot	●	✗	✗	✗	✗	✗
✗	✗	✗	✗	✗	◉	Rücken	●	✗	✗	✗	✗	✗
		✗	✗		○	rücken	◉			✗	✗	
					○	Ruck	○					
					○	Rucksack / Rucksäcke	○					
					○	Rücksicht	○					
					○	rücksichtsvoll	○					
					○	rückwärts	○					
					○	rudern	○					
					○	Ruf	○					
✗	✗	✗	✗	✗	●	rufen	●	✗	✗	✗	✗	✗
					○	rufst	○					
		✗	✗		○	ruft	○			✗	✗	
	✗				○	rief	◉		✗			
					○	gerufen	○					
✗	✗	✗	✗	✗	○	Ruhe	◉	✗	✗	✗	✗	✗
		✗	✗			ruhen	○			✗	✗	
✗	✗	✗	✗		○	ruhig	◉	✗	✗	✗	✗	
✗		✗	✗	✗	○	rühren	◉	✗		✗	✗	✗
						rührend	○					
						Rührung	○					
						Rumänien	○					
		✗	✗	✗	○	rund	◉			✗	✗	✗
						runder	○					
						rundlich	○					
	✗					runterkommen	○		✗			
						Rüssel	○					
						Russland	○					
						Rutsche	○					
	✗	✗	✗	✗	○	rutschen	◉			✗	✗	✗	✗
						rutschte	○					
						rutschig	○					

2.19 Buchstabe S

Bay	NiSa	S	S-A	Th	LB	Wörter	LB	Bay	NiSa	S	S-A	Th
						Klassenstufen 1-2 / **Wörter** / **Klassenstufen 3-4**						
		✗	✗	✗		Saal / Säle	○			✗	✗	✗
		✗	✗	✗		Saat	○			✗	✗	✗
					○	Sache	◉					
	✗	✗	✗	✗	○	Sachen	◉		✗	✗	✗	✗
	✗	✗				Sack / Säcke	◉			✗	✗	
						Sackgasse	○					
	✗	✗			○	säen	○			✗	✗	
					○	sät	○					
✗				✗	○	Saft / Säfte	○	✗				✗
						saftig	○					
✗	✗	✗	✗	✗	●	sagen	●	✗	✗	✗	✗	✗
					○	sagst	○					
✗	✗				◉	sagt	◉	✗	✗			
	✗				○	sagte	○		✗			
	✗					gesagt	○		✗			
				✗		sägen	○					✗
						sägt	○					
				✗		Sahne	○					✗
	✗	✗	✗	✗	○	Salat(e)	◉			✗	✗	✗
✗	✗	✗	✗	✗	◉	Salz	◉	✗	✗	✗	✗	✗
						salzen	○					
						salzig	○					
		✗	✗	✗		Samen	○			✗	✗	✗
						Samenkorn	○					
✗	✗	✗	✗		○	sammeln	●	✗	✗	✗	✗	
						sammelst	○					
						sammelt	○					
						sammelte	○					
						Sammler	○					
✗						Sammlung	○	✗				
✗					◉	Samstag(e)	◉	✗				
						samstags	○					
✗	✗	✗	✗		●	Sand(e)	●	✗	✗	✗	✗	
✗					○	sandig(…e)	○	✗				
						Sandstein	○					
						Sänfte(n)	○					
						Sänger(in)	○					
		✗	✗		○	satt	○				✗	✗
						Sattel	○					
✗	✗	✗	✗	✗	◉	Satz / Sätze	●	✗	✗	✗	✗	✗
	✗	✗	✗	✗	○	sauber	●		✗	✗	✗	✗
						sauberer	○					
						Sauberkeit	○					
						säubern	○					
						säubert	○					

Klassenstufen 1-2						Wörter	Klassenstufen 3-4					
Bay	NiSa	S	S-A	Th	LB		LB	Bay	NiSa	S	S-A	Th
		X	X		○	sauer	○			X	X	
						saurer	○					
						säuerlich	○					
	X					saugen	○			X		
					○	sausen	○					
						saust	○					
X	X	X	X	X	●	sechs	●	X	X	X	X	X
						sechshundert	○					
						sechsmal	○					
		X	X			sechzehn	○			X	X	
		X	X	X		sechzig	○			X	X	X
X	X	X	X	X	◉	See(n)	●	X	X	X	X	X
						Seele	○					
						Seerose(n)	○					
						Segelflugzeug	○					
						segeln	○					
						segelst	○					
X	X	X	X	X	●	sehen	●	X	X	X	X	X
	X				○	siehst	○		X			
	X	X	X		◉	sieht	◉	X	X	X	X	
					○	seht	○					
	X	X	X		○	sah	◉		X	X	X	
						gesehen	○		X			
					○	sieh	○					
X	X	X	X	X	●	sehr	●	X	X	X	X	X
						Seide	○					
						seidig	○					
X	X	X	X		◉	Seife(n)	◉	X	X	X	X	
	X				○	Seil(e)	○			X		
X	X	X	X	X	●	sein(-e, er, -em, -en)	●	X	X	X	X	X
					○	sein	◉					
						bin	●	X	X	X	X	X
					○	bist	●	X	X	X		
X	X	X	X	X	●	ist	●	X	X	X	X	X
X	X	X	X		●	sind	●	X	X	X	X	
	X	X	X	X	○	seid	◉		X	X	X	X
						warst	○		X			
					○	war	◉		X	X	X	X
						wart	○		X			
						waren			X			
	X	X	X		○	gewesen	◉		X	X	X	
						wäre	○		X			
X	X	X	X	X	◉	seit	●	X	X	X	X	X
	X					seitdem	○		X			
	X	X		X	◉	Seite(n)	●		X	X		X
X					○	Sekunde(n)	○	X				
	X	X	X	X		selber	◉		X	X	X	X
		X	X	X	○	selbst	◉			X	X	X

Klassenstufen 1-2						Wörter	Klassenstufen 3-4					
Bay	NiSa	S	S-A	Th	LB		LB	Bay	NiSa	S	S-A	Th
						Selbstlaut(e)	○					
	✗					selbstständig	○		✗			
	✗	✗			○	selten	◉		✗	✗		
						Seltenheit	○					
					○	seltsam	○					
		✗	✗		○	senden	○			✗	✗	
						sendest	○					
						sendet	○					
						sandte od. sendete	○					
						Sender	○					
						Sendung(en)	○					
						Senke	○					
		✗	✗			senken	○			✗	✗	
						Senkung	○					
✗	✗	✗	✗	✗	●	September	●	✗	✗	✗	✗	✗
		✗	✗		○	Sessel	◉			✗	✗	
						Sessellift	○					
✗	✗	✗	✗		◉	setzen	●	✗	✗	✗	✗	
	✗				○	setzt	◉		✗			
						setzte	○					
	✗				○	gesetzt	○		✗			
						setz dich	○					
						setzt euch	○					
✗	✗	✗	✗		◉	sich	●	✗	✗	✗	✗	
	✗	✗	✗	✗	○	sicher	◉		✗	✗	✗	✗
						sicherer	○					
						am sichersten	○					
						Sicherheit	○					
						sicherlich	○					
						sichern	○					
		✗	✗			Sicht	○			✗	✗	
						sichtbar	○					
						sichten	○					
✗	✗	✗	✗		●	sie	●	✗	✗	✗	✗	
✗	✗	✗	✗	✗	●	sieben	●	✗	✗	✗	✗	✗
						siebenhundert	○					
						siebenmal	○					
		✗	✗			siebzehn	○			✗	✗	
		✗	✗	✗		siebzig	○			✗	✗	✗
						Sieg	○					
	✗	✗	✗		○	siegen	○			✗	✗	✗
		✗	✗			Sieger(in)	○			✗	✗	
						siegessicher	○					
						siegreich	○					
		✗	✗			Silber	○			✗	✗	
		✗	✗			silbern	○			✗	✗	
						silbrig	○					
						Silvester	○					

Klassenstufen 1-2						Wörter	Klassenstufen 3-4					
Bay	NiSa	S	S-A	Th	LB		LB	Bay	NiSa	S	S-A	Th
						Silvesterabend	○					
✗	✗	✗	✗		●	singen	●	✗	✗	✗	✗	
					○	singst	○					
✗	✗				◉	singt	◉	✗	✗			
	✗				○	sang	◉		✗			
	✗				○	gesungen	○		✗			
		✗	✗		○	sinken	◉			✗	✗	
						sinkst	○					
						sank	○					
						gesunken	○					
					○	Sitz	○					
✗	✗	✗	✗	✗	●	sitzen	●	✗	✗	✗	✗	✗
✗	✗				◉	sitzt	◉	✗	✗			
	✗		✗		○	saß	◉		✗	✗	✗	
	✗		✗		○	gesessen	◉		✗	✗	✗	
					○	sitz	○					
						Skateboard(s)	○					
		✗	✗	✗		Ski(er)	○			✗	✗	✗
✗						Skizze		✗				
✗						skizzieren		✗				
						Snowboard	○					
✗	✗	✗	✗		●	so	◉	✗	✗	✗	✗	
					○	sobald	○					
						Socke(n)	○					
	✗			✗	○	sofort	●		✗			✗
	✗	✗		✗	○	sogar	◉		✗	✗		✗
✗	✗	✗	✗	✗	◉	Sohn / Söhne	●	✗	✗	✗	✗	✗
						solange	○					
	✗	✗				solche(...r)	○		✗	✗		
✗	✗	✗	✗		●	sollen	●	✗	✗	✗	✗	
	✗				○	sollst	◉		✗			
	✗				○	soll	○		✗			
						solltest	○					
	✗				○	sollte	○		✗			
✗	✗	✗	✗	✗	●	Sommer	●	✗	✗	✗	✗	✗
						sommerlich	○					
						sonderbar	○					
	✗	✗	✗	✗	○	sondern	◉		✗	✗	✗	✗
	✗	✗	✗	✗	○	Sonnabend(e)	○		✗	✗	✗	✗
						sonnabends	○					
✗	✗	✗	✗		●	Sonne(n)	●	✗	✗	✗	✗	
					○	sonnen	○					
				✗		sonnig	○					✗
						sonniger	○					
✗	✗	✗	✗	✗	●	Sonntag(e)	●	✗	✗	✗	✗	✗
						sonntags	○					
	✗	✗		✗		sonst	◉		✗	✗		✗
						sonstige	○					

Klassenstufen 1-2						Wörter	Klassenstufen 3-4					
Bay	NiSa	S	S-A	Th	LB		LB	Bay	NiSa	S	S-A	Th
						Sorge	○					
		✗				sorgen	◉			✗		
						sorgfältig	○					
						sorgfältiger	○					
						Sorte	○					
						sortieren	○					
						sortierst	○					
				✗		Soße(n)	○					✗
						subtrahieren	○					
						Subtraktion	○					
✗	✗	✗	✗	✗	●	suchen	●	✗	✗	✗	✗	✗
					○	suchst	○					
					○	sucht	○					
					○	gesucht	○					
						Sucher	○					
						Suchmaschine	○					
						Süden	○					
					○	Summe	○					
						summen	○					
						summst	○					
						summt	○					
						summte	○					
				✗		Sumpf						✗
						super	○					
		✗	✗	✗	◉	Suppe / Suppen	○			✗	✗	✗
						Surfbrett	○					
						surfen	○					
✗	✗	✗	✗	✗	○	süß	●	✗	✗	✗	✗	✗
						süßer	○					
						süßen	○					
						süßt	○					
✗						Süßigkeit	○	✗				

2.20 Buchstabenverbindung Sch

Bay	NiSa	S	S-A	Th	LB	Wörter	LB	Bay	NiSa	S	S-A	Th
						Schablone(n)	○					
		✗	✗	✗		Schachtel(n)	○			✗	✗	✗
					○	schade	○					
						schaden	○					
		✗	✗			Schaden / Schäden	○			✗	✗	
		✗	✗	✗		schädlich	○			✗	✗	✗
						Schädling	○					
		✗	✗		○	Schaf(e)	○			✗	✗	
✗	✗	✗	✗	✗	○	schaffen	◉	✗	✗	✗	✗	✗
						schaffst	○					
	✗					schafft	○		✗			
						schaffte	○					
	✗					geschafft	○		✗			
						Schaffner	○					
		✗	✗	✗	○	Schal(s)	○			✗	✗	✗
		✗	✗			Schale(n)	◉			✗	✗	
		✗	✗	✗		schälen	○			✗	✗	✗
✗		✗				Schall	○	✗		✗		
						schalldicht	○					
		✗				schallen	○		✗			
						Schallplatte	○					
✗					○	schalten	○	✗				
						schaltest	○					
						schaltet	○					
						schaltete	○					
✗						Schalter	○	✗				
						Scham	○					
		✗	✗	✗	○	schämen	◉			✗	✗	✗
✗	✗	✗	✗	✗	○	scharf	◉	✗	✗	✗	✗	✗
						schärfer	○					
✗						Schärfe	○	✗				
						schärfen	○					
						Scharnier(e)	○					
					○	scharren	○					
✗		✗	✗		○	Schatten	◉	✗		✗	✗	
						Schattenseite	○					
					○	schattig	○					
					○	Schatz / Schätze	○					
						schätzen	○					
					○	Schatztruhe	○					
						Schätzung	○					
✗	✗	✗	✗		◉	schauen	●	✗	✗	✗	✗	
					○	schaust	○					
					○	schaut	○					
					○	schaute	○					

Klassenstufen 1-2						Wörter	Klassenstufen 3-4					
Bay	NiSa	S	S-A	Th	LB		LB	Bay	NiSa	S	S-A	Th
		✗	✗			Schaukel(n)	○			✗	✗	
						schaukeln	○					
						Schaukelpferd	○					
						Schaum	○					
						schäumen	○					
						schaumig	○					
		✗				Scheibe(n)	○				✗	
						Scheibenwischer	○					
✗	✗	✗	✗	✗	●	scheinen	●	✗	✗	✗	✗	✗
					○	scheint	○					
	✗				○	schien	○		✗	✗	✗	
						geschienen	○					
	✗	✗	✗		◉	schenken	◉		✗	✗	✗	
						schenkst	○					
					○	schenkt	○					
					○	schenkte	○					
	✗				○	geschenkt	○		✗			
						schenke	○					
					○	Scherbe	○					
✗	✗	✗	✗	✗	◉	Schere(n)	●	✗	✗	✗	✗	✗
				✗		Scherz	○					✗
						scherzen	○					
						scherzt	○					
						scherzte	○					
						Scheu	○					
		✗	✗			scheu	○			✗	✗	
						scheuen	○					
		✗	✗	✗	○	Schi(er)	◉			✗	✗	✗
		✗	✗			Schicht(en)	○			✗	✗	
						schichten	○					
		✗	✗	✗	○	schicken	◉			✗	✗	✗
						schickst	○					
					○	schickt	○					
					○	geschickt	○					
✗	✗	✗	✗	✗	○	schieben	◉	✗	✗	✗	✗	✗
						schiebst	○					
	✗					schiebt	○		✗			
						schobst	○					
✗						schob	○	✗				
	✗					geschoben	○		✗			
						Schiedsrichter	○					
✗	✗	✗	✗		○	schief	◉	✗	✗	✗	✗	
		✗	✗			Schiene(n)	○			✗	✗	
						schienen	○					
		✗	✗		○	schießen	◉			✗	✗	
						schießt	○					
		✗	✗			schoss	○			✗	✗	
		✗	✗			geschossen	○			✗	✗	

Klassenstufen 1-2						Wörter	Klassenstufen 3-4					
Bay	NiSa	S	S-A	Th	LB		LB	Bay	NiSa	S	S-A	Th
					○	Schießstand	○					
	✗	✗	✗	✗	◉	Schiff(e)	●		✗	✗	✗	✗
						Schiffer	○					
		✗	✗		○	Schild(er)	○			✗	✗	
						Schildermaler	○					
						Schildkröte	○					
✗	✗			✗	○	schimpfen	●	✗	✗			✗
					○	schimpfst	○					
	✗					geschimpft	○		✗			
						Schinken	○					
					○	Schirm(e)	○					
						Schlaf	○					
						Schlafanzug	○					
✗	✗	✗	✗		●	schlafen	●	✗	✗	✗	✗	
					○	schläfst	○					
✗	✗				◉	schläft	◉	✗	✗			
	✗				○	schlief	◉		✗	✗	✗	
						geschlafen	○					
						Schläfer	○					
						Schlag / Schläge	○					
✗	✗	✗	✗		◉	schlagen	●	✗	✗	✗	✗	
					○	schlägst	○					
✗	✗				◉	schlägt	◉	✗	✗			
						schlugst	○					
						schlug	○					
						geschlagen	○					
						Schlagzeile(n)	○					
						Schlamm	○					
					○	Schlange	○					
						schlank	○					
					○	schlau	○					
						schlauer	○					
						Schlauch/Schläuche	○					
	✗	✗	✗		○	schlecht	●		✗	✗	✗	
						schlechter	○					
						am schlechtesten	○					
		✗	✗		○	schleichen	◉			✗	✗	
						schleichst / schleicht	○					
						schlich / geschlichen	○					
		✗	✗			Schleife(n)	○			✗	✗	
					○	schleppen	○					
						schleppte	○					
						schleudern	○					
						schleuderst	○					
✗	✗	✗	✗	✗	○	schließen	◉	✗	✗	✗	✗	✗
	✗					schließt	◉		✗			
✗	✗	✗	✗			schloss	◉	✗	✗	✗	✗	
	✗	✗	✗			geschlossen	◉		✗	✗	✗	

Klassenstufen 1-2						Wörter	Klassenstufen 3-4					
Bay	NiSa	S	S-A	Th	LB		LB	Bay	NiSa	S	S-A	Th
✗	✗				◯	schließlich	◉	✗	✗			
	✗	✗	✗		◯	schlimm	●		✗	✗	✗	
						schlimmer	◯					
						am schlimmsten	◯					
				✗	◯	Schlinge(n)	◯					✗
				✗		schlingen	◯					✗
		✗	✗	✗	◉	Schlitten	◉			✗	✗	✗
						schlittern	◯					
						schlitterst	◯					
						schlittert	◯					
						schlitterte	◯					
						Schlittschuh(e)	◯					
						Schlitz(e)	◯					
	✗	✗	✗	✗	◯	Schloss / Schlösser	●		✗	✗	✗	✗
						schluchzen	◯					
						schluchzt	◯					
						schluchzte	◯					
						Schluck	◯					
						Schluckauf	◯					
		✗	✗	✗	◯	schlucken	◉			✗	✗	✗
						schluckte	◯					
						schlüpfen	◯					✗
						Schlupfloch	◯					
	✗	✗	✗			Schluss / Schlüsse	◯			✗	✗	✗
✗	✗	✗	✗	✗	◯	Schlüssel	●	✗	✗	✗	✗	✗
		✗	✗	✗	◯	schmal	◉			✗	✗	✗
						schmäler	◯					
						am schmälsten	◯					
✗	✗	✗	✗	✗	◯	schmecken	●	✗	✗	✗	✗	✗
						schmeckst	◯					
	✗					schmeckt	◯		✗			
						schmeckte	◯					
						geschmeckt	◯					
						schmeißen	◯					
						Schmelz	◯					
		✗	✗			schmelzen	◯			✗	✗	
						schmilzt	◯					
						schmolz	◯					
						geschmolzen	◯					
		✗	✗	✗	◯	Schmerz(en)	◉			✗	✗	✗
						schmerzhaft	◯					
						schmerzlich	◯					
		✗	✗			schmerzen	◯			✗	✗	
						schmerzt	◯					
						schmerzte	◯					
						schmerzstillend	◯					
✗					◯	Schmetterling(e)	◯	✗				
						Schmiere	◯					

Klassenstufen 1-2						Wörter	Klassenstufen 3-4					
Bay	NiSa	S	S-A	Th	LB		LB	Bay	NiSa	S	S-A	Th
		✗	✗	✗		schmieren	○			✗	✗	✗
						schmierte	○					
						Schmiererei	○					
						schmierig	○					
						Schmieröl	○					
						Schmuck	○					
					○	schmücken	○					
						schmückst	○					
					○	schmückt	○					
✗		✗	✗		●	Schmutz	◉	✗		✗	✗	
✗	✗	✗	✗	✗	◉	schmutzig	○	✗	✗	✗	✗	✗
					◉	Schnabel / Schnäbel	○					
					○	Schnauze	○					
						Schnecke(n)	○					
✗	✗	✗	✗	✗	●	Schnee	●	✗	✗	✗	✗	✗
						Schneeflocke	○					
						Schneemann	○					
						schneeweiß	○					
✗	✗	✗	✗	✗	◉	schneiden	●	✗	✗	✗	✗	✗
					○	schneidest	○		✗			
					○	schneidet	○					
	✗	✗	✗		○	schnitt	◉					
	✗					geschnitten	○		✗	✗	✗	
		✗	✗	✗	○	schneien	○			✗	✗	✗
					○	schneit	○					
						schneite	○					
						geschneit	○					
✗	✗	✗	✗	✗	●	schnell	●	✗	✗	✗	✗	✗
						schneller	○					
						am schnellsten	○					
						Schnitt	○					
				✗	○	Schnitzel	○					✗
				✗		Schnupfen	○					✗
		✗	✗	✗		Schnur / Schnüre	○			✗	✗	✗
		✗	✗	✗		schnüren	○			✗	✗	✗
						schnurgerade	○					
						schnurren	○					
						Schnürsenkel	○					
				✗	○	Schokolade(n)	◉					✗
✗	✗	✗	✗	✗	●	schön	●	✗	✗	✗	✗	✗
						schöner	○					
	✗					*etwas Schönes*	○		✗			
✗	✗	✗	✗		◉	schon	◉	✗	✗	✗	✗	
		✗	✗			schonen	○			✗	✗	
						Schönheit(en)	○					
						Schonung	○					
						schonungslos	○					
						Schonzeit	○					

Klassenstufen 1-2						Wörter		Klassenstufen 3-4				
Bay	NiSa	S	S-A	Th	LB		LB	Bay	NiSa	S	S-A	Th
						Schornstein	○					
						schöpfen	○					
		X		X		schräg	○			X		X
						Schräge	○					
	X	X	X	X	○	Schrank / Schränke	◉		X	X	X	X
					○	Schraube(n)	○					
						schrauben	○					
						schraubst	○					
X	X	X	X		○	Schreck(en)	◉	X	X	X	X	
		X	X			schrecken	○			X	X	
X	X			X	○	schrecklich	◉	X	X			X
						schrecklicher	○					
						Schrei	○					
X	X	X	X	X	●	schreiben	●	X	X	X	X	X
					○	schreibst	○					
X	X			X	◉	schreibt	◉	X	X			X
	X				○	schrieb	◉		X	X	X	
	X					geschrieben	○		X			
						Schreiber	○					
						Schreibetui	○					
X	X	X	X	X	◉	schreien	●	X	X	X	X	X
					○	schreist	○					
					○	schreit	○					
	X	X	X		○	schrie	◉		X	X	X	
	X					geschrien	○		X			
						Schreiner	○					
						Schreinerin(nen)	○					
						schreiten	○					
	X	X	X	X	○	Schrift(en)	◉		X	X	X	X
		X	X	X		Schritt(e)	○			X	X	X
						schrittweise	○					
					○	Schublade	○					
						schüchtern	○					
X	X	X	X	X	◉	Schuh(e)	●	X	X	X	X	X
					○	schuld	○					
	X	X	X			Schuld	○			X	X	X
		X	X	X		schuldig	○			X	X	X
						schuldlos	○					
X	X	X	X	X	●	Schule(n)	●	X	X	X	X	X
					○	Schularbeit	○					
					○	Schulbus	○					
	X	X	X		◉	Schüler	○		X	X	X	
	X				○	Schülerin(nen)	○					
					○	Schulter(n)	○					
					○	Schuppe(n)	○					
		X	X			Schürze(n)	○			X	X	
		X	X			Schuss / Schüsse	○			X	X	
			X		◉	Schüssel(n)	◉				X	

Klassenstufen 1-2						Wörter	Klassenstufen 3-4					
Bay	NiSa	S	S-A	Th	LB		LB	Bay	NiSa	S	S-A	Th
						Schutt	○					
✗		✗	✗		○	schütteln	◉	✗		✗	✗	
						schüttelst	○					
						schüttelte	○					
		✗	✗		○	schütten	◉			✗	✗	
						schüttest	○					
✗					○	Schutz	○	✗				
✗		✗	✗	✗	○	schützen	◉	✗		✗	✗	✗
						schützt	○					
						schützte	○					
	✗					schwach	◉		✗			
						schwächer	○					
						am schwächsten	○					
						Schwalbe	○					
						Schwamm	○					
					○	Schwan	○					
						schwanken	○					
						schwankst	○					
						schwankte	○					
	✗	✗	✗		○	Schwanz/Schwänze	◉		✗	✗	✗	
✗	✗	✗	✗	✗	●	schwarz	●	✗	✗	✗	✗	✗
						Schweden	○					
✗						schweigen	○	✗				
✗						schwieg	○	✗				
						geschwiegen	○					
		✗	✗		○	Schwein(e)	○			✗	✗	
				✗		Schweiß	○					✗
		✗	✗		◉	schwer	●			✗	✗	
						schwerer	○					
						am schwersten	○					
						Schwert(er)	○					
✗		✗	✗	✗	●	Schwester(n)	●	✗		✗	✗	✗
✗	✗	✗	✗	✗	○	schwierig	◉	✗	✗	✗	✗	✗
						schwieriger	○					
						am schwierigsten	○					
✗						Schwierigkeit		✗				
✗	✗	✗	✗	✗	◉	schwimmen	●	✗	✗	✗	✗	✗
					○	schwimmst	○					
	✗				○	schwimmt	○		✗			
✗					○	schwamm	○	✗				
✗	✗				○	geschwommen	◉	✗	✗			
						Schwimmer	○					
✗		✗	✗	✗		schwitzen	◉	✗		✗	✗	✗
						Schwitzkur	○					
						schwül	○					

2.21 Buchstabenverbindung Sp

| Klassenstufen 1-2 | | | | | | Wörter | Klassenstufen 3-4 | | | | | |
Bay	NiSa	S	S-A	Th	LB		LB	Bay	NiSa	S	S-A	Th
X					○	Spagetti	○	X				
						Spalte(n)	○					
		X	X			spalten	○			X	X	
						Spange	○					
						Spanien	○					
						spanisch	○					
		X	X			spannen	○			X	X	
						spannst	○					
	X					spannend	◉		X			
						spannender	○					
				X		Spannung	○					X
X		X	X	X	◉	sparen	◉	X		X	X	X
					○	sparst	○					
					○	spart	○					
						sparte	○					
					○	gespart	○					
					○	sparsam	○					
X	X	X	X	X	○	Spaß / Späße	●	X	X	X	X	X
						spaßen	○					
						spaßig	○					
X	X	X	X	X	◉	spät	●	X	X	X	X	X
					○	später	○					
				X		Spaten						X
						spätestens	○					
						Spatz	○					
X	X	X		X	○	spazieren	◉	X	X	X		X
					○	spazierst	○					
					○	spaziert	○					
						spazierte	○					
						spazieren gehen	○					
						gehst spazieren	○					
						ging spazieren	○					
						spazieren gegangen	○					
X						Spaziergang/...-gänge	○	X				
						Specht(e)	○					
						Speise(n)	○					
						Spende(n)	○					
				X		spenden	○					X
						spendest	○					
						spendete	○					
					○	Sperre	○					
		X	X		○	sperren	○			X	X	
						sperrst	○					
					○	sperrt	○					
X		X	X		○	Spiegel	◉	X		X	X	
X						spiegeln	○	X				

Klassenstufen 1-2						Wörter	Klassenstufen 3-4					
Bay	NiSa	S	S-A	Th	LB		LB	Bay	NiSa	S	S-A	Th
						Spiegelung	○					
	X	X	X		◉	Spiel(e)	◉		X	X	X	
X	X	X	X		●	spielen	●	X	X	X	X	
					○	spielst	○					
		X			○	spielt	○			X		
						spielte	○					
	X	X			○	gespielt	○		X	X		
						Spielregel(n)	○					
						Spielzeug	○					
					○	Spinne(n)	○					
						spinnen	○					
						spinnst	○					
						sponn	○					
						gesponnen	○					
X		X	X		○	spitz	◉	X		X	X	
X		X	X			spitzer	○	X		X	X	
						am spitzesten	○					
X				X	○	Spitze(n)	◉	X				X
					○	spitzen	○					
X	X	X	X	X	○	Sport	●	X	X	X	X	X
	X	X				Sportler(in)	○			X	X	
						sportlich	○					
						Sportplatz/…plätze	○					
						Sportschuh	○					
						Spott	○					
		X	X			spotten	◉			X	X	
						spottest	○					
						spöttisch	○					
				X		Sprache(n)	○					X
						deutsche Sprache	○					
	X	X	X	X	◉	sprechen	●		X	X	X	X
					○	sprichst	○					
	X				○	spricht	◉		X			
						sprecht	○					
						sprachst	○					
	X				○	sprach	◉		X			
	X					gesprochen	◉		X			
						sprich	○					
						Sprecher	○					
						spreizen	○					
						spreizt	○					
		X	X		○	sprengen	○			X	X	
						sprengst	○					
						Sprengstoff	○					
						Sprengung	○					
						sprießen	○					
						sprießt	○					

Klassenstufen 1-2						Wörter	Klassenstufen 3-4					
Bay	NiSa	S	S-A	Th	LB		LB	Bay	NiSa	S	S-A	Th
	✗	✗	✗		◉	springen	●		✗	✗	✗	
					○	springst	○					
	✗				○	springt	○		✗			
						sprangst	○					
	✗				○	sprang	◉		✗			
	✗				○	gesprungen	◉		✗			
						Springer	○					
					○	Spritze	○					
		✗	✗	✗		spritzen	◉			✗	✗	✗
						spritzt	○					
						spritzte	○					
						gespritzt	○					
				✗		Spruch	○					✗
						sprudeln	○					
						sprudelt	○					
						Sprühdose	○					
		✗	✗			sprühen	○			✗	✗	
						sprühst	○					
						Sprüher	○					
					○	Sprung	○					
						spucken	○					
						spuckst	○					
						Spüle	○					
				✗		spülen	○					✗
						spülst	○					
						spült	○					
						spülte	○					
						Spülung	○					
		✗	✗			Spur(en)	○			✗	✗	
						spürbar	○					
		✗	✗		○	spüren	○			✗	✗	
						Spürhund	○					
						spurlos	○					

2.22 Buchstabenverbindung St

Bay	NiSa	S	S-A	Th	LB	Wörter	LB	Bay	NiSa	S	S-A	Th
		✗	✗	✗		Staat(en)	○			✗	✗	✗
						staatlich	○					
						Staatsbürger(in)	○					
		✗	✗		○	Stab / Stäbe	◉			✗	✗	
						Stadien	○					
		✗	✗	✗		Stadion	○			✗	✗	✗
✗	✗	✗	✗	✗	◉	Stadt / Städte	●	✗	✗	✗	✗	✗
		✗	✗		○	Stall / Ställe	○			✗	✗	
		✗	✗		○	Stamm / Stämme	◉	✗		✗	✗	
						stämmig	○					
✗					○	Stange(n)	○	✗				
✗					○	Stängel	○	✗				
✗	✗	✗	✗	✗	○	stark	●	✗	✗	✗	✗	✗
						stärker	◉					
						am stärksten	○					
✗						stärken		✗				
						Start(s)	○			✗	✗	
						startbereit	○					
		✗	✗			starten	○			✗	✗	
						startest	○					
				✗		statt	○					✗
						stattfinden	○					
						findet statt	○					
						fand statt	○					
						stattgefunden	○					
		✗	✗			Staub	○			✗	✗	
						stauben	○					
		✗	✗	✗		staubig	○			✗	✗	✗
						Staubtuch	○					
		✗	✗		○	staunen	○			✗	✗	
						staunst	○					
						staunt	○					
		✗	✗			stechen	○			✗	✗	
						stach	○					
						gestochen	○					
		✗	✗		◉	stecken	●			✗	✗	
					○	steckst	○					
					○	steckt	○					
						steckte	○					
						Stecker	○					
✗	✗	✗	✗	✗	●	stehen	●	✗	✗	✗	✗	✗
					○	stehst	○					
✗	✗				◉	steht	◉	✗	✗			
		✗	✗	✗	○	stand	◉		✗	✗	✗	
						gestanden	○					
					○	steh(e)	○					

Klassenstufen 1-2						Wörter	Klassenstufen 3-4					
Bay	NiSa	S	S-A	Th	LB		LB	Bay	NiSa	S	S-A	Th
	✗	✗	✗	✗	○	stehlen	◉		✗	✗	✗	✗
		✗	✗		○	stiehlst	○			✗	✗	
						stiehlt	○					
						stahl	○					
	✗					gestohlen	○		✗			
	✗	✗	✗		◉	steigen	●		✗	✗	✗	
					○	steigst	○					
					○	steigt	○					
		✗	✗		○	stieg	○			✗	✗	
						Steigung	○					
		✗	✗		○	steil	○			✗	✗	
						Steilhang	○					
	✗	✗	✗	✗	◉	Stein(e)	●		✗	✗	✗	✗
						steinhart	○					
						steinig	○					
	✗	✗	✗		○	Stelle(n)	◉		✗	✗	✗	
✗	✗	✗	✗		◉	stellen	●	✗	✗	✗	✗	
					○	stellst	○					
	✗				○	stellt	○		✗			
						stellte	○					
						stelle	○					
		✗				Stempel	○			✗		
		✗				stempeln	○			✗		
						Steppe(n)	○					
	✗		✗		○	sterben	◉		✗			✗
						stirbst	○					
						stirbt / starb	○					
	✗					gestorben	○		✗			
		✗	✗	✗	◉	Stern(e)	●			✗	✗	✗
		✗	✗	✗		stets	○			✗	✗	✗
✗				✗	○	Steuer(n)	○	✗				✗
✗						steuern	○	✗				
		✗	✗			Stich(e)	○			✗	✗	
						sticheln	○					
						Stichwort	○					
		✗		✗		sticken	○			✗		✗
						Stickerei	○					
					○	Stiefel	○					
✗		✗	✗	✗		Stiel(e)	◉	✗		✗	✗	✗
✗		✗	✗	✗	○	Stift(e)	○	✗		✗	✗	✗
✗	✗	✗	✗		◉	still	●	✗	✗	✗	✗	
						stiller	○					
						am stillsten	○					
	✗	✗	✗		○	Stimme(n)	◉		✗	✗	✗	
✗		✗	✗		○	stimmen	◉	✗		✗	✗	
✗	✗	✗	✗			stimmt	○	✗	✗	✗	✗	
						stimmte	○					
						Stimmung	○					

Bay	NiSa	S	S-A	Th	LB	Wörter	LB	Bay	NiSa	S	S-A	Th
✗					○	Stirn	○	✗				
		✗	✗		○	Stock / Stöcke	○			✗	✗	
✗	✗	✗	✗		○	Stoff(e)	◉	✗	✗	✗	✗	
						Stofftier	○					
		✗	✗	✗		stolpern	○			✗	✗	✗
						Storch / Störche	○					
						Stolz	○					
	✗	✗	✗	✗	○	stolz	◉		✗	✗	✗	✗
						stolzieren	○					
		✗	✗	✗		stopfen	○			✗	✗	✗
						stopft	○					
						Stopfnadel	○					
						stoppen	○					
						stoppte	○					
		✗	✗	✗	○	stören	◉			✗	✗	✗
						Störung	○					
					○	Stoß	○					
	✗	✗	✗		○	stoßen	●		✗	✗	✗	
						stößt	○					
	✗	✗	✗			stieß	○		✗	✗	✗	
	✗					gestoßen	○		✗			
					○	stottern	○					
	✗	✗	✗	✗		Strafe(n)	◉		✗	✗	✗	✗
		✗	✗	✗		strafen	○			✗	✗	✗
						sträflich	○					
						Strahl(en)	○					
				✗		strahlen	○					✗
				✗		strahlst	○					✗
					○	strampeln	○					
✗				✗		Strand / Strände	◉	✗				✗
✗	✗	✗	✗	✗	◉	Straße(n)	●	✗	✗	✗	✗	✗
✗		✗	✗		○	Strauch / Sträucher	○	✗		✗	✗	
✗		✗	✗	✗		Strauß / Sträuße	○	✗		✗	✗	✗
		✗	✗			Strecke(n)	○			✗	✗	
		✗	✗	✗	○	strecken	○			✗	✗	✗
						Streckung	○					
				✗	○	Streich(e)	○					✗
				✗	○	streicheln	◉					✗
					○	streichelst	○					
		✗	✗			streichen	○			✗	✗	
						strich	○			✗	✗	
					○	Streichholz	○					
						Streifen	○					
✗	✗	✗	✗			Streit	○	✗	✗	✗	✗	
✗		✗	✗	✗	○	streiten	◉	✗		✗	✗	✗
						streitest	○					
		✗	✗			stritt	○			✗	✗	
						gestritten	○					

Bay	NiSa	S	S-A	Th	LB	Wörter	LB	Bay	NiSa	S	S-A	Th
						Streiterei	○					
						streitsüchtig	○					
	✗			✗	○	streng	◉		✗			✗
						Strenge	○					
		✗	✗		○	streuen	○			✗	✗	
						streust	○					
						streut	○					
						streute	○					
						gestreut	○					
		✗	✗		○	Strich(e)	○			✗	✗	
						stricheln	○					
		✗		✗		Strick				✗		✗
		✗	✗	✗		stricken	◉			✗	✗	✗
						strickt	○					
						Stricknadel	○					
		✗	✗	✗		Stroh	◉			✗	✗	✗
						Strohhalm	○					
						strohig	○					
						Strohstern(e)	○					
✗	✗	✗	✗	✗	○	Strom / Ströme	◉	✗	✗	✗	✗	✗
✗						strömen	○	✗				
						Strömung	○					
						Strophe(n)	○					
		✗	✗	✗		Strumpf / Strümpfe	○			✗	✗	✗
						Strumpfhose	○					
		✗				Stube(n)	○			✗		
✗	✗	✗	✗		○	Stück(e)	●	✗	✗	✗	✗	
					○	Stufe / Stufen	○					
✗	✗	✗	✗	✗	◉	Stuhl / Stühle	●	✗	✗	✗	✗	✗
						stumm	○					
		✗	✗	✗		stumpf	○			✗	✗	✗
						stumpfsinnig	○					
✗	✗	✗	✗	✗	◉	Stunde(n)	●	✗	✗	✗	✗	✗
✗		✗	✗			Sturm / Stürme	○	✗		✗	✗	
		✗	✗	✗		stürmen	○			✗	✗	✗
						Stürmer	○					
✗						stürmisch	○	✗				
						Sturz	○					
	✗	✗	✗	✗	○	stürzen	◉		✗	✗	✗	✗
						stürzt	○					
						stürzte	○					
	✗					gestürzt	○		✗			
						Sturzhelm	○					
						Stütze	○					
		✗	✗		○	stützen	◉			✗	✗	
						stützt	○					
						stützte	○					
						Stützpunkt	○					

2.23 Buchstabe T

Bay	NiSa	S	S-A	Th	LB	Wörter	LB	Bay	NiSa	S	S-A	Th
					○	Tabelle(n)	○					
						Tablett(s)	○					
						Tablette	○					
	✗	✗	✗	✗	◉	Tafel(n)	●		✗	✗	✗	✗
✗	✗	✗	✗	✗	●	Tag(e)	●	✗	✗	✗	✗	✗
	✗					*eines Tages*	○		✗			
					○	täglich	○					
		✗	✗			Tal / Täler	○			✗	✗	
						talabwärts	○					
						Talisman	○					
						Talsperre	○					
					○	Tank	○					
						tanken	○					
						tankst	○					
✗					○	Tanne(n)	○	✗				
✗	✗	✗	✗		●	Tante(n)	◉	✗	✗	✗	✗	
	✗	✗	✗	✗	○	tanzen	●		✗	✗	✗	✗
					○	tanzt	○					
						tanzte	○					
	✗					getanzt	○		✗			
						Tänzer(in)	○					
					○	Tapete	○					
					○	tapezieren	○					
		✗	✗		○	tapfer	◉			✗	✗	
						Tapferkeit	○					
✗	✗	✗	✗	✗	◉	Tasche(n)	●	✗	✗	✗	✗	✗
						Taschenlampe	○					
✗	✗	✗	✗	✗	◉	Tasse(n)	●	✗	✗	✗	✗	✗
	✗					Tat(en)	○			✗		
					○	Täter(in)	○					
						tätig	○					
						Tätigkeit	○					
					○	Tätigkeitswort	○					
						tatkräftig	○					
					○	tatsächlich	○					
					○	Tatze(n)	○					
		✗	✗		○	tauchen	◉			✗	✗	
						tauchte	○					
						Taucher(in)	○					
		✗	✗		○	taugen	○			✗	✗	
						tauglich	○					
						Taugenichts	○					
						Tausch	○					
	✗	✗	✗		○	tauschen	◉			✗	✗	✗
					○	tauschst	○					

Bay	NiSa	S	S-A	Th	LB	Wörter	LB	Bay	NiSa	S	S-A	Th
						täuschen	○					
						Täuschung	○					
✗	✗	✗	✗	✗	○	tausend(…e)	◉	✗	✗	✗	✗	✗
						tausendfach	○					
					○	Tausendfüßler	○					
						Tausender	○					
						tausendmal	○					
✗				✗	○	Taxi(s)	◉	✗				✗
✗						Technik	○	✗				
						Techniker(in)	○					
						technisch	○					
✗					○	Teddy(s)	○	✗				
✗	✗	✗	✗	✗	◉	Tee(s)	◉	✗	✗	✗	✗	✗
	✗	✗				Teer	○			✗	✗	
						teeren	○					
						Teerpappe	○					
						Teerstraße	○					
		✗	✗			Teich(e)	○			✗	✗	
						Teig	○					
	✗	✗	✗		○	Teil(e)	○		✗	✗	✗	
	✗	✗	✗		○	teilen	◉		✗	✗	✗	
						teilst	○					
✗	✗	✗	✗	✗	◉	Telefon(e)	●	✗	✗	✗	✗	✗
	✗				○	telefonieren	◉		✗			
					○	telefonierst	○					
						telefoniert	○					
						telefonisch	○					
					○	Telefonzelle	○					
						Telegramm(e)	○					
						Teilnahme	○					
						teilnehmen	○					
						nimmst teil	○					
						nahm teil	○					
						teilgenommen	○					
✗	✗	✗	✗	✗	◉	Teller	●	✗	✗	✗	✗	✗
✗					○	Temperatur(en)	○	✗				
		✗	✗	✗	○	Teppich(e)	◉			✗	✗	✗
						Termin(e)	○					
						Territorium / …rien	○					
						Test	○					
						testen	○					
						testest	○					
						testete	○					
	✗	✗	✗		○	teuer	●			✗	✗	✗
						Teuerung	○					
					○	Teufel	○					
✗	✗	✗	✗	✗	○	Text(e)	◉	✗	✗	✗	✗	✗
						Thema / Themen	○					

Klassenstufen 1-2						Wörter	Klassenstufen 3-4					
Bay	NiSa	S	S-A	Th	LB		LB	Bay	NiSa	S	S-A	Th
✗					○	Thermometer	○	✗				
✗					○	Theater	◉	✗				
					○	ticken	○					
						Ticket(s)	○					
✗	✗	✗	✗	✗	○	tief	●	✗	✗	✗	✗	✗
						tiefer	○					
						am tiefsten	○					
✗						Tiefe	○	✗				
✗	✗	✗	✗	✗	●	Tier(e)	●	✗	✗	✗	✗	✗
					○	Tiger	○					
						Tinte	○					
						Tipp(s)	○					
						tippen	○					
						tippst	○					
						tippte	○					
	✗	✗	✗	✗	◉	Tisch(e)	◉		✗	✗	✗	✗
						Tischtennis	○					
					○	Tischtennisball/...bälle	○					
						Titel	○					
					○	toben	○					
✗	✗	✗			◉	Tochter / Töchter	◉	✗	✗	✗		
					○	Tod	○					
					○	toll	○					
						Tomate(n)	○					
					○	Ton / Töne	○					
		✗	✗	✗	○	Topf / Töpfe	○			✗	✗	✗
					○	Tor(e)	○					
			✗		○	Torte(n)	○					✗
	✗	✗	✗	✗	○	tot	●		✗	✗	✗	✗
						Tote	○					
						töten	○					
						totlachen	○					
						Tötung	○					
						Tour(en)	○					
						Tourist(in)	○					
✗	✗	✗	✗	✗	●	tragen	●	✗	✗	✗	✗	✗
					○	trägst	○					
✗	✗			✗	◉	trägt	◉	✗	✗			✗
						trugst	○					
	✗				○	trug	◉		✗			
					○	getragen	○					
						Träger	○					
						Trainer	○					
						trainieren	○					
						Training	○					
✗				✗	○	Träne(n)	○	✗				✗
						Trapez(e)	○					
	✗	✗				trauen	◉		✗	✗		

Bay	NiSa	S	S-A	Th	LB	Wörter	LB	Bay	NiSa	S	S-A	Th
						Trauer	○					
✗	✗	✗	✗	✗	○	Traum / Träume	●	✗	✗	✗	✗	✗
✗		✗	✗	✗	○	träumen	◉	✗		✗	✗	✗
					○	träumst	○					
						träumt / träumte	○					
						träumerisch	○					
						traumhaft	○					
	✗	✗	✗	✗	○	traurig	◉		✗	✗	✗	✗
						trauriger	○					
						Traurigkeit	◉					
						Trauer	○					
						trauern	○					
						Trauung	○					
✗	✗	✗	✗		◉	treffen	●	✗	✗	✗	✗	
					○	triffst	○					
✗	✗				○	trifft	◉	✗	✗			
						trafst	○					
✗	✗				○	traf	◉	✗	✗			
✗	✗					getroffen	○	✗	✗			
						Treffer	○					
						Treffpunkt	○					
					○	treiben	○					
		✗	✗		○	trennen	◉			✗	✗	
						trennst	○					
						trennt	○					
						trennte	○					
						Trennung	○					
	✗	✗	✗	✗	○	Treppe(n)	●		✗	✗	✗	✗
	✗	✗	✗	✗	○	treten	◉		✗	✗	✗	✗
						trittst	○					
	✗	✗	✗		○	tritt	◉		✗	✗	✗	
						tratst	○					
	✗					trat	○		✗			
						getreten	○					
✗					○	treu	○	✗				
						Trick(s)	○					
✗	✗	✗	✗	✗	●	trinken	●	✗	✗	✗	✗	✗
					○	trinkst	○					
	✗				○	trinkt	◉		✗			
						trankst	○					
	✗				○	trank	◉		✗			
	✗				○	getrunken	○		✗			
					○	trinke	○					
						Tritt	○					
✗	✗	✗	✗	✗	○	trocken	◉	✗	✗	✗	✗	✗
						trocknen	○					
						trocknest / trocknet	○					
						trocknete	○					

Klassenstufen 1-2						Wörter	Klassenstufen 3-4					
Bay	NiSa	S	S-A	Th	LB		LB	Bay	NiSa	S	S-A	Th
					○	Trommel(n)	○					
						tröpfeln	○					
		✗	✗	✗		tropfen	○			✗	✗	✗
		✗	✗		○	Tropfen	○			✗	✗	
						tropfnass	○					
						Trost	○					
						trösten	○					
						tröstlich	○					
						Trotz	○					
		✗	✗	✗		trotz	○			✗	✗	✗
	✗	✗	✗	✗	○	trotzdem	●		✗	✗	✗	✗
		✗	✗		○	trotzen	○			✗	✗	
						trotzig	○					
		✗	✗			trüb(e)	○			✗	✗	
						trüben	○					
						trübselig	○					
						Trübung	○					
						T-Shirt(s)	○					
		✗	✗	✗	○	Tuch / Tücher	○			✗	✗	✗
		✗	✗	✗	○	tüchtig	○			✗	✗	✗
	✗	✗			◉	tun	◉		✗	✗		
					○	tust	○					
	✗				○	tut	○		✗			
	✗				○	tat	○		✗			
	✗					getan	○		✗			
	✗	✗	✗	✗	◉	Tür(en)	◉		✗	✗	✗	✗
						Turban(e)	○					
						türkisch	○					
		✗			○	Turm / Türme				✗		
						turmhoch	○					
✗	✗	✗	✗	✗	◉	turnen	●	✗	✗	✗	✗	✗
					○	turnst	○					
					○	turnt	○					
						turnte	○					
					○	geturnt	○					
	✗	✗		✗	○	Tüte(n)	◉		✗	✗		✗
						Typ(en)	○					
						typisch	○					

2.24 Buchstabe U

Klassenstufen 1-2						Wörter	Klassenstufen 3-4					
Bay	NiSa	S	S-A	Th	LB		LB	Bay	NiSa	S	S-A	Th
✗	✗	✗	✗	✗	●	üben	●	✗	✗	✗	✗	✗
					○	übst	○					
✗				✗	○	übt	○	✗				✗
						übte	○					
					○	geübt	○					
✗	✗	✗	✗	✗	◉	über	●	✗	✗	✗	✗	✗
	✗	✗	✗	✗	○	überall	●		✗	✗	✗	✗
						überarbeiten	○					
						überarbeitet	○					
						Überfluss	○					
	✗				○	überhaupt	○		✗			
					○	überlegen	○					
						überlegt	○					
					○	überlisten	○					
						übermorgen	○					
✗						überqueren	○	✗				
						überquerst	○					
		✗	✗			überraschen	○			✗	✗	
						überraschend	○					
						Überraschung	○					
						überspringen	○					
						überspringt	○					
						üblich	○					
	✗	✗	✗	✗	○	übrig	◉		✗	✗	✗	✗
						übrig bleiben	○					
						übrig lassen	○					
						übrigens	○					
		✗	✗		○	Übung(en)	○			✗	✗	
					○	Ufer	○					
						Ufo(s)	○					
✗	✗	✗	✗	✗	●	Uhr(en)	●	✗	✗	✗	✗	✗
						Uhrzeiger	○					
						Uhrzeit	○					
						Uhu	○					
						ulkig	○					
✗	✗	✗	✗	✗	●	um	●	✗	✗	✗	✗	✗
						umgehen	○					
						umgeht / umging	○					
					○	umgraben	○					
					○	gräbt um	○					
		✗				umher	○			✗		
						umherlaufen	○					
✗						umkehren	○	✗				
						Umwelt	○					
						Umweltschutz	○					

Klassenstufen 1-2						Wörter	Klassenstufen 3-4					
Bay	NiSa	S	S-A	Th	LB		LB	Bay	NiSa	S	S-A	Th
					○	umziehen	○					
					○	ziehst um	○					
					○	zog um	○					
					○	unbedingt	○					
						unbekannt	○					
						unbequem	○					
✗	✗	✗	✗	✗	●	und	●	✗	✗	✗	✗	✗
	✗	✗	✗		○	Unfall / Unfälle	○		✗	✗	✗	
						Unfallstation	○					
						Ungarn	○					
✗	✗	✗	✗	✗	○	ungefähr	●	✗	✗	✗	✗	✗
						ungeduldig	○					
						Ungeheuer	○					
						ungerecht	○					
	✗	✗	✗		○	Unglück	○		✗	✗	✗	
						unglücklich	○					
					○	unheimlich	○					
✗	✗	✗	✗	✗	●	uns(-er, -erem, -eren)	●	✗	✗	✗	✗	✗
					○	unschuldig	○					
						Unsinn	○					
✗	✗	✗	✗	✗	◉	unten	●	✗	✗	✗	✗	✗
✗	✗	✗	✗	✗	◉	unter	●	✗	✗	✗	✗	✗
						untergehen	○					
						gehst unter	○					
						ging unter	○					
✗	✗	✗	✗	✗	○	Unterricht	●	✗	✗	✗	✗	✗
						unterrichten	○					
						Unterrichtsstunde	○					
		✗	✗			unterscheiden	○			✗	✗	
						Unterscheidung	○					
		✗	✗	✗		Unterschied	○			✗	✗	✗
						unterschiedlich	○					
						unterstützen	○					
						unterstützt	○					
						untersuchen	○					
						untersuchst	○					
						unverbesserlich	○					
						unversehens	○					
						unvorsichtig	○					
						uralt	○					
						Urgroßeltern	○					
✗	✗	✗	✗		○	Urlaub(e)	◉	✗	✗	✗	✗	
						Urlauber	○					
					○	Urteil	○					
						Urwald / Urwälder	○					
						Urzeit	○					
						urzeitlich	○					

2.25 Buchstabe V

Klassenstufen 1-2						Wörter	Klassenstufen 3-4					
Bay	NiSa	S	S-A	Th	LB		LB	Bay	NiSa	S	S-A	Th
						Vampir(e)	○					
						Vanille	○					
✗		✗	✗	✗	○	Vase(n)	◉	✗		✗	✗	✗
✗	✗	✗	✗		●	Vater / Väter	●	✗	✗	✗	✗	
				✗		Vati						✗
						Veilchen	○					
						Ventil(e)	○					
						verabschieden	○					
						verabschiedest	○					
						verachten	○					
						verächtlich	○					
						Verachtung	○					
						verändern	○					
						verändert	○					
						verantworten	○					
						verantwortest	○					
						verantwortlich	○					
						Verantwortung	○					
						verarbeiten	○					
						verarbeitest	○					
						verarzten	○					
					○	verbergen	○					
						verbessern	○					
						verbesserst	○					
						verbesserte	○					
						Verbesserung	○					
						verbiegen	○					
✗		✗	✗	✗	○	verbieten	◉	✗		✗	✗	✗
						verbietest	○					
						verbietet	○					
✗						verbot	○	✗				
	✗					verboten	○		✗			
						verbinden	○					
						verbindet	○					
						verband	○					
						verbunden	○					
						Verbot / Verbote	○					
✗						verbrauchen	○	✗				
						verbraucht	○					
✗						verbrennen		✗				
✗						verbrannte		✗				
✗						Verbrennung		✗				
						verbrühen	○					
				✗	○	Verdacht	○					✗

Klassenstufen 1-2						Wörter	Klassenstufen 3-4					
Bay	NiSa	S	S-A	Th	LB		LB	Bay	NiSa	S	S-A	Th
						verdächtigen	○					
						verdächtigst	○					
						verdächtigte	○					
					○	verdienen	○					
						verdoppeln	○					
						verdutzt	○					
✗						Verein		✗				
✗						vereinen		✗				
						verfolgen	○					
						verfolgte	○					
✗	✗	✗	✗		○	vergessen	●	✗	✗	✗	✗	
✗	✗	✗	✗		○	vergisst	◉	✗	✗	✗	✗	
✗	✗	✗	✗		○	vergaß	◉	✗	✗	✗	✗	
						vergiss	○					
					○	vergleichen	○					
						vergraben	○					
						vergräbt	○					
						verhext	○					
						verhindern	○					
						verhungern	○					
						verhungert	○					
					○	Verkäufer(in)	○					
	✗				○	verkaufen	○		✗			
						verkauft	○					
						verkaufte	○					
✗	✗	✗	✗		○	Verkehr	●	✗	✗	✗	✗	
						Verkehrsteilnehmer	○					
						verkehrt	○					
						verkleiden	○					
						verkleidet	○					
						verknacksen	○					
						verlangen	○					
						verlangst	○					
						verlangt	○					
						verlangte	○					
						verlassen	○					
						verlässt / verließ	○					
						verlegen (sein)	○					
						Verlegenheit	○					
✗		✗	✗	✗	○	verletzen	◉	✗		✗	✗	✗
	✗					verletzt	○			✗		
						verletzte	○					
✗						Verletzung	○	✗				
✗	✗	✗	✗		○	verlieren	●	✗	✗	✗	✗	
						verlierst	○					
						verliert	○					
✗						verlor	○	✗				
	✗	✗	✗			verloren	○		✗	✗	✗	

Bay	NiSa	S	S-A	Th	LB	Wörter	LB	Bay	NiSa	S	S-A	Th
						Klassenstufen 1-2 → **Wörter** → **Klassenstufen 3-4**						
					○	vermeiden	○					
						vermeidest	○					
						vermied	○					
						vermieden	○					
						Vernunft	○					
						vernünftig	○					
✗						verpacken		✗				
✗						Verpackung		✗				
						verqualmt	○					
						Verrat	○					
		✗	✗	✗	○	verraten	◉			✗	✗	✗
						verrätst	○					
						verrät	○					
						verriet	○					
						Verräter	○					
		✗	✗	✗		verreisen	○			✗	✗	✗
						verreist	○					
	✗				○	verrückt	○		✗			
						verrühren	○					
						versammeln	○					
			✗			Versammlung	○					✗
		✗	✗	✗		versäumen	○			✗	✗	✗
						Versäumnis	○					
						verschätzen	○					
						verschieden	○					
✗						verschmutzen		✗				
✗						Verschmutzung		✗				
					○	verschreiben	○					
						verschwinden	◉					
						verschwindest	○					
						verschwindet	○					
						verschwand	○					
						verschwunden	○					
						Versehen	○					
						aus Versehen	○		✗			
						versöhnen	○					
						versöhnst	○					
						versöhnte	○					
						Versöhnung	○					
✗					○	verspäten	○	✗				
					○	verständigen	○					
						Verständigung	○					
						verständlich	○					
						verstauen	○					
						Versteck(e)	○					
	✗				○	verstecken	◉		✗			
					○	versteckst	○					
						versteckt	○					

| Klassenstufen 1-2 | | | | | | Wörter | Klassenstufen 3-4 | | | | | |
Bay	NiSa	S	S-A	Th	LB		LB	Bay	NiSa	S	S-A	Th
	✗				○	verstehen	◉		✗			
					○	verstehst	○					
	✗				○	versteht	○		✗			
	✗					verstand	○		✗			
	✗					verstanden	○		✗			
						Versuch(e)	○					
✗	✗				◉	versuchen	◉	✗	✗			
					○	versuchst	○					
						versuchte	○					
						versüßen	○					
		✗	✗			verteidigen	○			✗	✗	
						Verteidigung	○					
					○	verteilen	○					
						verteilt	○					
						vertragen	○					
						verträgt	○					
						vertrug	○					
						vertrauen	○					
					○	vertreiben	○					
						verulken	○					
						Verwaltung	○					
						verwandt	○					
						Verwandte(n)	○					
						Verwandtschaft	○					
						verwandtschaftlich	○					
		✗	✗			verwechseln	○			✗	✗	
						verwechselst	○					
						verwechselte	○					
						Verwechslung(en)	○					
						verwenden	○					
					○	verwundert	○					
				✗		Verzeichnis(se)	○					✗
		✗	✗	✗		verzeihen	○			✗	✗	✗
		✗	✗			verzieh	○			✗	✗	
						verziehen	○					
						verzeihlich	○					
						Verzeihung	○					
					○	verzweifeln	○					
						Video(s)	○					
						Videorecorder	○					
		✗	✗	✗	○	Vieh	◉			✗	✗	✗
						Viehherde	○					
						Viehzucht	○					
✗	✗	✗	✗	✗	●	viel(e)	●	✗	✗	✗	✗	✗
					○	mehr	○		✗	✗	✗	
						am meisten	○					
						zu viel	○		✗			
✗	✗	✗	✗	✗	○	vielleicht	●	✗	✗	✗	✗	✗

Bay	NiSa	S	S-A	Th	LB	Wörter	LB	Bay	NiSa	S	S-A	Th
						vielmals	○					
X	X	X	X	X	●	vier	●	X	X	X	X	X
						Viereck	○					
						viereckig	○					
						vierhundert	○					
						viermal	○					
						vierzehn	○					
		X	X	X	○	vierzig	○			X	X	X
						violett	○					
X	X	X	X	X	●	Vogel / Vögel	●	X	X	X	X	X
						Vogelnest	○					
		X	X	X	○	Volk / Völker	◉			X	X	X
						Volkslied	○					
						Volkstanz	○					
						volkstümlich	○					
X	X	X	X	X	◉	voll	●	X	X	X	X	X
					○	völlig	○					
						vollständig	○	X				
X	X	X	X	X	●	vom	●	X	X	X	X	X
X	X	X	X	X	●	von	●	X	X	X	X	X
X	X	X	X	X	●	vor	●	X	X	X	X	X
	X	X	X			voran	○			X	X	X
	X	X				voraus	○			X	X	
	X	X	X		○	vorbei	◉			X	X	X
						vorbeigehen	○					
						ging vorbei	○					
						vorbereiten	○					
		X	X			Vorderrad	○			X	X	
X			X			Vorfahrt		X			X	
						vorführen	○					
						führt vor	○					
						führst vor	○					
						Vorführung(en)	○					
						vorgestern	○					
					○	Vorhang	○					
	X	X	X		○	vorher	◉			X	X	X
		X		X		vorige(-r, ...)	○				X	X
					○	vorlesen	○					
					○	liest vor	○					
					○	las vor	○					
						vorgelesen	○					
						vormachen	○					
						machst vor	○					
						macht vor	○					
	X				○	Vormittag(e)	◉		X			
	X					vormittags	○		X			
	X	X	X	X		vorn(e)	◉		X	X	X	X
						Vorname	○					

Klassenstufen 1-2						Wörter	Klassenstufen 3-4					
Bay	NiSa	S	S-A	Th	LB		LB	Bay	NiSa	S	S-A	Th
				✗		Vorrat / Vorräte	○					✗
						vorrätig	○					
						Vorschlag / Vorschläge	○					
						vorschlagen	○					
						schlägst vor	○					
						schlug vor	○					
✗	✗	✗	✗			Vorsicht	○	✗	✗	✗	✗	
✗	✗	✗	✗	✗	○	vorsichtig	●	✗	✗	✗	✗	✗
						vorsichtshalber	○					
						vorsingen	○					
						singt vor	○					
						sang vor	○					
						vorstellen	○					
						stellt vor	○					
						Vorstellung(en)	○					
		✗	✗			vorüber	○			✗	✗	
						vorwärts	○					
						Vulkan(e)	○					

2.26 Buchstabe W

Klassenstufen 1-2						Wörter	Klassenstufen 3-4					
Bay	NiSa	S	S-A	Th	LB		LB	Bay	NiSa	S	S-A	Th
		✗	✗	✗	○	Waage(n)	○			✗	✗	✗
	✗	✗				wach	○		✗	✗		
						Wache	○					
		✗			○	wachen	○			✗		
						wachst	○					
						wacht	○					
						wachte	○					
						Wachs	○					
						wachsam	○					
✗	✗	✗	✗	✗	○	wachsen	●	✗	✗	✗	✗	✗
	✗					wächst	◉		✗			
✗						wuchs	○	✗				
	✗					gewachsen	○		✗			
						wachsen	○					
						wachst	○					
						wachste	○					
						Wachstum	○					
						Wacht	○					
						Wächter	○					
					○	wackeln	○					
						wackelte	○					
						wacklig	○					
		✗	✗			Waffel(n)	○			✗	✗	
	✗	✗	✗	✗	◉	Wagen	◉		✗	✗	✗	✗
					○	wagen	○					
						Wagnis	○					
✗		✗	✗	✗		Wahl(en)	○	✗		✗	✗	
✗	✗	✗	✗	✗	○	wählen	◉	✗	✗	✗	✗	✗
						wählst	○					
						wählte	○					
						Wähler	○					
	✗	✗	✗	✗	○	wahr	●		✗	✗	✗	✗
✗	✗	✗	✗	✗		während	◉	✗	✗	✗	✗	✗
						währenddessen	○					
	✗	✗	✗	✗		Wahrheit(en)	○		✗	✗	✗	✗
	✗				○	wahrscheinlich	○		✗			
						Wahrzeichen	○					
						Waise	○					
						Waisenkind	○					
					○	Wal(e)	○					
✗	✗	✗	✗	✗	●	Wald / Wälder	●	✗	✗	✗	✗	✗
						waldig	○					
						Waldmännchen	○					
						Walkman	○					
	✗	✗	✗		○	Wand / Wände	◉		✗	✗	✗	

| Klassenstufen 1-2 | | | | | | Wörter | Klassenstufen 3-4 | | | | | |
Bay	NiSa	S	S-A	Th	LB		LB	Bay	NiSa	S	S-A	Th
					○	Wanderer	○					
	X	X	X			wandern	◉		X	X	X	
						wanderst	○					
						wandert	○					
						wanderte	○					
						Wandertag	○					
						Wanderung(en)	○					
X	X	X	X		◉	wann	●	X	X	X	X	
	X	X				Wanne	○			X	X	
						Ware	○					
X	X	X	X	X	◉	warm	◉	X	X	X	X	X
						wärmer	○					
						am wärmsten	○					
X					○	Wärme	○	X				
						wärmen	○					
					○	warnen	○					
						Warnung	○					
X		X	X	X	●	warten	●	X		X	X	X
					○	wartest	○					
					○	wartet	○					
						gewartet	○					
X	X			X	◉	warum	◉	X	X			X
X	X	X	X	X	●	was	●	X	X	X	X	X
					○	Waschbecken	○					
					○	Wäsche	○					
X	X	X	X	X	◉	waschen	●	X	X	X	X	X
					○	wäschst	○					
X	X			X	○	wäscht	◉	X	X			X
					○	wusch	○					
						gewaschen	○					
X	X	X	X	X	●	Wasser	●	X	X	X	X	X
						wässrig	○					
						weben	○					
						Weber(in)	○					
						Wechsel	○					
						Wechselgeld	○					
X		X	X	X		wechseln	◉	X		X	X	X
						wechselst	○					
						wechselte	○					
		X	X	X	○	wecken	○			X	X	X
						weckst	○					
X					○	Wecker	○	X				
				X		weder	○					X
X	X	X	X	X	●	Weg(e)	●	X	X	X	X	X
	X				○	weg	◉		X			
						wegbringen	○					
	X	X		X		wegen	◉		X	X		X

	Klassenstufen 1-2					Wörter		Klassenstufen 3-4				
Bay	NiSa	S	S-A	Th	LB		LB	Bay	NiSa	S	S-A	Th
						weglaufen	○					
						läuft weg	○					
	✗	✗	✗			wegnehmen	○		✗	✗	✗	
						wegrennen	○					
						rennt weg	○					
					○	Wegweiser	○					
		✗	✗			wegwerfen	○			✗	✗	
		✗	✗		○	weh	○			✗	✗	
		✗	✗			wehen	○			✗	✗	
						weht	○					
		✗	✗			wehren	◉			✗	✗	
						wehrte	○					
						wehrlos	○					
						wehtun	○					
						tat weh	○					
						wehgetan	○					
	✗	✗	✗	✗	◉	weich	◉		✗	✗	✗	✗
						weicher	○					
✗	✗	✗	✗	✗	◉	Weihnachten	●	✗	✗	✗	✗	✗
					○	Weihnachtsbaum	○					
						Weihnachtszeit	○					
✗	✗	✗	✗		◉	weil	●	✗	✗	✗	✗	
						Weile	○					
	✗				○	*eine Weile*	○		✗			
					○	Wein	○					
	✗	✗	✗	✗	◉	weinen	◉		✗	✗	✗	✗
					○	weinst	○					
		✗	✗			weisen	○			✗	✗	
						weist	○					
						wies	○					
✗	✗	✗	✗		●	weiß	●	✗	✗	✗	✗	
✗	✗	✗	✗	✗	●	weit	●	✗	✗	✗	✗	✗
✗		✗			◉	weiter	◉	✗		✗		
						am weitesten	○					
						Weite	○					
					○	weiterfahren	○					
						fährst weiter	○					
						fuhr weiter	○					
						weitergeben	○					
	✗					weitergehen	○		✗			
✗	✗	✗	✗	✗	○	welche(-r,-s)	◉	✗	✗	✗	✗	✗
		✗	✗			Welle(n)	○			✗	✗	
						Wellblech	○					
	✗	✗	✗	✗	○	Welt(en)	◉		✗	✗	✗	✗
						Weltall	○					
						Weltmeister	○					
✗	✗	✗	✗		○	wem	◉	✗	✗	✗	✗	
✗	✗	✗	✗		◉	wen	◉	✗	✗	✗	✗	

Bay	NiSa	S	S-A	Th	LB	Wörter	LB	Bay	NiSa	S	S-A	Th
		✗				wenden	○			✗		
						wendest	○					
						wendete	○					
						wandte	○					
						gewendet	○					
						Wendung	○					
✗	✗	✗	✗		◉	wenig(e)	●	✗	✗	✗	✗	
						weniger	○					
						zu wenig	○					
	✗				◉	wenigstens	○		✗			
✗	✗	✗	✗	✗	◉	wenn	●	✗	✗	✗	✗	✗
✗	✗	✗	✗	✗	●	wer	●	✗	✗	✗	✗	✗
						werben	○					
						wirbt	○					
						warb	○					
						Werbung	○					
✗	✗	✗	✗	✗	●	werden	●	✗	✗	✗	✗	✗
	✗				○	wirst	◉		✗			
✗	✗	✗	✗	✗	◉	wird	◉	✗	✗	✗	✗	✗
	✗				○	wurde	◉		✗			
	✗					geworden	○		✗			
	✗	✗	✗		◉	werfen	●		✗	✗	✗	
	✗				○	wirfst	○		✗			
	✗				○	wirft	○		✗			
						warfst	○					
	✗				○	warf	○		✗			
	✗					geworfen	○		✗			
		✗	✗			Werk(e)	○			✗	✗	
						Werken	○					
						werken	○					
						Werkstatt/…stätten	○					
						Werkstoff	○					
						Werkstück	○					
					○	Werkzeug(e)	○					
						wert	○					
				✗		Wert						✗
						werten	○					
						Wertung	○					
					○	wertvoll	○					
		✗	✗			wessen	○				✗	✗
						Weste(n)	○					
				✗		Westen	○					✗
						Wettbewerb	○					
		✗	✗		○	Wette(n)	○				✗	✗
						wetten	○				✗	✗
✗	✗	✗	✗	✗	◉	Wetter	●	✗	✗	✗	✗	✗
						Wetterregel	○					
						Wettkampf	○					

Klassenstufen 1-2						Wörter	Klassenstufen 3-4					
Bay	NiSa	S	S-A	Th	LB		LB	Bay	NiSa	S	S-A	Th
✗	✗	✗	✗		○	wichtig	●	✗	✗	✗	✗	
						wichtiger	○					
						am wichtigsten	○					
						Wichtigkeit	○					
		✗	✗			wider				✗	✗	
						Widerhaken	○					
						widerlegen	○					
						widerlich	○					
						widerspenstig	○					
						widersprechen	○					
						widersprach	○					
						widersprochen	○					
						Widerstand	○					
						widerstehen	○					
						widerstand	○					
						widerstanden	○					
						widerwillig	○					
✗	✗	✗	✗	✗	●	wie	●	✗	✗	✗	✗	✗
✗	✗	✗	✗	✗	●	wieder	●	✗	✗	✗	✗	✗
						wiederholen	○					
						Wiedersehen	○					
						auf Wiedersehen	○		✗			
✗		✗	✗			wiegen	◉	✗		✗	✗	
						wiegst	○					
						wiegt	○					
✗						wog	○	✗				
						gewogen	○					
✗	✗	✗	✗	✗	●	Wiese(n)	●	✗	✗	✗	✗	✗
						wieso	○					
						wie viel	○					
✗	✗	✗	✗		○	wild(e)	◉	✗	✗	✗	✗	
						wilder	○					
						Wildnis	○					
						Wildschwein(e)	○					
						willkommen	○					
✗	✗	✗	✗		●	Wind(e)	●	✗	✗	✗	✗	
						windig	○					
					○	Windrad	○					
						Wink	○					
						Winkel	○					
						winken	○					
						winkt	○					
						winkte	○					
						gewinkt	○					
✗	✗	✗	✗	✗	●	Winter	●	✗	✗	✗	✗	✗
						winterlich	○					
						Winterschlaf	○					
						winzig	○					

Klassenstufen 1-2						Wörter	Klassenstufen 3-4					
Bay	NiSa	S	S-A	Th	LB		LB	Bay	NiSa	S	S-A	Th
✗	✗	✗	✗	✗	●	wir	●	✗	✗	✗	✗	✗
		✗			◉	wirken	◉			✗		
	✗	✗	✗	✗	○	wirklich	◉		✗	✗	✗	✗
						Wirklichkeit	○					
						wirksam	○					
						Wirkung	○					
		✗	✗			wischen	○			✗	✗	
						wischst	○					
						wischt	○					
						wispern	○					
						wisperst	○					
						Wissen	○					
✗	✗	✗	✗	✗	◉	wissen	●	✗	✗	✗	✗	✗
					○	weißt	○					
✗	✗	✗	✗		○	weiß	◉	✗	✗	✗	✗	
✗	✗	✗	✗		○	wusste	◉	✗	✗	✗	✗	
	✗					gewusst	○		✗			
						wittern	○					
						wittert	○					
						witterte	○					
						wittere	○					
						Witterung	○					
					○	Witz(e)	○					
						witzig	○					
✗	✗	✗	✗	✗	●	wo	●	✗	✗	✗	✗	✗
✗	✗	✗	✗	✗	●	Woche(n)	●	✗	✗	✗	✗	✗
					○	Wochentag	○					
						wohin	○					
						Wohl	○					
	✗	✗	✗	✗	○	wohl	○		✗	✗	✗	✗
						wohlauf	○					
						wohlgemeint	○					
						wohlig	○					
						Wohltat	○					
✗	✗	✗	✗	✗	◉	wohnen	●	✗	✗	✗	✗	✗
					○	wohnst	○					
					○	wohnt	○					
						wohnte	○					
	✗	✗	✗	✗	◉	Wohnung(en)	●		✗	✗	✗	✗
					○	Wolf / Wölfe	○					
	✗	✗	✗	✗	◉	Wolke(n)	●		✗	✗	✗	✗
						wolkig	○					
		✗	✗		○	Wolle				✗	✗	
✗	✗	✗	✗	✗	●	wollen	●	✗	✗	✗	✗	✗
	✗				○	willst	◉		✗			
✗	✗	✗	✗	✗	◉	will	◉	✗	✗	✗	✗	✗
					○	wollte	◉		✗			
						gewollt	○					

Klassenstufen 1-2						Wörter	Klassenstufen 3-4					
Bay	NiSa	S	S-A	Th	LB		LB	Bay	NiSa	S	S-A	Th
						wollig	○					
						womit	○					
✗	✗	✗	✗	✗	●	Wort / Wörter	●	✗	✗	✗	✗	✗
						Worte	○					
						Wuchs	○					
				✗		wühlen	○					✗
						wühlst	○					
						wühlt	○					
				✗		wund	○					✗
				✗	○	Wunde(n)	○					✗
						wunderbar	○					
				✗	○	Wunsch / Wünsche	○					✗
✗	✗	✗	✗	✗	●	wünschen	●	✗	✗	✗	✗	✗
					○	wünschst	○					
					○	wünscht	○					
					○	Wurf / Würfe	○					
	✗	✗	✗		○	Würfel	◉			✗	✗	✗
						würfeln	○					
						würfelte	○					
						Wurm / Würmer	○					
	✗	✗	✗	✗	○	Wurst / Würste	●		✗	✗	✗	✗
						Würstchen	○					
✗		✗	✗	✗	○	Wurzel(n)	◉	✗		✗	✗	✗
						Wüste(n)	○					
	✗	✗	✗			Wut	◉		✗	✗	✗	
						wüten	○					
	✗	✗	✗		○	wütend	◉		✗	✗	✗	
						wütender	○					
						Wurm / Würmer	○					
	✗	✗	✗	✗	○	Wurst / Würste	●		✗	✗	✗	✗
						Würstchen	○					
✗		✗	✗	✗	○	Wurzel(n)	◉	✗		✗	✗	✗
						Wüste(n)	○					
	✗	✗	✗			Wut	◉		✗	✗	✗	
						wüten	○					
	✗	✗	✗		○	wütend	◉		✗	✗	✗	
						wütender	○					

2.27 Buchstabe X

Klassenstufen 1-2						Wörter	Klassenstufen 3-4					
Bay	NiSa	S	S-A	Th	LB		LB	Bay	NiSa	S	S-A	Th
					○	Xenia	○					
						X-Beine	○					
						x-beliebig	○					
						x-mal	○					
					○	Xylophon	○					

2.28 Buchstabe Y

Klassenstufen 1-2						Wörter	Klassenstufen 3-4					
Bay	NiSa	S	S-A	Th	LB		LB	Bay	NiSa	S	S-A	Th
						Yacht	○					
						Yeti	○					
						Yoga	○					
					○	Ypsilon	○					
					○	Yvonne	○					

2.29 Buchstabe Z

Klassenstufen 1-2						Wörter	Klassenstufen 3-4					
Bay	NiSa	S	S-A	Th	LB		LB	Bay	NiSa	S	S-A	Th
					○	Zacke(n)	○					
		✗	✗	✗		zäh	○			✗	✗	✗
✗	✗	✗	✗	✗	◉	Zahl(en)	●	✗	✗	✗	✗	✗
✗	✗	✗	✗	✗	◉	zählen	◉	✗	✗	✗	✗	✗
					○	zählst	○					
					○	zählt	○					
						zählte	○					
					○	gezählt	○					
	✗			✗	○	zahlen	◉		✗			✗
						zahlt	○					
						zahlte	○					
						zahm	○					
						zähmen	○					
						Zähmung	○					
✗	✗			✗	◉	Zahn / Zähne	●	✗	✗			✗
					○	Zange(n)	○					
						Zank	○					
	✗	✗	✗			zanken	○		✗	✗	✗	
	✗					gezankt	○		✗			
						zänkisch	○					
						Zapfen	○					

| Klassenstufen 1-2 | | | | | | Wörter | Klassenstufen 3-4 | | | | | |
Bay	NiSa	S	S-A	Th	LB		LB	Bay	NiSa	S	S-A	Th
					○	zappeln	○					
						zappelt	○					
						zappelte	○					
						zapplig	○					
						Zauber	○					
					○	Zauberer	○					
						zauberhaft	○					
	✗	✗	✗			zaubern	◉		✗	✗	✗	
						zauberst	○					
						zaubert	○					
					○	Zaun / Zäune	○					
					○	Zebrastreifen	○					
✗					○	Zehe(n)	○	✗				
						Zehn	○					
✗	✗	✗	✗	✗	●	zehn	●	✗	✗	✗	✗	✗
						zehnfach	○					
						zehnmal	○					
						zehntausend	○					
		✗	✗		○	Zeichen	◉			✗	✗	
						Zeichenblock	○					
✗	✗	✗	✗	✗	○	zeichnen	◉	✗	✗	✗	✗	✗
					○	zeichnest	○					
					○	zeichnet	○					
						zeichnete	○					
						Zeichner	○					
						Zeichnung	○					
✗	✗	✗	✗	✗	◉	zeigen	●	✗	✗	✗	✗	✗
						zeigst	○					
✗	✗				◉	zeigt	◉	✗	✗			
						zeigte	○					
	✗					gezeigt	○		✗			
						zeige	○					
						Zeiger	○					
						Zeile(n)	○					
✗	✗	✗	✗	✗	◉	Zeit(en)	●	✗	✗	✗	✗	✗
						Zeitschrift(en)	○					
✗	✗	✗	✗	✗	○	Zeitung(en)	◉	✗	✗	✗	✗	✗
	✗				○	Zelt(e)	◉			✗		
						zelten	○					
						Zentimeter	○					
				✗		Zentner	○					✗
						Zentrum	○					
	✗				○	zerbrechen	○		✗			
						zerbrach	○					
						zerbrochen	○					

Klassenstufen 1-2						Wörter	Klassenstufen 3-4					
Bay	NiSa	S	S-A	Th	LB		LB	Bay	NiSa	S	S-A	Th
	✗				○	zerreißen	○		✗			
						zerreißt	○					
						zerriss	○					
						zerrissen	○					
					○	zerren	○					
					○	zerschlitzen	○					
	✗	✗	✗		○	Zettel	◉		✗	✗	✗	
✗	✗			✗		Zeugnis(se)	◉	✗	✗			✗
					○	Ziege(n)	○					
✗	✗	✗	✗	✗	◉	ziehen	●	✗	✗	✗	✗	✗
					○	ziehst	○					
	✗				○	zieht	◉		✗			
✗	✗	✗	✗		○	zog	◉	✗	✗	✗	✗	
	✗					gezogen	◉		✗			
✗	✗	✗	✗		○	Ziel(e)	●	✗	✗	✗	✗	
✗		✗	✗			zielen	○	✗		✗	✗	
						zielst	○					
	✗			✗	○	ziemlich	◉		✗			✗
						zieren	○					
		✗	✗	✗		zierlich	○			✗	✗	✗
						Zigarette	○					
✗	✗	✗	✗	✗	◉	Zimmer	●	✗	✗	✗	✗	✗
						Zipfel	○					
						Zipfelmütze	○					
						zipflig	○					
		✗	✗			Zirkel	○				✗	✗
					○	Zirkus(se)	○					
		✗	✗			zischen	○				✗	✗
						Zitrone(n)	○					
		✗	✗		○	zittern	◉				✗	✗
						zitterst	○					
						zittert	○					
						zitterte	○					
						zittrig	○					
	✗	✗	✗	✗	○	Zoo(s)	◉		✗	✗	✗	✗
				✗		Zopf	○					✗
					○	Zorn	○					
✗	✗	✗	✗	✗	●	zu(-r, -m, …)	●	✗	✗	✗	✗	✗
	✗					zu Ende	○		✗			
	✗					zu essen	○		✗			
	✗				○	zu Hause	○		✗			
	✗				○	zu viel	○		✗			
					○	zu wenig	○					
						zu zweit	○					
						Zucht	○					
						züchten	○					
						Züchter	○					
✗		✗	✗		○	Zucker	●	✗	✗	✗	✗	

Klassenstufen 1-2						Wörter	Klassenstufen 3-4					
Bay	NiSa	S	S-A	Th	LB		LB	Bay	NiSa	S	S-A	Th
						zuckrig	○					
	✗	✗	✗		○	zuerst	●		✗	✗	✗	
	✗				○	zufrieden	○		✗			
	✗	✗	✗		◉	Zug / Züge	●		✗	✗	✗	
						Zügel	○					
					○	zuhören	○					
					○	hörst zu	○					
✗						Zukunft	○	✗				
✗						zukünftig	○	✗				
✗	✗	✗	✗	✗	○	zuletzt	◉	✗	✗	✗	✗	✗
	✗					zumachen	○		✗			
						zünden	○					
						zündet	○					
				✗	○	Zunge(n)	◉					✗
				✗		zupfen	○					✗
						zurechtfinden	○					
✗		✗	✗	✗	○	zurück	●	✗		✗	✗	✗
						zurückbleiben	○					
						zurückfahren	○					
						zurückgeben	○		✗			
						zurückgehen	○					
						geht zurück	○					
						zurücklassen	○					
						lässt zurück	○					
						ließ zurück	○					
						zurückkommen	○					
						kam zurück	○					
						zurückgekommen	○					
✗		✗	✗	✗	◉	zusammen	●	✗		✗	✗	✗
						zuschauen	○					
						schaut zu	○					
						Zuschauer	○					
						zuschlagen	○					
						zusehen	○					
						zuverlässig	○					
						Zwang	○					
						Zwanzig	○					
	✗			✗		zwanzig	○			✗		✗
						zwanzigfach	○					
						zwanzigmal	○					
	✗	✗				zwar	○		✗	✗		
		✗	✗	✗		Zweck(e)	◉			✗	✗	✗
						zwecklos	○					
					○	zweckmäßig	○					
✗	✗	✗	✗	✗	●	zwei	●	✗	✗	✗	✗	✗
						zu zweit	○					
						Zweifel	○					
						zweifeln	○					

Klassenstufen 1-2						Wörter	Klassenstufen 3-4					
Bay	NiSa	S	S-A	Th	LB		LB	Bay	NiSa	S	S-A	Th
		✗	✗	✗	○	Zweig(e)	○			✗	✗	✗
						zweihundert	○					
						zweimal	○					
						zweitausend	○					
						Zweite / Zweiten	○					
						Zwerg(e)	○					
✗				✗	○	Zwiebel(n)	○	✗				✗
					○	Zwilling(e)	○					
						Zwinge / Zwinger	○					
		✗	✗			zwingen	○			✗	✗	
						zwingst	○					
						zwang	○					
						gezwungen	○					
						zwingend	○					
	✗	✗	✗	✗	○	zwischen	●		✗	✗	✗	✗
✗	✗	✗	✗	✗	◉	zwölf	◉	✗	✗	✗	✗	✗
						zwölffach	○					
						zwölfmal	○					
						zwölftausend	○					
						zwölftens	○					
					○	Zylinder	○					

3 Themenlisten

3.1 Wörter mit ch

3.1.1 ch nach Konsonanten

Klassenstufen 1-2						Wörter	Klassenstufen 3-4					
Bay	NiSa	S	S-A	Th	LB		LB	Bay	NiSa	S	S-A	Th
	✗					dadurch	○		✗			
✗	✗	✗	✗			durch	●	✗	✗	✗	✗	
						durcheinander	○					
		✗	✗	✗		Furcht	○			✗	✗	✗
	✗					furchtbar	○		✗			
	✗	✗	✗	✗	○	fürchten	●		✗	✗	✗	✗
						fürchtest	○					
	✗				○	fürchterlich	○		✗			
						furchtlos	○					
						furchtsam	○					
						[horchen]	○					
						horchst	○					
						horchte	○					
						kirchlich	○					
	✗	✗	✗	✗	○	manchmal	●		✗	✗	✗	✗
	✗	✗	✗	✗	◉	Milch	◉		✗	✗	✗	✗
						Storch / Störche	○					

3.1.2 ch am Silbenanfang

Klassenstufen 1-2						Wörter	Klassenstufen 3-4					
Bay	NiSa	S	S-A	Th	LB		LB	Bay	NiSa	S	S-A	Th
✗	✗			✗	○	bisschen	●	✗	✗			✗
						Brettchen						
✗					◉	Brötchen	○	✗				
					○	Eichhörnchen	○					
						Füßchen	○					
						Gänseblümchen	○					
						Gässchen	○					
						Gruselmärchen	○					
						Gummibärchen	○					
						Häkchen	○					
						horchen	○					
						Horcher	○					
	✗			✗	○	Kirche(n)	◉		✗			✗
						Küsschen	○					
						Lärche	○					
						Lehrmädchen	○					
						Lerche	○					
✗	✗	✗	✗	✗	●	Mädchen	●	✗	✗	✗	✗	✗
					○	Maiglöckchen	○					
	✗	✗	✗	✗		manche(-r, …)	○		✗	✗	✗	✗
				✗	○	Märchen	○					✗
					○	Meerschweinchen	○					
✗		✗	✗	✗	○	Päckchen	◉	✗		✗	✗	✗
						Pärchen	○					
	✗	✗				solche(…r)	○		✗	✗		
						Veilchen	○					
						Waldmännchen	○					
✗	✗	✗	✗	✗	○	welche(-r,-s)	◉	✗	✗	✗	✗	✗
						Würstchen	○					

3.1.3 ch nach hellen Vokalen

| Klassenstufen 1-2 | | | | | | Wörter | Klassenstufen 3-4 | | | | | |
Bay	NiSa	S	S-A	Th	LB		LB	Bay	NiSa	S	S-A	Th
						abendlich	○					
						Absicht	○					
	✗					absichtlich	○		✗			
						Abzeichen	○					
✗	✗	✗	✗	✗	○	ähnlich	◉	✗	✗	✗	✗	✗
						Ähnlichkeit	○					
	✗					allmählich	○		✗			
✗	✗	✗	✗	✗	○	ängstlich	◉	✗	✗	✗	✗	✗
						ängstlicher	○					
						appetitlich	○					
	✗		✗			ärgerlich	○		✗		✗	
						ärgerlicher	○					
						ärztlich	○					
						ausbrechen	○					
						brichst aus	○					
					○	ausgerechnet	○					
	✗				◉	[Bach] / Bäche	◉		✗			
✗	✗				◉	[Bauch] / Bäuche	◉	✗	✗			
					○	Becher	○					
						bedrohlich	○					
						Bequemlichkeit	○					
	✗	✗	✗			Bericht	○		✗	✗	✗	
	✗	✗	✗	✗	○	berichten	◉		✗	✗	✗	✗
						berichtete	○					
	✗	✗	✗	✗		Berichtigung(en)	○		✗	✗	✗	✗
						beruflich	○					
		✗	✗			besichtigen	○			✗	✗	
						Besichtigung	○					
						beweglich	○					
						bezeichnen	○					
						Bezeichnung	○					
						bitterlich	○					
	✗				○	brechen	◉		✗			
	✗					bricht	○		✗			
						brieflich	○					
✗	✗	✗	✗	✗	●	[Buch] / Bücher	●	✗	✗	✗	✗	✗
						Bücherei(en)	○					
	✗	✗	✗		○	[Dach] / Dächer	◉		✗	✗	✗	
✗	✗	✗	✗	✗	○	deutlich	◉	✗	✗	✗	✗	✗
✗	✗	✗	✗	✗	◉	dich	◉	✗	✗	✗	✗	✗
		✗	✗		○	dicht	◉			✗	✗	
						Dickicht	○					
						dienstlich	○					
						Echo	○					
	✗				○	echt	◉		✗			
✗	✗	✗	✗	✗		ehrlich	◉	✗	✗	✗	✗	✗

Klassenstufen 1-2						Wörter	Klassenstufen 3-4					
Bay	NiSa	S	S-A	Th	LB		LB	Bay	NiSa	S	S-A	Th
						Ehrlichkeit	○					
					○	Eichhörnchen	○					
						eifersüchtig	○					
✗	✗	✗		✗	○	eigentlich	●	✗	✗	✗		✗
					○	Einbrecher	○					
						Eisbecher	○					
✗						empfindlich	○	✗				
	✗	✗	✗	✗	○	endlich	◉		✗	✗	✗	✗
						Enterich	○					
						entsetzlich	○					
						entzweibrechen	○					
						erleuchten	○					
						erleuchtet	○					
						erreichen	○					
						erreichte	○					
✗	✗	✗	✗	✗	◉	euch	●	✗	✗	✗	✗	✗
						[Fach] / Fächer	○					
						feierlich	○					
						feindlich	○					
						festlich	○					
✗		✗	✗	✗	○	feucht	◉	✗		✗	✗	✗
✗						Feuchtigkeit	○	✗				
✗						Fichte		✗				
	✗	✗				Fläche(n)	○			✗	✗	
						flüchtig	○					
						Flüchtigkeitsfehler	○					
						Flüchtling	○					
						Frankreich	○					
	✗	✗	✗		○	frech	○		✗	✗	✗	
						Frechheit	○					
	✗	✗	✗	✗	○	freundlich	◉		✗	✗	✗	✗
						freundlicher	○					
✗	✗				○	friedlich	○	✗	✗			
✗	✗	✗	✗	✗	○	fröhlich	●	✗	✗	✗	✗	✗
						fröhlicher	○					
✗						Fröhlichkeit		✗				
✗					○	[Frucht] / Früchte	○	✗				
	✗	✗	✗	✗		gar nicht(s)	◉		✗	✗	✗	✗
						gastlich	○					
					○	Gedicht(e)	○					
✗	✗	✗	✗	✗	○	gefährlich	◉	✗	✗	✗	✗	✗
						gemeinschaftlich	○					
	✗					gemütlich	○		✗			
						gerecht	○					
						gerechter	○					
						Gerechtigkeit	○					
						Gericht	○					
						geschäftlich	○					

Klassenstufen 1-2						Wörter	Klassenstufen 3-4					
Bay	NiSa	S	S-A	Th	LB		LB	Bay	NiSa	S	S-A	Th
						geschäftstüchtig	○					
	✗			✗	○	Geschichte(n)	◉		✗			✗
						gesetzlich	○					
✗	✗	✗	✗	✗	◉	Gesicht(er)	●	✗	✗	✗	✗	✗
	✗	✗	✗	✗	◉	gleich	◉		✗	✗	✗	✗
						gleichermaßen	○					
						Gleichnis	○					
					○	gleichzeitig	○					
✗	✗	✗	✗	✗	○	glücklich	◉	✗	✗	✗	✗	✗
						glücklicher	○					
						Griechenland	○					
						gründlich	○					
					○	hässlich	○					
						heimlich	○					
						heimlich	○					
	✗	✗	✗	✗	○	herrlich	○		✗	✗	✗	✗
						herzlich	○					
						herzlicher	○					
	✗					*herzliche Grüße*	○		✗			
	✗	✗	✗	✗	●	[hoch]	●		✗	✗	✗	✗
	✗					am höchsten	◉		✗			
✗	✗	✗	✗	✗	○	hoffentlich	◉	✗	✗	✗	✗	✗
	✗	✗	✗			höflich	◉			✗	✗	✗
						Höflichkeit	○					
✗	✗	✗	✗	✗	●	ich	●	✗	✗	✗	✗	✗
						irrtümlich	○					
						jährlich	○					
						jämmerlich	○					
✗						jugendlich	○	✗				
						Jugendliche	○					
						keuchen	○					
						kichern	○					✗
						kirchlich	○					
						klammheimlich	○					
						Knöchel	○					
						kränklich	○					
✗	✗	✗	✗	✗	○	kriechen	●	✗	✗	✗	✗	✗
						kriechst	○					
	✗	✗	✗	✗	◉	Küche(n)	●		✗	✗	✗	✗
					○	lächeln	○					
						Lächeln	○					
						ländlich	○					
✗	✗	✗	✗	✗	◉	leicht	●	✗	✗	✗	✗	✗
						leichter	○					
						am leichtesten	○					
✗		✗	✗		○	leuchten	◉	✗		✗	✗	
						Leuchter	○					
✗	✗	✗	✗		◉	Licht(er)	●	✗	✗	✗	✗	

Klassenstufen 1-2						Wörter		Klassenstufen 3-4				
Bay	NiSa	S	S-A	Th	LB		LB	Bay	NiSa	S	S-A	Th
					○	lieblich	○					
						löchrig	○					
						mächtig	○					
						Märzenbecher	○					
						meisterlich	○					
						menschlich	○					
✗	✗	✗	✗	✗	●	mich	◉	✗	✗	✗	✗	✗
		✗	✗		○	möchten	○			✗	✗	
						möchtest	○					
	✗	✗	✗		○	möchte	○		✗	✗	✗	
	✗	✗				möglich	○		✗	✗		
						möglicherweise	○					
						Möglichkeit	○					
						möglichst	○					
						monatlich	○					
						mondsüchtig	○					
						mütterlich	○					
						nachbarschaftlich	○					
						Nächste	○					
	✗	✗	✗	✗	○	nächste(-r, …)	◉		✗	✗	✗	✗
	✗				○	*am nächsten*	○		✗			
✗	✗	✗	✗	✗	◉	[Nacht] / Nächte	●	✗	✗	✗	✗	✗
✗	✗	✗	✗	✗	◉	[nah(e)]	●	✗	✗	✗	✗	✗
					○	*am nächsten*	○					
					○	*nächster*	○					
	✗			✗	○	nämlich	●		✗			✗
✗	✗				○	natürlich	◉	✗	✗			
					○	neulich	○					
						Nichte	○					
✗	✗	✗	✗	✗	●	nicht	●	✗	✗	✗	✗	✗
✗	✗		✗	✗	◉	nichts	●	✗	✗	✗	✗	✗
				✗	○	niedlich	○					✗
✗		✗	✗	✗	○	nützlich	○	✗		✗	✗	✗
		✗	✗	✗	○	ordentlich	○			✗	✗	✗
						österlich	○					
					○	Pech	○					
						pechschwarz	○					
						persönlich	○					
				✗	○	Pfirsich(e)	○					✗
	✗	✗	✗		○	Pflicht(en)	○			✗	✗	✗
						Pflichtgefühl	○					
✗	✗	✗	✗	✗	●	plötzlich	●	✗	✗	✗	✗	✗
	✗	✗	✗		○	pünktlich	○			✗	✗	✗
✗	✗	✗	✗	✗	●	rechnen	●	✗	✗	✗	✗	✗
					○	rechnest	○					
					○	rechnet	○					
						rechnete	○					
						Rechnung	○					

Bay	NiSa	S	S-A	Th	LB	Wörter	LB	Bay	NiSa	S	S-A	Th
								Klassenstufen 1-2 → **Klassenstufen 3-4**				

Klassenstufen 1-2						Wörter	Klassenstufen 3-4					
Bay	NiSa	S	S-A	Th	LB		LB	Bay	NiSa	S	S-A	Th
						Recht(e)	○					
	✗	✗	✗		○	rechte(r…)	○			✗	✗	✗
						Rechteck	○					
✗	✗	✗	✗	✗	○	rechts	●	✗	✗	✗	✗	✗
					○	rechtzeitig	○					
✗	✗	✗		✗	◉	reich	◉	✗	✗	✗		✗
	✗	✗			○	reichen	○			✗	✗	
						reichlich	○					
						Reiche	○					
						Reichtum	○					
						Richter	○					
						Richterin(nen)	○					
✗	✗	✗	✗	✗	○	richtig	●	✗	✗	✗	✗	✗
						Richtung(en)	○					
✗	✗	✗	✗		○	riechen	◉	✗	✗	✗	✗	
						riechst	○					
						Rücksicht	○					
						rücksichtsvoll	○					
						rundlich	○					
						säuerlich	○					
	✗	✗	✗			schädlich	○			✗	✗	✗
						schalldicht	○					
	✗	✗				Schicht(en)	○			✗	✗	
						schichten	○					
						Schiedsrichter	○					
						[Schlauch]/Schläuche	○					
	✗	✗	✗		○	schlecht	●			✗	✗	✗
						schlechter	○					
						am schlechtesten	○					
	✗	✗			○	schleichen	◉				✗	✗
						schleichst	○					
						schleicht	○					
						schlich / geschlichen	○					
✗	✗			✗	○	schrecklich	◉	✗	✗			✗
						schrecklicher	○					
						schüchtern	○					
	✗					[schwach]	◉		✗			
						schwächer	○					
						am schwächsten	○					
		✗	✗			sechzehn	○				✗	✗
		✗	✗	✗		sechzig	○				✗	✗	✗
✗	✗	✗	✗		◉	sich	●	✗	✗	✗	✗	
	✗	✗	✗	✗	○	sicher	◉		✗	✗	✗	✗
						sicherer	○					
						am sichersten	○					
						Sicherheit	○					
						sicherlich	○					
						sichern	○					

Klassenstufen 1-2						Wörter	Klassenstufen 3-4					
Bay	NiSa	S	S-A	Th	LB		LB	Bay	NiSa	S	S-A	Th
		✗	✗			Sicht	○			✗	✗	
						sichtbar	○					
						sichten	○					
						siegessicher	○					
						siegreich	○					
						sommerlich	○					
						Specht(e)	○					
						sportlich	○					
	✗	✗	✗	✗	◉	sprechen	●		✗	✗	✗	✗
					○	sprichst	○					
	✗				○	spricht	◉		✗			
						sprecht / sprich	○					
						Sprecher	○					
						staatlich	○					
		✗	✗			stechen	○			✗	✗	
		✗	✗			Stich(e)	○			✗	✗	
						sticheln	○					
						Stichwort	○					
						sträflich	○					
✗		✗	✗		○	[Strauch] / Sträucher	○	✗		✗	✗	
				✗	○	Streich(e)	○					✗
				✗	○	streicheln	◉					✗
					○	streichelst	○					
		✗	✗			streichen	○			✗	✗	
						strich	○			✗	✗	
					○	Streichholz	○					
						streitsüchtig	○					
		✗	✗		○	Strich(e)	○			✗	✗	
						stricheln	○					
					○	täglich	○					
					○	tatsächlich	○					
						tauglich	○					
						Taugenichts	○					
✗						Technik	○	✗				
						Techniker(in)	○					
						technisch	○					
		✗	✗			Teich(e)	○			✗	✗	
		✗	✗	✗	○	Teppich(e)	◉			✗	✗	✗
✗	✗	✗			◉	[Tochter] / Töchter	◉	✗	✗	✗		
						tröstlich	○					
		✗	✗	✗	○	[Tuch] / Tücher	○			✗	✗	✗
		✗	✗	✗	○	tüchtig	○			✗	✗	✗
						üblich	○					
						ungerecht	○					
						unglücklich	○					
					○	unheimlich	○					
✗	✗	✗	✗	✗	○	Unterricht	●	✗	✗	✗	✗	✗
						unterrichten	○					

| Klassenstufen 1-2 | | | | | | Wörter | Klassenstufen 3-4 | | | | | |
Bay	NiSa	S	S-A	Th	LB		LB	Bay	NiSa	S	S-A	Th
						Unterrichtsstunde	○					
						unterschiedlich	○					
						unverbesserlich	○					
						unvorsichtig	○					
						urzeitlich	○					
						verächtlich	○					
						verantwortlich	○					
						verdächtigen	○					
						verdächtigst	○					
						verdächtigte	○					
					○	vergleichen	○					
						verständlich	○					
						verwandtschaftlich	○					
				✗		Verzeichnis(se)	○					✗
						verzeihlich	○					
✗	✗	✗	✗	✗	○	vielleicht	●	✗	✗	✗	✗	✗
						volkstümlich	○					
✗	✗	✗	✗			Vorsicht	○	✗	✗	✗	✗	
✗	✗	✗	✗	✗	○	vorsichtig	●	✗	✗	✗	✗	✗
						vorsichtshalber	○					
						Wächter	○					
	✗				○	wahrscheinlich	○		✗			
						Wahrzeichen	○					
	✗	✗	✗	✗	◉	weich	◉		✗	✗	✗	✗
						weicher	○					
						Wellblech	○					
✗	✗	✗	✗		○	wichtig	●	✗	✗	✗	✗	
						wichtiger	○					
						am wichtigsten	○					
						Wichtigkeit	○					
						widerlich	○					
						widersprechen	○					
						winterlich	○					
	✗	✗	✗	✗	○	wirklich	◉		✗	✗	✗	✗
						Wirklichkeit	○					
		✗	✗		○	Zeichen	◉			✗	✗	
						Zeichenblock	○					
✗	✗	✗	✗	✗	○	zeichnen	◉	✗	✗	✗	✗	✗
					○	zeichnest / zeichnet	○					
						zeichnete	○					
						Zeichner	○					
						Zeichnung	○					
	✗				○	zerbrechen	○		✗			
	✗			✗	○	ziemlich	◉		✗			✗
		✗	✗	✗		zierlich	○			✗	✗	✗
						züchten	○					
						Züchter	○					
						zurechtfinden	○					

3.1.4 ch nach dunklen Vokalen

| Klassenstufen 1-2 | | | | | | Wörter | Klassenstufen 3-4 | | | | | |
Bay	NiSa	S	S-A	Th	LB		LB	Bay	NiSa	S	S-A	Th
						ach	○					
✗	✗	✗		✗	●	acht	●	✗	✗	✗		✗
						Achtel	○					
						Achtelnote	○					
		✗	✗			achten	○			✗	✗	
						Acht geben	○					
						achtlos	○					
						achtmal	○					
						achtsam	○					
						Achtung	○					
						achtzehn	○					
		✗		✗		achtzig	○			✗		✗
						Adressbuch	○					
	✗	✗	✗		◉	auch	◉		✗	✗	✗	
					○	aufwachen	○					
						[ausbrechen]	○					
						brach aus	○					
	✗				◉	Bach / [Bäche]	◉		✗			
✗	✗				◉	Bauch / [Bäuche]	◉	✗	✗			
✗	✗	✗	✗	✗	○	beobachten	●	✗	✗	✗	✗	✗
						beobachtest	○					
						beobachtete	○					
	✗	✗	✗		○	Besuch(e)	○			✗	✗	✗
	✗	✗	✗		○	besuchen	◉			✗	✗	✗
						besuchst	○					
						besucht	○					
		✗	✗	✗		betrachten	○			✗	✗	✗
						Betrachtung	○					
	✗	✗		✗	◉	brauchen	●			✗	✗		✗
	✗				○	brauchst	○			✗			
	✗				○	braucht	○			✗			
						brauchte	○					
	✗				○	[brechen]	◉			✗			
	✗					brach	○			✗			
	✗					gebrochen	○			✗			
✗	✗	✗	✗	✗	●	[bringen]	●	✗	✗	✗	✗	✗
	✗				○	brachte	◉			✗	✗	✗	
	✗				○	gebracht	○			✗			
						Bruch	○					
✗	✗	✗	✗	✗	●	Buch / [Bücher]	●	✗	✗	✗	✗	✗
					○	Buchstabe(n)	○					
	✗	✗	✗		○	Dach / [Dächer]	◉			✗	✗	✗
	✗					danach	○			✗			

Klassenstufen 1-2						Wörter	Klassenstufen 3-4					
Bay	NiSa	S	S-A	Th	LB		LB	Bay	NiSa	S	S-A	Th
✗	✗	✗	✗	✗	◉	[denken]	●	✗	✗	✗	✗	✗
					○	dachtest	○					
	✗	✗	✗		○	dachte	◉		✗	✗	✗	
	✗					gedacht	○		✗			
✗	✗	✗	✗	✗	◉	doch	●	✗	✗	✗	✗	✗
		✗			○	Drache(n)	○				✗	
	✗	✗			○	einfach	◉		✗	✗		
						Fach / [Fächer]	○					
						Faxenmacher	○					
		✗	✗			flach	○			✗	✗	
						Flachland	○					
						Flucht	○					
						Fremdsprache	○					
✗					○	Frucht / [Früchte]	○	✗				
✗						Geruch	○	✗				
						Handtuchhalter	○					
	✗					Hauptsache	○		✗			
	✗	✗	✗	✗	●	hoch	●		✗	✗	✗	✗
						Hülsenfrucht	○					
						Jacht	○					
				✗		jedoch						✗
	✗	✗	✗	✗	○	Knochen	◉		✗	✗	✗	✗
						knochig	○					
						Knopfloch	○					
	✗	✗	✗		◉	kochen	●		✗	✗	✗	
					○	kochst	○					
					○	kocht	○					
					○	krachen	○					
						krachte	○					
✗	✗	✗	✗	✗	○	[kriechen]	●	✗	✗	✗	✗	✗
✗						kroch	○	✗				
						gekrochen	○					
	✗	✗	✗	✗	◉	Kuchen	◉		✗	✗	✗	✗
	✗	✗	✗	✗	●	lachen	●		✗	✗	✗	✗
					○	lachst	○					
					○	lacht	○					
					○	gelacht	○					
	✗					Lachen	○		✗			
	✗	✗	✗		○	Loch / Löcher	●		✗	✗	✗	
✗	✗	✗	✗	✗	●	machen	●	✗	✗	✗	✗	✗
					○	machst	○					
					○	macht	○					
						Macht	○					
						Mauseloch / Mäuselöcher	○					
	✗					mitmachen	○		✗			
						machte mit	○					
✗	✗	✗	✗	✗	●	Mittwoch(e)	●	✗	✗	✗	✗	✗
						mittwochs	○					

Bay	NiSa	S	S-A	Th	LB	Wörter	LB	Bay	NiSa	S	S-A	Th
	X			X	◉	[mögen]	◉		X			X
						mochte	○					
						gemocht	○					
X	X	X	X	X	●	nach	●	X	X	X	X	X
				X	○	Nachbar(n)	◉					X
						Nachbarin(nen)	○					
						nachbarschaftlich	○					
	X				○	nachdem	○		X			
	X					nachdenken	○		X			
						denkst nach	○					
						dachte nach	○					
	X	X	X			nach Hause	○		X	X	X	
	X					nachher	○		X			
	X					nachmachen	○		X			
	X				○	Nachmittag(e)	◉		X			
						nachmittags	○					
X	X	X	X	X	◉	Nacht / [Nächte]	●	X	X	X	X	X
						nachts	○					
	X	X	X	X	◉	noch	●		X	X	X	
						Pflanzloch	○					
					○	pochen	○					
						Rauch	○					
						rauchen	◉					
						rauchte	○					
						Raucher	○					
X	X	X	X		○	riechen	◉	X	X	X	X	
						roch	○					
						gerochen	○					
					○	Sache	◉					
	X	X	X	X	○	Sachen	◉		X	X	X	X
	X	X	X			Schachtel(n)	○			X	X	X
						Schlauch/[Schläuche]	○					
						schluchzen	○					
						schluchzt	○					
						schluchzte	○					
						Schlupfloch	○					
	X					schwach	◉		X			
				X		Sprache(n)	○					X
	X	X	X	X	◉	[sprechen]	●		X	X	X	X
						sprachst	○					
	X				○	sprach	◉		X			
	X					gesprochen	◉		X			
				X		Spruch	○					X
						Staubtuch	○					
		X	X			[stechen]	○			X	X	
						stach	○					
						gestochen	○					
X		X	X		○	Strauch / [Sträucher]	○	X		X	X	

| Klassenstufen 1-2 | | | | | | Wörter | Klassenstufen 3-4 | | | | | |
Bay	NiSa	S	S-A	Th	LB		LB	Bay	NiSa	S	S-A	Th
✗	✗	✗	✗	✗	●	suchen	●	✗	✗	✗	✗	✗
					○	suchst / sucht	○					
					○	gesucht	○					
						Sucher	○					
						Suchmaschine	○					
		✗	✗		○	tauchen	◉			✗	✗	
						tauchte	○					
						Taucher(in)	○					
						tausendfach	○					
✗	✗	✗			◉	Tochter / [Töchter]	◉	✗	✗	✗		
						totlachen	○					
		✗	✗	✗	○	Tuch / [Tücher]	○			✗	✗	✗
						turmhoch	○					
						untersuchen	○					
						untersuchst	○					
						verachten	○					
						Verachtung	○					
✗						verbrauchen	○	✗				
						verbraucht	○					
			✗		○	Verdacht	○					✗
						Versuch(e)	○					
✗	✗				◉	versuchen	◉	✗	✗			
						versuchst	○					
						versuchte	○					
						Viehzucht	○					
						vormachen	○					
						machst vor	○					
						macht vor	○					
	✗	✗				wach	○			✗	✗	
						Wache	○					
		✗			○	wachen	○				✗	
						wachst	○					
						wacht	○					
						wachte	○					
						wachsam	○					
						Wacht	○					
✗	✗	✗	✗	✗	◉	Weihnachten	●	✗	✗	✗	✗	✗
					○	Weihnachtsbaum	○					
						Weihnachtszeit	○					
						[widersprechen]	○					
						widersprach	○					
						widersprochen	○					
✗	✗	✗	✗	✗	●	Woche(n)	●	✗	✗	✗	✗	✗
					○	Wochentag	○					
						Yacht	○					
						zehnfach	○					
	✗				○	[zerbrechen]	○		✗			
						zerbrach	○					
						zerbrochen	○					

Klassenstufen 1-2						Wörter	Klassenstufen 3-4					
Bay	NiSa	S	S-A	Th	LB		LB	Bay	NiSa	S	S-A	Th
						Zucht	○					
	✗					zumachen	○		✗			
						zwanzigfach	○					
						zwölffach	○					

3.1.5 ch vor s

Klassenstufen 1-2						Wörter	Klassenstufen 3-4					
Bay	NiSa	S	S-A	Th	LB		LB	Bay	NiSa	S	S-A	Th
		✗	✗	✗		Achse / Achsen	○			✗	✗	✗
		✗	✗	✗		Büchse(n)	○			✗	✗	✗
						Dachs(e)	○					
						Eidechse(n)	○					
						erwachsen (sein)	○					
						Erwachsene	○					
✗		✗	✗			Fuchs / Füchse	◉	✗		✗	✗	
						Fuchsbau	○					
✗						Gewächs(e)	○	✗				
						Luchs	○					
✗	✗	✗	✗	✗	●	sechs	●	✗	✗	✗	✗	✗
						sechshundert	○					
						sechsmal	○					
		✗	✗			verwechseln	○			✗	✗	
						verwechselst	○					
						verwechselte	○					
						Verwechslung(en)	○					
						Wachs	○					
✗	✗	✗	✗	✗	○	wachsen	●	✗	✗	✗	✗	✗
	✗					wächst	◉		✗			
✗						wuchs	○	✗				
	✗					gewachsen	○		✗			
						wachsen	○					
						wachst	○					
						wachste	○					
						Wachstum	○					
						Wechsel	○					
						Wechselgeld	○					
✗		✗	✗	✗		wechseln	◉	✗		✗	✗	✗
						wechselst	○					
						wechselt	○					
						Wuchs	○					

3.2 Wörter mit x

Klassenstufen 1-2						Wörter	Klassenstufen 3-4					
Bay	NiSa	S	S-A	Th	LB		LB	Bay	NiSa	S	S-A	Th
		✗	✗			Axt / Äxte	◉			✗	✗	
✗	✗	✗	✗	✗		boxen	◉	✗	✗	✗	✗	✗
	✗					boxt	○		✗			
						boxte	○					
		✗	✗	✗		Boxer(in)	○			✗	✗	✗
						experimentieren	○					
						experimentierst	○					
						experimentierte	○					
						Experiment	○					
	✗			✗	○	extra	◉		✗			✗
						Fax(e)	○					
						faxen	○					
						Faxen	○					
						Faxenmacher	○					
				✗		fix	○					✗
✗	✗			✗	○	Hexe(n)	◉	✗	✗			✗
						hexen	○					
✗				✗	○	Lexikon / Lexika	◉	✗				✗
✗				✗		mixen	◉	✗				✗
						Mixer	○					
						Mixgerät	○					
						Nixe(n)	○					
						Praxis / Praxen	○					
✗				✗	○	Taxi(s)	◉	✗				✗
✗	✗	✗	✗	✗	○	Text(e)	◉	✗	✗	✗	✗	✗
						verhext	○					

3.3 Wörter mit y

Klassenstufen 1-2						Wörter	Klassenstufen 3-4					
Bay	NiSa	S	S-A	Th	LB		LB	Bay	NiSa	S	S-A	Th
✗					○	Baby(s)	○	✗				
						City	○					
						Cowboy	○					
						Curry	○					
						Currywurst	○					
						Gameboy(s)	○					
						Gymnasium / Gymnasien	○					
✗					○	Handy(s)	○	✗				
						Hobby(s)	○					
						Labyrinth(e)	○					
						Pyramide(n)	○					
✗						Recycling		✗				
✗					○	Teddy(s)	○	✗				

Klassenstufen 1-2						Wörter	Klassenstufen 3-4					
Bay	NiSa	S	S-A	Th	LB		LB	Bay	NiSa	S	S-A	Th
						Typ(en)	○					
						typisch	○					
					○	Zylinder	○					

3.4 Wörter mit qu

Klassenstufen 1-2						Wörter	Klassenstufen 3-4					
Bay	NiSa	S	S-A	Th	LB		LB	Bay	NiSa	S	S-A	Th
						Aquarium / Aquarien	○					
✗	✗	✗	✗	✗	○	bequem	◉	✗	✗	✗	✗	✗
						Bequemlichkeit	○					
						Kaulquappe(n)	○					
✗						überqueren	○	✗				
						überquerst	○					
						unbequem	○					
						verqualmt	○					

3.5 Wörter mit Umlauten

3.5.1 Wörter mit ä

Bay	NiSa	S	S-A	Th	LB	Wörter	LB	Bay	NiSa	S	S-A	Th
						[abfahren]	○					
						fährt ab	○					
						Abfall / Abfälle	○					
						absägen	○					
						sägt ab	○					
						abwärts	○					
	✗					Acker / Äcker	◉		✗			
✗	✗	✗	✗	✗	○	ähnlich	◉	✗	✗	✗	✗	✗
						Ähnlichkeit	○					
						Ähre(n)	○					
	✗					allmählich	○		✗			
✗	✗	✗	✗		●	[alt]	●	✗	✗	✗	✗	
✗	✗				◉	älter	◉	✗	✗			
✗						am ältesten	○		✗			
						Amt / Ämter	○					
✗	✗	✗		✗		ändern	◉	✗	✗	✗		✗
						änderst	○					
						ändert	○					
						änderte	○					
						Änderung	○					
	✗	✗	✗			Anfang / Anfänge	○		✗	✗	✗	
	✗	✗	✗		○	anfangen	◉		✗	✗	✗	
						fängst an	○					
✗						fängt an	○		✗			
✗	✗	✗	✗	✗	○	Angst / Ängste	●	✗	✗	✗	✗	✗
						ängstigen	○					
✗	✗	✗	✗	✗	○	ängstlich	◉	✗	✗	✗	✗	✗
						ängstlicher	○					
✗	✗	✗	✗	✗	●	Apfel / Äpfel	●	✗	✗	✗	✗	✗
	✗	✗	✗		○	Ärger	◉					
	✗		✗			ärgerlich	○		✗		✗	
						ärgerlicher	○					
✗	✗	✗	✗	✗	○	ärgern	●	✗	✗	✗	✗	✗
					○	ärgerst	○					
					○	ärgert	○					
	✗					ärgert sich	○		✗			
						ärgerte sich	○					
	✗					geärgert	○		✗			
	✗				○	arm	○		✗			
	✗					ärmer	○		✗			
	✗					Ärmel	○		✗			
✗	✗	✗	✗	✗	○	Arzt / Ärzte	●	✗	✗	✗	✗	✗
✗						Ärztin(nen)	○	✗				
						ärztlich	○					

Klassenstufen 1-2						Wörter	Klassenstufen 3-4					
Bay	NiSa	S	S-A	Th	LB		LB	Bay	NiSa	S	S-A	Th
✗	✗	✗			●	Ast / Äste	●	✗	✗	✗		
						aufhängen	○					
						hängt auf	○					
						aufgehängt	○					
						aufklären	○					
						klärt	○					
						klärte auf	○					
						Aufklärung	○					
						[aufschlagen]	○					
						schlägt auf	○					
						auswählen	○					
						wählt aus	○					
		✗	✗			Axt / Äxte	◉			✗	✗	
	✗				◉	Bach / Bäche	◉		✗			
✗	✗	✗	✗	✗	◉	[backen]	●	✗	✗	✗	✗	✗
						bäckst	○					
					○	bäckt	○					
✗	✗				○	Bäcker	○	✗	✗			
						Bäckerin(nen)	○					
		✗	✗	✗	○	Bad / Bäder	○			✗	✗	✗
✗	✗	✗	✗	✗	●	Ball / Bälle	●	✗	✗	✗	✗	✗
		✗	✗	✗		Band / Bänder	○			✗	✗	✗
✗	✗	✗	✗	✗	◉	Bank / Bänke	●	✗	✗	✗	✗	✗
	✗				○	Bär(en)	◉		✗			
						Bärenfell	○					
						Bart / Bärte	○					
	✗				○	[behalten]	○		✗			
	✗					behält	○		✗			
						berufstätig	○					
						beschäftigen	○					
						beschäftigst	○					
						beschäftigt	○					
						Beschäftigung	○					
						bettlägerig	○					
		✗	✗	✗	○	[blasen]	○			✗	✗	✗
					○	bläst	○					
✗	✗	✗	✗		●	Blatt / Blätter	●	✗	✗	✗	✗	
						blättern	○					
✗						Brand / Brände	○	✗				
						[braten]	○					
						brätst	○					
						Chamäleon	○					
	✗	✗	✗		○	Dach / Dächer	◉		✗	✗	✗	
		✗	✗			Damm / Dämme	○			✗	✗	
						dämmern	○					
						dämmert	○					
						Dämmerung	○					
		✗	✗			Dampf / Dämpfe	○			✗	✗	

Bay	NiSa	S	S-A	Th	LB	Wörter	LB	Bay	NiSa	S	S-A	Th
						dämpfen	○					
						Dänemark	○					
✗		✗			○	Draht / Drähte	○	✗			✗	
	✗	✗	✗			drängeln	○			✗	✗	✗
						Drängelei	○					
	✗	✗			○	drängen	◉			✗	✗	
						eindämmen	○					
					○	[einladen]	○					
						lädst ein	○					
					○	lädt ein	○					
						Elektrizität	○					
						Empfänger(in)	○					
	✗	✗	✗			[empfangen]	○			✗	✗	✗
						empfängt	○					
						[erfahren]	○					
						erfährst	○					
	✗	✗				ergänzen	○			✗	✗	
						ergänzt	○					
						Ergänzung	○					
✗	✗			✗	○	erklären	◉	✗	✗			✗
						erklärst / erklärt	○					
						erklärte	○					
						Erklärung	○					
						ermäßigt	○					
						Ermäßigung	○					
✗		✗	✗	✗		ernähren	○	✗		✗	✗	✗
						Ernährung	○					
						Ernährungsberater(in)	○					
✗	✗	✗	✗		◉	erzählen	●	✗	✗	✗	✗	
					○	erzählst	○					
	✗				○	erzählt	○		✗			
						erzählte	○					
✗						Erzählung(en)	○	✗				
						Fach / Fächer	○					
✗	✗	✗	✗	✗	●	[fahren]	●	✗	✗	✗	✗	✗
					○	fährst	○					
✗	✗				◉	fährt	◉	✗	✗			
						Fahrgast / Fahrgäste	○					
	✗	✗	✗	✗	○	Fahrrad / Fahrräder	◉		✗	✗	✗	✗
						Fährt(en)	○					
						Fall / Fälle	○					
✗	✗	✗	✗	✗	●	[fallen]	●	✗	✗	✗	✗	✗
					○	fällst	○					
✗	✗				◉	fällt	◉	✗	✗			
						fällen	○					
						fällt	○					
✗	✗	✗	✗		●	[fangen]	◉	✗	✗	✗	✗	
					○	fängst	○					
✗	✗				◉	fängt	◉	✗	✗			

Klassenstufen 1-2						Wörter	Klassenstufen 3-4					
Bay	NiSa	S	S-A	Th	LB		LB	Bay	NiSa	S	S-A	Th
						färben	○					
						färbst	○					
		✗	✗		○	Fass / Fässer	◉			✗	✗	
		✗	✗			Fläche(n)	○			✗	✗	
						Flughafen /Flughäfen	○					
						Flugzeugträger	○					
	✗				○	Fußball / Fußbälle	○					
		✗	✗		○	Gans / Gänse	○			✗	✗	
						Gänseblümchen	○					
✗	✗	✗	✗	✗	●	Garten / Gärten	●	✗	✗	✗	✗	✗
						Gärtner	○					
						Gässchen	○					
	✗	✗		✗		Gast / Gäste	○		✗	✗		✗
						Gaststätte	○					
					○	Gebäck	○					
						Gebläse	○					
						gefährden	○					
✗	✗	✗	✗	✗	○	gefährlich	◉	✗	✗	✗	✗	✗
						Gefäß	○					
		✗	✗		○	[gefallen]	○			✗	✗	
						gefällst	○					
						gefällt	○					
						gefräßig	○					
					○	Gepäck	○					
		✗	✗	✗		Gerät(e)	○			✗	✗	✗
✗	✗	✗	✗	✗	○	Geschäft(e)	◉	✗	✗	✗	✗	✗
						geschäftlich	○					
						Geschäftsfrau	○					
						Geschäftsmann	○					
						geschäftstüchtig	○					
						Geständnis	○					
✗						Gewächs(e)	○	✗				
						Gezänk	○					
		✗	✗	✗		glänzen	○			✗	✗	✗
						glänzt	○					
						Glätte	○					
						glätten	○					
		✗	✗		○	[graben]	◉			✗	✗	
						gräbst	○					
					○	gräbt	○					
✗	✗	✗	✗	✗	●	Gras / Gräser	●	✗	✗	✗	✗	✗
					○	Großvater / Großväter	○					
						Gruselmärchen	○					
						Gummibärchen	○					
✗	✗	✗	✗	✗	●	[haben]	●	✗	✗	✗	✗	✗
	✗					hätte	○		✗			
						Hafen / Häfen	○					
					○	Hahn / Hähne	○					

Bay	NiSa	S	S-A	Th	LB	Wörter	LB	Bay	NiSa	S	S-A	Th
						Häkchen	○					
					○	Hälfte(n)	○					
✗	✗	✗	✗	✗	◉	Hals / Hälse	●	✗	✗	✗	✗	✗
✗	✗	✗	✗	✗	●	[halten]	●	✗	✗	✗	✗	✗
	✗				○	hältst	◉		✗			
✗	✗		✗		◉	hält	◉	✗	✗		✗	
✗	✗	✗	✗	✗	●	Hand / Hände	●	✗	✗	✗	✗	✗
						Händler(in)	○					
✗					○	Hang / Hänge	○	✗				
✗	✗	✗	✗	✗	○	hängen	●	✗	✗	✗	✗	✗
					○	hängst	○					
	✗					hängt	○		✗			
✗	✗	✗	✗		●	[hart]	●	✗	✗	✗	✗	
					○	härter	○	✗				
						am härtesten	○					
					○	hässlich	○					
						Hosenträger	○					
		✗	✗		○	Jäger(in)	○			✗	✗	
						jährlich	○					
						jämmerlich	○					
✗					○	Käfer	○	✗				
		✗	✗	✗		Kahn / Kähne	○			✗	✗	✗
✗	✗	✗	✗	✗	●	[kalt]	●	✗	✗	✗	✗	✗
	✗					kälter	◉		✗			
						am kältesten	○					
✗					○	Kälte	○	✗				
✗	✗	✗	✗			kämmen	○	✗	✗	✗	✗	
		✗			○	Kampf / Kämpfe	◉			✗		
		✗		✗		kämpfen	○			✗		✗
						kämpfst	○					
						kämpft	○					
						kämpfte	○					
						Kämpfer(in)	○					
						kämpferisch	○					
		✗		✗		Kanal / Kanäle	○			✗	✗	
						Käse	○					
		✗	✗		○	Kasten / Kästen	○			✗	✗	
						Klang / Klänge	○					
						Kläranlage	○					
						klären	○					
						Kornähre	○					
✗				✗		Kraft / Kräfte	○	✗				✗
✗	✗				○	kräftig	○	✗	✗			
						Krähe(n)	○					
		✗	✗		○	Kran / Kräne	◉			✗	✗	
✗	✗	✗	✗	✗	●	[krank]	●	✗	✗	✗	✗	✗
						kränker	○					
						am kränksten	○					
						kränklich	○					

Klassenstufen 1-2						Wörter	Klassenstufen 3-4					
Bay	NiSa	S	S-A	Th	LB		LB	Bay	NiSa	S	S-A	Th
		✗	✗	✗		Kranz / Kränze	○			✗	✗	✗
					○	lächeln	○					
						Lächeln	○					
						Lähmung	○					
						Lamm / Lämmer	○					
✗	✗	✗	✗		○	Land / Länder	●	✗	✗	✗	✗	
						ländlich	○					
✗	✗	✗	✗	✗	●	[lang(…e, …er)]	●	✗	✗	✗	✗	✗
✗	✗					länger	◉	✗	✗			
						am längsten	○					
						Länge	○					
						Lärche	○					
✗	✗	✗	✗	✗	○	Lärm	◉	✗	✗	✗	✗	✗
		✗	✗			lärmen	○			✗	✗	
						Lärmschutz	○					
✗	✗	✗	✗		●	[lassen]	●	✗	✗	✗	✗	
✗	✗	✗	✗		◉	lässt	◉	✗	✗	✗	✗	
						Laubfärbung	○					
						Laubsäge	○					
						Lehrmädchen	○					
						mächtig	○					
✗	✗	✗	✗	✗	●	Mädchen	●	✗	✗	✗	✗	✗
						Mähdrescher	○					
		✗	✗		○	mähen	◉			✗	✗	
					○	Maikäfer	○					
✗	✗	✗	✗		●	Mann / Männer	●	✗	✗	✗	✗	
	✗	✗	✗		○	Mantel / Mäntel	◉		✗	✗	✗	
				✗	○	Märchen	○					✗
						Marienkäfer	○					
		✗	✗	✗	○	Markt / Märkte	◉			✗	✗	✗
✗	✗	✗	✗	✗	●	März	●	✗	✗	✗	✗	✗
						Märzenbecher	○					
						mäßig	○					
						Mixgerät	○					
						Möbelgeschäft	○					
						Mondfähre	○					
						Motorsäge	○					
	✗	✗	✗	✗	○	nächste(-r, …)	◉		✗	✗	✗	✗
	✗					am nächsten	○		✗			
						Nächste	○					
✗	✗	✗	✗	✗	◉	Nacht / Nächte	●	✗	✗	✗	✗	✗
✗	✗	✗	✗	✗	◉	[nah(e)]	●	✗	✗	✗	✗	✗
						näher	○					
						am nächsten	○					
✗		✗	✗			Nähe	○	✗		✗	✗	
✗		✗	✗		○	nähen	◉	✗		✗	✗	
						näht	○					
						nähte	○					

Klassenstufen 1-2						Wörter	Klassenstufen 3-4					
Bay	NiSa	S	S-A	Th	LB		LB	Bay	NiSa	S	S-A	Th
						Näher(in)	○					
						nähern	○					
						Nähmaschine	○					
						Nähnadel	○					
		✗	✗			nähren	○			✗	✗	
	✗			✗	○	nämlich	●		✗			✗
						närrisch	○					
✗						Nässe	○	✗				
						Notarzt / Notärztin	○					
✗		✗	✗	✗	○	Päckchen	◉	✗		✗	✗	✗
						Pärchen	○					
✗				✗		Pass / Pässe	○	✗				✗
						Pfand / Pfänder	○					
		✗			○	Plan / Pläne	○			✗		
✗	✗	✗	✗	✗	●	Platz / Plätze	●	✗	✗	✗	✗	✗
✗		✗	✗	✗	○	quälen	◉	✗		✗	✗	✗
						quälst	○					
						Quälerei	○					
						Quälgeist	○					
	✗	✗	✗	✗	◉	Rad / Räder	◉		✗	✗	✗	✗
		✗	✗		○	Rand / Ränder	○			✗	✗	
✗	✗	✗		✗	○	[raten]	◉	✗	✗	✗		✗
						rätst	○					
						rät	○					
✗					○	Rätsel	○	✗				
						regelmäßig	○					
						Rucksack / Rucksäcke	○					
						rückwärts	○					
						Rumänien	○					
		✗	✗	✗		Saal / Säle	○			✗	✗	✗
		✗	✗			Sack / Säcke	◉			✗	✗	
		✗	✗		○	säen	○			✗	✗	
					○	sät	○					
✗				✗	○	Saft / Säfte	○	✗				✗
				✗		sägen	○					✗
						sägt	○					
						Sänfte(n)	○					
						Sänger(in)	○					
✗	✗	✗	✗	✗	◉	Satz / Sätze	●	✗	✗	✗	✗	✗
		✗	✗			Schaden / Schäden	○			✗	✗	
		✗	✗	✗		schädlich	○			✗	✗	✗
						Schädling	○					
		✗	✗	✗		schälen	○			✗	✗	✗
		✗	✗	✗	○	schämen	◉			✗	✗	✗
✗	✗	✗	✗	✗	○	[scharf]	◉	✗	✗	✗	✗	✗
						schärfer	○					
✗						Schärfe	○	✗				
						schärfen	○					

Bay	NiSa	S	S-A	Th	LB	Wörter	LB	Bay	NiSa	S	S-A	Th
					○	Schatz / Schätze	○					
						schätzen	○					
						Schätzung	○					
✗	✗	✗	✗		●	[schlafen]	●	✗	✗	✗	✗	
					○	schläfst	○					
✗	✗				◉	schläft	◉	✗	✗			
						Schläfer	○					
						Schlag / Schläge	○					
✗	✗	✗	✗		◉	[schlagen]	●	✗	✗	✗	✗	
					○	schlägst	○					
✗	✗				◉	schlägt	◉	✗	✗			
		✗	✗	✗	○	[schmal]	◉			✗	✗	✗
						schmäler	○					
						am schmälsten	○					
					◉	Schnabel / Schnäbel	○					
	✗			✗		schräg	○			✗		✗
						Schräge	○					
	✗	✗	✗	✗	○	Schrank / Schränke	◉		✗	✗	✗	✗
	✗					[schwach]	◉		✗			
						schwächer	○					
						am schwächsten	○					
	✗	✗	✗		○	Schwanz/Schwänze	◉		✗	✗	✗	
					○	[sein]	◉					
						wäre	○		✗			
	✗					selbstständig	○		✗			
						sorgfältig	○					
						sorgfältiger	○					
✗	✗	✗	✗	✗	○	Spaß / Späße	●	✗	✗	✗	✗	✗
✗	✗	✗	✗	✗	◉	spät	●	✗	✗	✗	✗	✗
					○	später	○					
						spätestens	○					
✗						Spaziergang/...-gänge	○	✗				
						Sportplatz/...plätze	○					
		✗	✗		○	Stab / Stäbe	◉			✗	✗	
✗	✗	✗	✗	✗	◉	Stadt / Städte	●	✗	✗	✗	✗	✗
		✗	✗		○	Stall / Ställe	○			✗	✗	
		✗	✗		○	Stamm / Stämme	◉	✗		✗	✗	
						stämmig	○					
✗					○	Stängel	○	✗				
✗	✗	✗	✗	✗	○	[stark]	●	✗	✗	✗	✗	✗
						stärker	◉					
						am stärksten	○					
✗						stärken		✗				
						sträflich	○					
✗				✗		Strand / Strände	◉	✗				✗
					○	täglich	○					
		✗	✗			Tal / Täler	○			✗	✗	
						talabwärts	○					
						Tänzer(in)	○					

| Klassenstufen 1-2 | | | | | | Wörter | Klassenstufen 3-4 | | | | | |
Bay	NiSa	S	S-A	Th	LB		LB	Bay	NiSa	S	S-A	Th
					○	Täter(in)	○					
						tätig	○					
						Tätigkeit	○					
					○	Tätigkeitswort	○					
						tatkräftig	○					
					○	tatsächlich	○					
					○	Tischtennisball/…bälle	○					
✗	✗	✗	✗	✗	●	[tragen]	●	✗	✗	✗	✗	✗
					○	trägst	○					
✗	✗			✗	◉	trägt	◉	✗	✗			✗
						Träger	○					
✗				✗	○	Träne(n)	○	✗				✗
					○	[umgraben]	○					
					○	gräbt um	○					
	✗	✗	✗		○	Unfall / Unfälle	○		✗	✗	✗	
✗	✗	✗	✗	✗	○	ungefähr	●	✗	✗	✗	✗	✗
						Urwald / Urwälder	○					
✗	✗	✗	✗		●	Vater / Väter	●	✗	✗	✗	✗	
						verächtlich	○					
						verändern	○					
						verändert	○					
						verdächtigen	○					
						verdächtigst	○					
						verdächtigte	○					
						[vergraben]	○					
						vergräbt	○					
						[verlassen]	○					
						verlässt	○					
		✗	✗	✗	○	[verraten]	◉			✗	✗	✗
						verrätst	○					
						verrät	○					
						Verräter	○					
						verschätzen	○					
✗					○	verspäten	○	✗				
					○	verständigen	○					
						Verständigung	○					
						verständlich	○					
						[vertragen]	○					
						verträgt	○					
						vollständig	○	✗				
			✗			Vorrat / Vorräte	○					✗
						vorrätig	○					
						Vorschlag / Vorschläge	○					
						[vorschlagen]	○					
						schlägst vor	○					
						vorwärts	○					
✗	✗	✗	✗	✗	○	[wachsen]	●	✗	✗	✗	✗	✗
	✗					wächst	◉		✗			
						Wächter	○					

Klassenstufen 1-2						Wörter	Klassenstufen 3-4					
Bay	NiSa	S	S-A	Th	LB		LB	Bay	NiSa	S	S-A	Th
✗	✗	✗	✗	✗	◉	wählen	◉	✗	✗	✗	✗	✗
						wählst	○					
						wählte	○					
						Wähler	○					
✗	✗	✗	✗	✗		während	◉	✗	✗	✗	✗	✗
						währenddessen	○					
✗	✗	✗	✗	✗	●	Wald / Wälder	●	✗	✗	✗	✗	✗
						Waldmännchen	○					
	✗	✗	✗		○	Wand / Wände	◉		✗	✗	✗	
✗	✗	✗	✗	✗	◉	[warm]	◉	✗	✗	✗	✗	✗
						wärmer	○					
						am wärmsten	○					
✗					○	Wärme	○	✗				
						wärmen	○					
					○	Wäsche	○					
✗	✗	✗	✗	✗	◉	[waschen]	●	✗	✗	✗	✗	✗
					○	wäschst	○					
✗	✗			✗	○	wäscht	◉	✗	✗			✗
						wässrig	○					
					○	[weiterfahren]	○					
						fährst weiter	○					
						Werkstatt/ Werkstätten	○					
		✗	✗	✗		zäh	○			✗	✗	✗
✗	✗	✗	✗	✗	◉	zählen	◉	✗	✗	✗	✗	✗
					○	zählst	○					
					○	zählt	○					
						zählte	○					
					○	gezählt	○					
						Zähmen	○					
						Zähmung	○					
✗	✗			✗	◉	Zahn / Zähne	●	✗	✗			✗
						zänkisch	○					
						[zurücklassen]	○					
						lässt zurück	○					
						zuverlässig	○					
					○	zweckmäßig	○					

3.5.2 Wörter mit ö

Bay	NiSa	S	S-A	Th	LB	Wörter	LB	Bay	NiSa	S	S-A	Th
						argwöhnisch	○					
	✗					aufhören	○		✗			
						hörte auf	○					
✗		✗	✗	✗		Block / Blöcke	○	✗		✗	✗	✗
						blöd	○					
✗	✗	✗			◉	Boden / Böden	●	✗	✗	✗		
		✗	✗			Bogen / Bögen	○			✗	✗	
✗	✗	✗	✗	✗	●	böse	●	✗	✗	✗	✗	✗
						böser	○					
	✗					*nichts Böses*	○		✗			
✗					◉	Brötchen	○	✗				
		✗	✗	✗	○	Chor / Chöre	○			✗	✗	✗
						dazugehören	○					
						gehörte dazu	○					
	✗	✗	✗	✗	◉	Dorf / Dörfer	◉		✗	✗	✗	✗
					○	Eichhörnchen	○					
						Erdöl	○					
						Esslöffel	○					
					○	Floh / Flöhe	○					
						Förster	○					
						Försterin(nen)	○					
						französisch	○					
✗	✗	✗	✗	✗	○	fröhlich	●	✗	✗	✗	✗	✗
						fröhlicher	○					
✗						Fröhlichkeit		✗				
					○	Frosch / Frösche	○					
						frösteln	○					
						fröstelst	○					
						fröstelte	○					
	✗				○	gehören	○		✗			
						gehörst	○					
					○	gehört	○					
						gehörte	○					
						geölt	○					
✗	✗			✗	○	Gott / Götter	◉	✗	✗			✗
						grölen	○					
						grölst	○					
✗	✗	✗	✗		●	[groß]	●	✗	✗	✗	✗	
✗	✗				○	größer	◉	✗	✗			
	✗					am größten	○		✗			
						Größe	○					
	✗					[Großen (die)]			✗			
						Größten (die)	○					
						Heizkörper	○					
						Heizöl	○					

Bay	NiSa	S	S-A	Th	LB	Wörter	LB	Bay	NiSa	S	S-A	Th
	✗	✗	✗	✗	●	[hoch]	●		✗	✗	✗	✗
	✗					höher	◉		✗	✗	✗	
	✗					am höchsten	◉		✗			
		✗			○	Hof / Höfe	○			✗		
		✗	✗	✗		höflich	◉			✗	✗	✗
						Höflichkeit	○					
✗		✗	✗	✗		Höhe(n)	○	✗		✗	✗	✗
						Höhepunkt	○					
✗	✗	✗	✗	✗	○	Höhle(n)	◉	✗	✗	✗	✗	✗
						Hölle	○					
	✗	✗	✗		○	Holz / Hölzer	●		✗	✗	✗	
✗	✗	✗	✗	✗	●	hören	●	✗	✗	✗	✗	✗
					○	hörst	○					
	✗				○	hört	○		✗			
						hörte	○					
					○	gehört	○					
					○	Hörer	○					
				✗		Kloß / Klöße	○					✗
						Knöchel	○					
		✗	✗	✗	○	Knopf / Knöpfe	◉			✗	✗	✗
						knöpfen	○					
					○	König(e)	◉					
						Königin(nen)	○					
✗	✗	✗	✗	✗	●	können	●	✗	✗	✗	✗	✗
	✗					könnte	○		✗			
✗	✗	✗	✗	✗	●	Kopf / Köpfe	●	✗	✗	✗	✗	✗
	✗	✗	✗			Korb / Körbe	○			✗	✗	✗
	✗					Korn / Körner	○			✗		
						körnig	○					
✗		✗		✗	○	Körper	○	✗		✗		✗
	✗	✗	✗		○	Loch / Löcher	●		✗	✗	✗	
						löchrig	○					
✗	✗	✗	✗	✗	◉	Löffel	◉	✗	✗	✗	✗	✗
✗		✗	✗	✗	○	Lohn / Löhne	◉	✗		✗	✗	✗
						Löschblatt	○					
	✗	✗			○	löschen	○			✗	✗	
						löschte	○					
	✗	✗			○	lösen	○			✗	✗	
						löst	○					
						löste	○					
						Lösung	○					
					○	Löwe(n)	○					
						Löwenzahn	○					
					○	Maiglöckchen	○					
						Mauseloch / Mäuselöcher	○					
	✗				○	Möbel	◉			✗		
						Möbelgeschäft	○					
						möblieren	○					

Klassenstufen 1-2						Wörter	Klassenstufen 3-4					
Bay	NiSa	S	S-A	Th	LB		LB	Bay	NiSa	S	S-A	Th
		✗	✗		○	möchten	○				✗	✗
						möchtest	○					
	✗	✗	✗		○	möchte	○		✗	✗	✗	
	✗			✗	◉	mögen	◉		✗			✗
	✗	✗				möglich	○		✗	✗		
						möglicherweise	○					
						Möglichkeit	○					
						möglichst	○					
						Mops / Möpse	○					
						Möwe(n)	○					
		✗			○	Not / Nöte	◉			✗		
		✗	✗	✗	○	öffnen	○			✗	✗	✗
						öffnest	○					
						öffnet	○					
						Öffner	○					
						Öffnung	○					
✗	✗	✗	✗	✗	◉	[oft]	●	✗	✗	✗	✗	✗
	✗					öfter	○		✗			
					○	Öl(e)	○					
						ölig	○					
						österlich	○					
						persönlich	○					
✗	✗	✗	✗	✗	●	plötzlich	●	✗	✗	✗	✗	✗
✗	✗	✗	✗	✗	○	Rock / Röcke	◉	✗	✗	✗	✗	✗
						Rohr / Röhre	○					
						Schildkröte	○					
	✗	✗	✗	✗	○	Schloss / Schlösser	●		✗	✗	✗	✗
						Schmieröl	○					
✗	✗	✗	✗	✗	●	schön	●	✗	✗	✗	✗	✗
						schöner	○					
	✗					*etwas Schönes*	○		✗			
						Schönheit(en)	○					
						schöpfen	○					
✗	✗	✗	✗	✗	◉	Sohn / Söhne	●	✗	✗	✗	✗	✗
						spöttisch	○					
		✗	✗		○	Stock / Stöcke	○				✗	✗
						Storch / Störche	○					
		✗	✗	✗	○	stören	◉				✗	✗
						Störung	○					
	✗	✗	✗		○	[stoßen]	●		✗	✗	✗	
						stößt	○					
✗	✗	✗	✗	✗	○	Strom / Ströme	◉	✗	✗	✗	✗	✗
✗						strömen	○	✗				
						Strömung	○					
✗	✗	✗			◉	Tochter / Töchter	◉	✗	✗	✗		
					○	Ton / Töne	○					
		✗	✗	✗	○	Topf / Töpfe	○				✗	✗	✗
						töten	○					

Klassenstufen 1-2						Wörter	Klassenstufen 3-4					
Bay	NiSa	S	S-A	Th	LB		LB	Bay	NiSa	S	S-A	Th
						Tötung	○					
						tröpfeln	○					
						Trösten	○					
						tröstlich	○					
						versöhnen	○					
						versöhnst	○					
						versöhnte	○					
						Versöhnung	○					
✗	✗	✗	✗	✗	●	Vogel / Vögel	●	✗	✗	✗	✗	✗
	✗	✗	✗		○	Volk / Völker	◉			✗	✗	✗
					○	völlig	○					
					○	Wolf / Wölfe	○					
✗	✗	✗	✗	✗	●	Wort / Wörter	●	✗	✗	✗	✗	✗
					○	zuhören	○					
					○	hörst zu	○					
✗	✗	✗	✗	✗	◉	zwölf	◉	✗	✗	✗	✗	✗
						zwölffach	○					
						zwölfmal	○					
						zwölftausend	○					
						zwölftens	○					

3.5.3 Wörter mit ü

Klassenstufen 1-2						Wörter	Klassenstufen 3-4					
Bay	NiSa	S	S-A	Th	LB		LB	Bay	NiSa	S	S-A	Th
						abbürsten	○					
						anführen	○					
						führte an	○					
						anlügen	○					
					○	Anzug / Anzüge	○					
					○	anzünden	○					
					○	zündet an	○					
						zündete an	○					
						barfüßig	○					✗
						begründen	○					
						Bergführer(in)	○					
	✗			✗		berühmt	○		✗			✗
						Berühmtheit	◉					
						beschützen	○					
						beschützte	○					
✗	✗	✗	✗	✗	◉	blühen	●	✗	✗	✗	✗	✗
✗	✗				○	blüht	◉	✗	✗			
						blühte	○					
						geblüht	○					
✗	✗	✗	✗	✗	○	Blüte(n)	◉	✗	✗	✗	✗	✗
						Blütenstaub	○					

Klassenstufen 1-2						Wörter	Klassenstufen 3-4					
Bay	NiSa	S	S-A	Th	LB		LB	Bay	NiSa	S	S-A	Th
✗	✗	✗	✗	✗	◉	Brücke(n)	●	✗	✗	✗	✗	✗
✗	✗	✗	✗	✗	●	Bruder / Brüder	●	✗	✗	✗	✗	✗
				✗		Brühe	○					✗
				✗		brühen	○					✗
					○	brüllen	○					
						brüllst	○					
		✗	✗	✗		Brust / Brüste	○			✗	✗	✗
						brüsten	○					
✗	✗	✗	✗	✗	●	Buch / Bücher	●	✗	✗	✗	✗	✗
						Bücherei(en)	○					
		✗	✗	✗		Büchse(n)	○			✗	✗	✗
		✗	✗			bücken	○			✗	✗	
						Bückling	○					
		✗		✗		Bühne(n)	○			✗		✗
				✗		Bürger	○					✗
						Bürgermeister(in)	○					
					○	Bürgersteig	○					
		✗	✗			Bürste	○			✗	✗	
		✗	✗	✗		bürsten	○			✗	✗	✗
	✗				○	Büro	○		✗			
✗					○	Busch / Büsche	○	✗				
	✗				○	dafür	○		✗			
	✗	✗	✗	✗		darüber	◉		✗	✗	✗	✗
	✗	✗		✗		drüben	○		✗	✗		✗
						drüber	○					
						drüberfahren	○					
						drübergehen	○					
✗	✗	✗	✗		○	drücken	●	✗	✗	✗	✗	
						drückst	○					
					○	drückt	○					
						drückte	○					
						gedrückt	○					
						Drücker	○					
✗	✗	✗	✗		○	[dumm]	◉	✗	✗	✗	✗	
	✗					dümmer	○		✗			
						am dümmsten	○					
✗	✗	✗	✗			dünn	◉	✗	✗	✗	✗	
						Dünger	○					
	✗	✗	✗	✗	◉	dürfen	●		✗	✗	✗	✗
						dürftest	○					
	✗				○	dürr	○			✗		
						eifersüchtig	○					
						endgültig	○					
						entführen	○					
						entführt	○					
						entführte	○					
						Entführung	○					
					○	entrüstet	○					

Klassenstufen 1-2						Wörter	Klassenstufen 3-4					
Bay	NiSa	S	S-A	Th	LB		LB	Bay	NiSa	S	S-A	Th
						Entschluss / Entschlüsse	○					
					○	erfüllen	○					
						Erfüllung	○					
						flüchtig	○					
						Flüchtigkeitsfehler	○					
						Flüchtling	○					
						Flug / Flüge	○					
✗					○	Flügel	◉	✗				
✗	✗	✗	✗	✗	○	Fluss / Flüsse	●	✗	✗	✗	✗	✗
✗		✗	✗	✗	○	flüssig	◉	✗		✗	✗	✗
					○	flüssiger	○					
✗						Flüssigkeit		✗				
					○	flüstern	◉					
						flüsterst	○					
						flüstert	○					
						flüsterte	○					
✗					○	Frucht / Früchte	○	✗				
	✗	✗	✗		○	früh	◉		✗	✗	✗	
						Frühblüher	○					
	✗			✗		früher	◉		✗			✗
						Frühjahr	○					
✗	✗	✗	✗	✗	◉	Frühling	●	✗	✗	✗	✗	✗
	✗				○	Frühstück	◉		✗			
	✗					frühstücken	○		✗			
✗		✗	✗			Fuchs / Füchse	◉	✗		✗	✗	
✗	✗	✗	✗	✗	○	fühlen	●	✗	✗	✗	✗	✗
						fühlst	○					
						fühlte	○					
						Fühler	○					
✗	✗	✗	✗	✗	○	führen	●	✗	✗	✗	✗	✗
						führst	○					
						führte	○					
						Führerschein	○					
✗						Führung	○	✗				
✗		✗	✗		○	füllen	◉	✗		✗	✗	
					○	füllt	○					
					○	füllst	○					
✗	✗				○	Füller	◉	✗	✗			
						Füllung	○					
						Fund	○					
✗	✗	✗		✗	◉	fünf	●	✗	✗	✗		✗
						Fünfer	○					
						fünfundzwanzig	○					
						fünfzehn	○					
						fünfzig	○					
						funktionieren	○					
						funktioniert	○					
✗	✗	✗	✗	✗	◉	für	◉	✗	✗	✗	✗	✗

| Klassenstufen 1-2 | | | | | | Wörter | Klassenstufen 3-4 | | | | | |
Bay	NiSa	S	S-A	Th	LB		LB	Bay	NiSa	S	S-A	Th
	✗	✗	✗	✗	○	fürchten	●		✗	✗	✗	✗
						fürchtest	○					
	✗				○	fürchterlich	○		✗			
✗	✗	✗	✗		●	Fuß / Füße	●	✗	✗	✗	✗	
	✗				○	Fußball / Fußbälle	○					
						Füßchen	○					
		✗	✗		○	füttern	◉			✗	✗	
					○	fütterst	○					
						füttert	○					
						gefüttert	○					
						Fütterung(en)	○					
						Gänseblümchen	○					
						Gebrüll	○					
✗	✗				○	Gefühl	○	✗	✗			
	✗				○	gegenüber	○		✗			
✗	✗	✗		✗	◉	Gemüse	●	✗	✗	✗		✗
	✗					gemütlich	○		✗			
					○	genügend	○					
						geschäftstüchtig	○					
✗	✗	✗	✗	✗	◉	[gesund]	●	✗	✗	✗	✗	✗
						gesünder	○					
						am gesündesten	○					
						Gewürz(e)	○					
✗	✗	✗	✗		◉	Glück	●	✗	✗	✗	✗	
✗	✗	✗	✗	✗	○	glücklich	◉	✗	✗	✗	✗	✗
						glücklicher	○					
						Glückwunsch	○					
✗		✗	✗	✗		glühen	○	✗		✗	✗	✗
						Glühbirne	○					
					○	Großmutter/ Großmütter	○					
✗	✗	✗	✗		●	grün	●	✗	✗	✗	✗	
		✗		✗	○	Grund / Gründe	○			✗		✗
						gründlich	○					
	✗	✗	✗			Gruß / Grüße	◉		✗	✗	✗	
✗	✗	✗	✗	✗	○	grüßen	●	✗	✗	✗	✗	✗
	✗					grüßt	○		✗			
						grüßte / gegrüßt	○					
	✗	✗	✗			herüber	○			✗	✗	✗
						hinüber	○					
					○	hübsch	○					
						Huhn / Hühner	○					
		✗	✗			Hülle(n)	○			✗	✗	
		✗				Hülse(n)	○			✗		
						Hülsenfrucht	○					
	✗	✗	✗	✗	○	hüpfen	●		✗	✗	✗	✗
	✗					hüpfst	○		✗			
					○	hüpft	○					
						hüpfte	○					

| Klassenstufen 1-2 | | | | | | Wörter | Klassenstufen 3-4 | | | | | |
Bay	NiSa	S	S-A	Th	LB		LB	Bay	NiSa	S	S-A	Th
						Hüsteln	○					
	X				○	Hut / Hüte	○		X			
		X	X		○	Hütte(n)	◉			X	X	
						irrtümlich	○					
X	X	X	X		◉	[jung]	●	X	X	X	X	
	X					jünger	◉		X			
						am jüngsten	○					
		X	X	X	○	[klug]	●			X	X	X
						klüger	○					
						am klügsten	○					
					○	Krug / Krüge	○					
						Krümmung	○					
	X	X	X	X	◉	Küche(n)	●		X	X	X	X
X	X	X	X		◉	Kuh / Kühe	●	X	X	X	X	
X		X	X	X	○	kühl	◉	X		X	X	X
						kühler	○					
						am kühlsten	○					
X						kühlen	○	X				
						Kühler	○					
					○	kümmern	○					
				X		Kunst / Künste	○					X
						Künstler(in)	○					
						Kunststück(e)	○					
					○	Kürbis(se)	○					
	X	X	X		●	[kurz]	●			X	X	X
	X					kürzer	◉			X		
						am kürzesten	○					
						kürzeste	○					
						Kürze	○					
						kürzen	○					
X						Kuss / Küsse	◉	X				
						Küsschen	○					
						küssen	○					
						küsst	○					
		X	X		○	Lücke(n)	◉				X	X
						lückenlos	○					
	X	X	X	X	◉	Luft / Lüfte	●			X	X	X
	X	X				Lüge	○			X	X	
	X	X		X	○	lügen	◉			X	X	X
	X					lügt	○			X		
						Lügner(in)	○					
						lügnerisch	○					
						mondsüchtig	○					
						Mücke(n)	○					
	X	X	X	X	○	müde	◉			X	X	X
						müder	○					
						Müdigkeit	○					
		X	X			Mühe(n)	○				X	X

Klassenstufen 1-2						Wörter	Klassenstufen 3-4					
Bay	NiSa	S	S-A	Th	LB		LB	Bay	NiSa	S	S-A	Th
						mühelos	○					
		✗	✗	✗		mühen	○			✗	✗	✗
		✗	✗			Mühle(n)	○			✗	✗	
						mühsam	○					
✗				✗	○	Müll	◉	✗				✗
✗	✗				◉	Mund / Münder	◉	✗	✗			
					○	Münze	○					
						mürrisch	○					
✗	✗	✗	✗		●	müssen	●	✗	✗	✗	✗	
	✗					müsste	○			✗		
✗	✗	✗	✗	✗	●	Mutter / Mütter	●	✗	✗	✗	✗	✗
						mütterlich	○					
	✗	✗	✗	✗	○	Mütze(n)	◉		✗	✗	✗	✗
✗	✗				○	natürlich	◉	✗	✗			
✗		✗	✗		○	Nuss / Nüsse	◉	✗		✗	✗	
✗		✗	✗		○	nützen	◉	✗		✗	✗	
						nützt	○					
						nützte	○					
✗		✗	✗	✗		nützlich	○	✗		✗	✗	✗
						Pflichtgefühl	○					
		✗	✗	✗		pflücken	○			✗	✗	✗
						pflückst	○					
						pflückst	○					
						pflückte	○					
		✗	✗			Pflug / Pflüge	○			✗	✗	
		✗	✗	✗		pflügen	○			✗	✗	✗
	✗	✗	✗	✗		Pfütze(n)	◉		✗	✗	✗	✗
		✗	✗	✗	○	prüfen	○			✗	✗	✗
						prüfst	○					
					○	prüft	○					
		✗	✗	✗	○	Prüfung(en)	◉			✗	✗	✗
		✗	✗	✗	○	pünktlich	○			✗	✗	✗
						Regenwurm/…würmer	○					
✗	✗	✗	✗	✗	◉	Rücken	●	✗	✗	✗	✗	✗
		✗	✗		○	rücken	◉			✗	✗	
						Rücksicht	○					
						rücksichtsvoll	○					
						rückwärts	○					
✗		✗	✗	✗	○	rühren	◉	✗		✗	✗	✗
						rührend	○					
						Rührung	○					
						Rüssel	○					
						schlüpfen	○					✗
	✗	✗	✗			Schluss / Schlüsse	○			✗	✗	✗
✗	✗	✗	✗	✗	○	Schlüssel	●	✗	✗	✗	✗	✗
					○	schmücken	○					
						schmückst	○					
					○	schmückt	○					

| Klassenstufen 1-2 | | | | | | Wörter | Klassenstufen 3-4 | | | | | |
Bay	NiSa	S	S-A	Th	LB		LB	Bay	NiSa	S	S-A	Th
		✗	✗	✗		Schnur / Schnüre	○			✗	✗	✗
		✗	✗	✗		schnüren	○			✗	✗	✗
						Schnürsenkel	○					
						schüchtern	○					
	✗	✗	✗		◉	Schüler	○		✗	✗	✗	
	✗				○	Schülerin(nen)	○					
		✗	✗			Schürze(n)	○			✗	✗	
		✗	✗			Schuss / Schüsse	○			✗	✗	
			✗		◉	Schüssel(n)	◉				✗	
✗		✗	✗		○	schütteln	◉	✗		✗	✗	
						schüttelst	○					
						schüttelte	○					
		✗	✗		○	schütten	◉			✗	✗	
						schüttest	○					
✗		✗	✗	✗	○	schützen	◉	✗		✗	✗	✗
						schützt	○					
						schützte	○					
						schwül	○					
						Sprühdose	○					
		✗	✗			sprühen	○			✗	✗	
						sprühst	○					
						Sprüher	○					
						Spüle	○					
				✗		spülen	○					✗
						spülst	○					
						spült	○					
						spülte	○					
						Spülung	○					
						spürbar	○					
		✗	✗		○	spüren	○			✗	✗	
						Spürhund	○					
						Staatsbürger(in)	○					
						streitsüchtig	○					
		✗	✗	✗		Strumpf / Strümpfe	○			✗	✗	✗
✗	✗	✗	✗		○	Stück(e)	●	✗	✗	✗	✗	
✗	✗	✗	✗	✗	◉	Stuhl / Stühle	●	✗	✗	✗	✗	✗
✗		✗	✗			Sturm / Stürme	○	✗		✗	✗	
		✗	✗	✗		stürmen	○			✗	✗	✗
						Stürmer	○					
✗						stürmisch	○	✗				
	✗	✗	✗	✗	○	stürzen	◉		✗	✗	✗	✗
						stürzt	○					
						stürzte	○					
	✗					gestürzt	○		✗			
						Stütze	○					
		✗	✗		○	stützen	◉			✗	✗	
						stützt / stützte	○					
						Stützpunkt	○					

| Klassenstufen 1-2 | | | | | | Wörter | Klassenstufen 3-4 | | | | | |
Bay	NiSa	S	S-A	Th	LB		LB	Bay	NiSa	S	S-A	Th
						Süden	○					
✗	✗	✗	✗	✗	○	süß	●	✗	✗	✗	✗	✗
						süßer	○					
						süßen	○					
						süßt	○					
✗						Süßigkeit	○	✗				
					○	Tausendfüßler	○					
		✗	✗			trüb(e)	○			✗	✗	
						trüben	○					
						trübselig	○					
						Trübung	○					
		✗	✗	✗	○	Tuch / Tücher	○			✗	✗	✗
		✗	✗	✗	○	tüchtig	○			✗	✗	✗
	✗	✗	✗	✗	◉	Tür(en)	◉		✗	✗	✗	✗
						türkisch	○					
		✗			○	Turm / Türme				✗		
	✗	✗		✗	○	Tüte(n)	◉		✗	✗		✗
	✗	✗	✗	✗	●	üben	●	✗	✗	✗	✗	✗
					○	übst	○					
✗				✗	○	übt	○	✗				✗
						übte	○					
					○	geübt	○					
✗	✗	✗	✗	✗	◉	über	●	✗	✗	✗	✗	✗
	✗	✗	✗	✗	○	überall	●		✗	✗	✗	✗
						überarbeiten	○					
						überarbeitet	○					
						Überfluss	○					
	✗				○	überhaupt	○		✗			
					○	überlegen	○					
						überlegt	○					
					○	überlisten	○					
						übermorgen	○					
✗						überqueren	○	✗				
						überquerst	○					
		✗	✗			überraschen	○			✗	✗	
						überraschend	○					
						Überraschung	○					
						überspringen	○					
						überspringt	○					
						üblich	○					
	✗	✗	✗	✗	○	übrig	◉		✗	✗	✗	✗
						übrig bleiben / lassen	○					
						übrigens	○					
		✗	✗		○	Übung(en)	○			✗	✗	
	✗	✗	✗		○	Unglück	○			✗	✗	✗
						unglücklich	○					
						unterstützen	○					
						unterstützt	○					

| Klassenstufen 1-2 | | | | | | Wörter | Klassenstufen 3-4 | | | | | |
Bay	NiSa	S	S-A	Th	LB		LB	Bay	NiSa	S	S-A	Th
						verbrühen	○					
						vernünftig	○					
	✗				○	verrückt	○		✗			
						verrühren	○					
						versüßen	○					
						volkstümlich	○					
						vorführen	○					
						führt vor	○					
						führst vor	○					
						Vorführung(en)	○					
		✗	✗			vorüber	○			✗	✗	
						Werkstück	○					
				✗		wühlen	○					✗
						wühlst / wühlt	○					
✗	✗	✗	✗	✗	●	wünschen	●	✗	✗	✗	✗	✗
					○	wünschst / wünscht	○					
					○	Wurf / Würfe	○					
		✗	✗	✗	○	Würfel	◉			✗	✗	✗
						würfeln	○					
						würfelte	○					
						Wurm / Würmer	○					
	✗	✗	✗	✗	○	Wurst / Würste	●			✗	✗	✗
						Würstchen	○					
						Wüste(n)	○					
						wüten	○					
	✗	✗	✗		○	wütend	◉			✗	✗	✗
						wütender	○					
						Wurm / Würmer	○					
						Zipfelmütze	○					
						züchten	○					
						Züchter	○					
	✗	✗	✗		◉	Zug / Züge	●			✗	✗	✗
						Zügel	○					
						zukünftig	○					
						zünden	○					
						zündet	○					
✗		✗	✗	✗	○	zurück	●	✗		✗	✗	✗
						zurückbleiben	○					
						zurückfahren	○					
						zurückgeben	○		✗			
						zurückgehen	○					
						geht zurück	○					
						zurücklassen	○					
						lässt zurück	○					
						ließ zurück	○					
						zurückkommen	○					
						kam zurück	○					
						zurückgekommen	○					

3.6 Wörter mit Zwielauten

3.6.1 Wörter mit ai

Klassenstufen 1-2						Wörter	Klassenstufen 3-4					
Bay	NiSa	S	S-A	Th	LB		LB	Bay	NiSa	S	S-A	Th
						Container	○					
						Kaiser(in)	○					
						Laie	○					
✗	✗	✗	✗	✗	●	Mai	●	✗	✗	✗	✗	✗
					○	Maiglöckchen	○					
					○	Maikäfer	○					
						Mais	○					
						Mountainbike(s)	○					
						Trainer	○					
						trainieren	○					
						Training	○					
						Waise	○					
						Waisenkind	○					

3.6.2 Wörter mit au

Klassenstufen 1-2						Wörter	Klassenstufen 3-4					
Bay	NiSa	S	S-A	Th	LB		LB	Bay	NiSa	S	S-A	Th
					○	abbauen	○					
					○	baust ab	○					
						Astronaut(en)	○					
	✗	✗	✗		◉	auch	◉		✗	✗	✗	
✗	✗	✗	✗	✗	●	auf	●	✗	✗	✗	✗	✗
	✗					auf einmal	○		✗			
	✗					auf Wiedersehen	○		✗			
					○	aufbauen	○					
					○	baust auf	○					
✗	✗	✗	✗	✗	◉	Aufgabe(n)	●	✗	✗	✗	✗	✗
						aufgeben	○					
						gibt auf	○					
					○	aufgehen	○					
						geht auf	○					
					○	ging auf	○					
						aufhängen	○					
						hängt auf	○					
						hing auf	○					
						aufgehängt	○					
	✗					aufhören	○		✗			
						hörte auf	○					
						aufklären	○					
						klärt / klärte auf	○					
						Aufklärung	○					

Klassenstufen 1-2						Wörter	Klassenstufen 3-4					
Bay	NiSa	S	S-A	Th	LB		LB	Bay	NiSa	S	S-A	Th
					○	aufmerksam	○					
	✗	✗	✗	✗	○	aufpassen	○		✗	✗	✗	✗
	✗				○	passt auf	○		✗			
						pass auf	○					
✗	✗					aufräumen	○	✗	✗			
	✗					Aufregung	○		✗			
	✗					Aufsatz	○		✗			
						aufschlagen	○					
						schlägt auf	○					
						schlug auf	○					
					○	aufstehen	○					
					○	stehst auf	○					
						stand auf	○					
						aufgestanden	○					
					○	aufwachen	○					
✗	✗					aufwecken	○	✗	✗			
	✗					weckt auf	○		✗			
	✗					aufgeweckt	○		✗			
✗	✗				●	Auge(n)	●	✗	✗			
	✗				○	Augenblick(e)	○		✗			
✗	✗	✗	✗	✗	●	August	●	✗	✗	✗	✗	✗
✗	✗	✗	✗	✗	●	aus	●	✗	✗	✗	✗	✗
	✗					*aus Versehen*	○		✗			
						Ausbildung(en)	○					
					○	ausbreiten	○					
						breitet aus	○					
						ausbrechen	○					
						brichst auf	○					
						brach aus	○					
	✗	✗	✗	✗		auseinander	○					
						auseinander gehen	○					
						ausgehen	○		✗			
					○	ausgerechnet	○					
			✗			Auskunft	○					✗
	✗					Ausnahme	○		✗			
					○	Ausreißer	○					
						ausschalten	○					
						schaltet aus	○					
					○	ausschneiden	○					
						schneidet aus	○					
						schnitt aus	○					
						Ausschnitt	○					
	✗					aussehen	○		✗			
						siehst aus	○					
						sah aus	○					
✗	✗	✗	✗	✗	○	außen	◉	✗	✗	✗	✗	✗
	✗	✗				außer	○		✗	✗		
					○	außerdem	○					
						außerhalb	○					

Klassenstufen 1-2						Wörter	Klassenstufen 3-4					
Bay	NiSa	S	S-A	Th	LB		LB	Bay	NiSa	S	S-A	Th
						aussetzen	○					
						setzte aus	○					
						ausstellen	○					
						stellst aus	○					
				✗		Ausstellung	○					✗
						auswählen	○					
						wählt aus	○					
		✗	✗	✗		Ausweis(e)	○			✗	✗	✗
✗	✗	✗	✗	✗	●	Auto(s)	●	✗	✗	✗	✗	✗
					○	Automat	○					
						Bau	○					
✗	✗				◉	Bauch / Bäuche	◉	✗	✗			
✗	✗	✗	✗	✗	●	bauen	●	✗	✗	✗	✗	✗
					○	baust	○					
						baut / baue	○					
		✗	✗	✗		Bauer(n)	◉			✗	✗	✗
✗	✗	✗	✗	✗	●	Baum / Bäume	●	✗	✗	✗	✗	✗
						Baumwolle	○					
✗	✗	✗	✗		●	blau	●	✗	✗	✗	✗	
						Blütenstaub	○					
	✗	✗		✗	◉	brauchen	●		✗	✗		✗
	✗				○	brauchst	○		✗			
	✗					braucht	○		✗			
						brauchte	○					
✗	✗	✗	✗	✗	◉	braun	●	✗	✗	✗	✗	✗
✗					○	Christbaum/…bäume	○	✗				
	✗	✗	✗	✗	○	darauf	●		✗	✗	✗	✗
	✗	✗				daraus	○		✗	✗		
		✗	✗		○	dauern	◉			✗	✗	
	✗					dauert	○		✗			
						Daumen	○					
						Dinosaurier	○					
✗	✗	✗	✗	✗	○	draußen	●	✗	✗	✗	✗	✗
	✗					dunkelblau	○		✗			
					○	einkaufen	○					
					○	kauft ein	○					
						eintausend	○					
✗					○	erlauben	○	✗				
	✗				○	erlaubt	○		✗			
✗				✗		Erlaubnis		✗				
	✗				○	erstaunt	○		✗			
					○	faul	○					
						Faust / Fäuste	○					
						Fledermaus/…mäuse	○					
✗	✗	✗	✗	✗	●	Frau(en)	●	✗	✗	✗	✗	✗
						Fuchsbau	○					
						Gasthaus	○					
						Gaul	○					

Klassenstufen 1-2						Wörter	Klassenstufen 3-4					
Bay	NiSa	S	S-A	Th	LB		LB	Bay	NiSa	S	S-A	Th
	✗	✗	✗		○	genau	◉		✗	✗	✗	
	✗					geradeaus	○		✗			
						Geschäftsfrau	○					
						Glaube	○					
	✗	✗	✗	✗	○	glauben	◉		✗	✗	✗	✗
					○	glaubst	○					
	✗					glaubt	○		✗			
						glaubhaft	○					
						gläubig	○					
		✗	✗	✗		grau	○			✗	✗	✗
✗	✗				○	Haufen	◉	✗	✗			
	✗					Hauptsache	○		✗			
		✗	✗			Hauptstadt	○			✗	✗	
✗	✗	✗	✗	✗	●	Haus / Häuser	●	✗	✗	✗	✗	✗
	✗	✗	✗			nach Hause	○		✗	✗	✗	
		✗	✗		○	zu Hause	○		✗	✗	✗	
						Hausflur	○					
						Haushalt	○					
✗	✗	✗			○	Haut / Häute	◉	✗	✗	✗		
	✗					hellblau	○		✗			
	✗	✗	✗	✗		herauf	○		✗	✗	✗	✗
	✗	✗	✗		◉	heraus	◉		✗	✗	✗	
	✗					herauskommen	○		✗			
						herumlaufen	○					
	✗				○	hinauf	○		✗			
	✗	✗	✗		◉	hinaus	○		✗	✗	✗	
						hinausgehen	○					
	✗					hinterherlaufen	○		✗			
						Hubschrauber	○					
						hunderttausend	○					
					○	jaulen	○					
						kauen	○					
						kaute	○					
✗	✗	✗	✗	✗	●	kaufen	●	✗	✗	✗	✗	✗
					○	kaufst	◉					
					○	kauft / gekauft	○					
						Kaugummi	○					
						Kaulquappe(n)	○					
	✗				○	kaum	○		✗			
						Kirschbaum	○					
	✗					Krankenhaus/...häuser	○		✗			
✗		✗	✗		○	Kraut / Kräuter	○	✗		✗	✗	
						Lagerhaus	○					
						Lattenzaun	○					
✗		✗	✗		○	Laub	◉	✗		✗	✗	
						Laubbaum	○					
						Laubfärbung	○					
						Laubfrosch	○					

Bay	NiSa	S	S-A	Th	LB	Wörter	LB	Bay	NiSa	S	S-A	Th
						Laubsäge	○					
						Lauf	○					
✗	✗	✗	✗	✗	●	laufen	●	✗	✗	✗	✗	✗
					○	gelaufen	○					
						Laus / Läuse	○					
					○	lauschen	○					
✗	✗	✗	✗	✗	◉	laut	●	✗	✗	✗	✗	✗
						lauter	○					
					○	Laut(e)	○					
	✗				○	Mauer(n)	◉			✗		
						mauern	○					
✗					◉	Maus / Mäuse		✗				
						Mauseloch / Mäuselöcher	○					
						Mitlaut(e)	○					
						Mittagspause	○					
					○	Nikolaus	○					
						Obstbaum	○					
	✗	✗	✗		○	Pause(n)	◉		✗	✗	✗	
					○	Pfau	○					
	✗	✗	✗			Pflaume(n)	○			✗	✗	✗
						Pflaumenmus	○					
						Preisausschreiben	○					
						Rathaus	○					
	✗	✗	✗		○	rau	○			✗	✗	✗
						rauben	○					
						rauchen	◉					
						rauchte	○					
						Rauch	○					
						Raucher	○					
						rauf	○					
✗	✗	✗	✗			Raum / Räume	◉	✗	✗	✗	✗	
✗					○	Raupe(n)	○	✗				
						Raureif	○					
	✗	✗			○	rauschen	○			✗	✗	
	✗					rauskommen	○		✗			
	✗	✗	✗	✗	○	sauber	●		✗	✗	✗	✗
						sauberer	○					
						Sauberkeit	○					
	✗	✗			○	sauer	○			✗	✗	
						saurer	○					
	✗					saugen	○			✗		
					○	sausen	○					
						saust	○					
✗	✗	✗	✗		◉	schauen	●	✗	✗	✗	✗	
					○	schaust	○					
					○	schaut	○					
					○	schaute	○					
		✗	✗			Schaukel(n)	○			✗	✗	

Klassenstufen 1-2						Wörter	Klassenstufen 3-4					
Bay	NiSa	S	S-A	Th	LB		LB	Bay	NiSa	S	S-A	Th
						schaukeln	○					
						Schaukelpferd	○					
						Schaum	○					
						schaumig	○					
					○	schlau	○					
						schlauer	○					
						Schlauch/Schläuche	○					
						Schluckauf	○					
					○	Schnauze	○					
					○	Schraube(n)	○					
						schrauben	○					
						schraubst	○					
						Selbstlaut(e)	○					
		✗	✗			Staub	○			✗	✗	
						stauben	○					
		✗	✗	✗		staubig	○			✗	✗	✗
						Staubtuch	○					
		✗	✗		○	staunen	○			✗	✗	
						staunst	○					
						staunt	○					
✗		✗	✗		○	Strauch / Sträucher	○	✗		✗	✗	
✗		✗	✗	✗		Strauß / Sträuße	○	✗		✗	✗	✗
		✗	✗		○	tauchen	◉			✗	✗	
						tauchte	○					
						Taucher(in)	○					
		✗	✗			taugen	○			✗	✗	
						tauglich	○					
						Taugenichts	○					
						Tausch	○					
	✗	✗	✗		○	tauschen	◉		✗	✗	✗	
					○	tauschst	○					
✗	✗	✗	✗	✗	○	tausend(...e)	◉	✗	✗	✗	✗	✗
						tausendfach	○					
					○	Tausendfüßler	○					
						Tausender	○					
						tausendmal	○					
	✗	✗				trauen	◉		✗	✗		
						Trauer	○					
✗	✗	✗	✗	✗	○	Traum / Träume	●	✗	✗	✗	✗	✗
						traumhaft	○					
	✗	✗	✗	✗	○	traurig	◉		✗	✗	✗	✗
						trauriger	○					
						Traurigkeit	○					
						Trauer	○					
						trauern	○					
						Trauung	○					
	✗				○	überhaupt	○		✗			
						umherlaufen	○					

Klassenstufen 1-2						Wörter	Klassenstufen 3-4					
Bay	NiSa	S	S-A	Th	LB		LB	Bay	NiSa	S	S-A	Th
✗	✗	✗	✗		◯	Urlaub(e)	◉	✗	✗	✗	✗	
						Urlauber	◯					
✗						verbrauchen	◯	✗				
						verbraucht	◯					
	✗				◯	verkaufen	◯		✗			
						verkauft	◯					
						verkaufte	◯					
						verstauen	◯					
						vertrauen	◯					
		✗	✗			voraus	◯			✗	✗	
						weglaufen	◯					
					◯	Weihnachtsbaum	◯					
						wohlauf	◯					
						Zauber	◯					
					◯	Zauberer	◯					
						zauberhaft	◯					
	✗	✗	✗			zaubern	◉		✗	✗	✗	
						zauberst	◯					
						zaubert	◯					
					◯	Zaun / Zäune	◯					
						zehntausend	◯					
						zuschauen	◯					
						schaut zu	◯					
						Zuschauer	◯					
						zweitausend	◯					
						zwölftausend	◯					

3.6.3 Wörter mit ei

Klassenstufen 1-2						Wörter	Klassenstufen 3-4					
Bay	NiSa	S	S-A	Th	LB		LB	Bay	NiSa	S	S-A	Th
						abbeißen	◯					
						beißt ab	◯					
						Abzeichen	◯					
						Ähnlichkeit	◯					
	✗	✗	✗	✗	◉	allein	●		✗	✗	✗	✗
					◯	Ameise(n)	◯					
						aneinander	◯					
						anreißen	◯					
					◯	Anzeige	◯					
	✗	✗		✗	◉	Arbeit(en)	◉		✗	✗		✗
✗	✗	✗	✗	✗	◉	arbeiten	●	✗	✗	✗	✗	✗
					◯	arbeitest	◯					
					◯	arbeitet	◯					
						arbeitete	◯					
		✗			◯	Arbeiter	◯			✗		

| Klassenstufen 1-2 | | | | | | Wörter | Klassenstufen 3-4 | | | | | |
Bay	NiSa	S	S-A	Th	LB		LB	Bay	NiSa	S	S-A	Th
						Arbeiterin(nen)	○					
						arbeitslos	○					
						Arznei	○					
					○	ausbreiten	○					
						breitet aus	○					
	✗	✗	✗	✗		auseinander	○					
						auseinander gehen	○					
					○	Ausreißer	○					
					○	ausschneiden	○					
						schneidet aus	○					
		✗	✗	✗		Ausweis(e)	○			✗	✗	✗
						begeistern	○					
					○	Begleiter	○					
✗	✗	✗	✗	✗	●	bei	◉	✗	✗	✗	✗	✗
	✗	✗	✗		○	beide	◉		✗	✗	✗	
	✗					*die beiden*	○		✗			
	✗					beim	○		✗			
✗	✗	✗	✗		◉	Bein(e)	◉	✗	✗	✗	✗	
	✗	✗	✗	✗	○	beinahe	◉		✗	✗	✗	✗
					○	beisammen	○					
✗	✗	✗	✗	✗	○	Beispiel(e)	●	✗	✗	✗	✗	✗
✗	✗	✗	✗	✗	○	beißen	●	✗	✗	✗	✗	✗
	✗				○	beißt	◉		✗			
		✗	✗	✗		beleidigen	○			✗	✗	✗
						Beleidigung	○					
						Bequemlichkeit	○					
✗		✗			○	bereit	○	✗		✗		
		✗				bereiten	○			✗		✗
✗		✗	✗	✗	○	bereits	◉	✗		✗	✗	✗
						Berühmtheit	○					
						beschreiben	○					
						beschreibst	○					
						beschrieb	○					
						Beschreibung	○					
						Bettelei	○					
						Beweis	○					
	✗	✗	✗	✗		beweisen	○		✗	✗	✗	✗
						bezeichnen	○					
						Bezeichnung	○					
✗	✗	✗	✗	✗	●	bleiben	●	✗	✗	✗	✗	✗
					○	bleibst	◉					
✗					◉	bleibt	◉	✗				
						Bleistift(e)	○					
						Bleistiftmine	○					
						Brei	○					
	✗	✗	✗	✗	○	breit	◉		✗	✗	✗	✗
						breiter	○					
						am breitesten	○					

Klassenstufen 1-2						Wörter	Klassenstufen 3-4					
Bay	NiSa	S	S-A	Th	LB		LB	Bay	NiSa	S	S-A	Th
						Breite	○					
						Bücherei(en)	○					
						Bummelei	○					
						Bürgermeister(in)	○					
					○	Bürgersteig	○					
	✗	✗	✗		○	dabei	◉		✗	✗	✗	
					○	daheim	○					
✗	✗	✗	✗	✗	◉	dein(-e, -er, …)	◉	✗	✗	✗	✗	✗
						Drängelei	○					
✗	✗	✗	✗	✗	●	drei	●	✗	✗	✗	✗	✗
						Dreieck	○					
		✗	✗	✗	○	dreißig	○			✗	✗	✗
		✗				dreizehn	○			✗		
						Dummheit	○					
						Dunkelheit	○					
						durcheinander	○					
						Ehrlichkeit	○					
✗	✗			✗	◉	Ei(er)	◉	✗	✗			✗
					○	Eichhörnchen	○					
						Eidechse(n)	○					
						Eifer	○					
						eifersüchtig	○					
						Eiffelturm	○					
		✗	✗	✗	○	eifrig	◉			✗	✗	✗
						eigen	○					
					○	eigenartig	○					
	✗	✗		✗		eigene(-r, …)	○		✗	✗		✗
✗	✗	✗		✗	○	eigentlich	●	✗	✗	✗		✗
						Eigenschaft	○					
					○	Eigenschaftswort	○					
		✗		✗		Eigentum	○			✗		✗
						Eile	○					
		✗			○	eilen	○			✗		
					○	eilig	○					
						Eilzug	○					
					○	Eimer	○					
✗	✗	✗	✗	✗	●	ein(-e, -r, -en, …)	●	✗	✗	✗	✗	✗
	✗	✗	✗	✗		einander	○		✗	✗	✗	✗
					○	Einbrecher	○					
						eindämmen	○					
	✗	✗			○	einfach	◉		✗	✗		
					○	Einfall	○					
						einfetten	○					
						einhaken	○					
		✗	✗			einig	○			✗	✗	
	✗	✗	✗	✗	○	einige	◉		✗	✗	✗	✗
						einigermaßen	○					
						Einigkeit	○					

Klassenstufen 1-2						Wörter	Klassenstufen 3-4					
Bay	NiSa	S	S-A	Th	LB		LB	Bay	NiSa	S	S-A	Th
					○	einkaufen	○					
					○	kauft ein	○					
					○	einladen	○					
						lädst ein	○					
					○	lädt ein	○					
						lud ein	○					
						eingeladen	○					
					○	Einladung(en)	○					
	✗	✗	✗	✗	◉	einmal	●		✗	✗	✗	✗
						auf einmal	○		✗			
	✗					einpacken	◉		✗			
						packt ein	○					
						packte ein	○					
	✗					eingepackt	○		✗			
						einrahmen	○					
✗	✗			✗	●	eins	●	✗	✗			✗
						einsam	○					
						einsamer	○					
						Einsamkeit	○					
						einschalten	○					
						schaltet ein	○					
						eintausend	○					
						eintreten	○					
						Eintritt	○					
						einunddreißig	○					
					○	einverstanden	○					
						einwerfen	○					
						wirft ein	○					
						warf ein	○					
					○	Einwohner	○					
	✗	✗	✗	✗	○	einzeln	◉		✗	✗	✗	✗
						Einzelheit	○					
	✗					einzig(e)	○		✗			
	✗	✗	✗	✗	◉	Eis	●		✗	✗	✗	✗
						Eisbecher	○					
						Eisberg	○					
					○	Eisen	○					
	✗					Eisenbahn	○		✗			
						eisig	○					
						eiskalt	○					
						Empfangsbescheinigung	○					
					○	entscheiden	○					
						entscheidest	○					
						Entscheidung	○					
						entzwei	○					
						entzweibrechen	○					
						Ereignis	○					
						erreichen	○					
						erreichte	○					

| Klassenstufen 1-2 | | | | | | Wörter | Klassenstufen 3-4 | | | | | |
Bay	NiSa	S	S-A	Th	LB		LB	Bay	NiSa	S	S-A	Th
					○	erscheinen	○					
						erscheint	○					
✗						fehlerfrei		✗				
		✗	✗	✗	○	Feier(n)	○			✗	✗	✗
						feierlich	○					
	✗	✗	✗		○	feiern	◉		✗	✗	✗	
						feierst	○					
					○	feiert	○					
					○	gefeiert	○					
					○	Feiertag	○					
						feige	○					
						Feigling	○					
✗	✗	✗	✗	✗	◉	fein	◉	✗	✗	✗	✗	✗
	✗			✗	○	Feind(e)	◉		✗			✗
						feindlich	○					
						Feindschaft	○					
✗						Feuchtigkeit	○	✗				
	✗					Filzschreiber	○		✗			
	✗	✗	✗	✗	○	Fleisch	◉		✗	✗	✗	✗
						Fleischer	○					
✗		✗	✗	✗	○	Fleiß	◉	✗		✗	✗	✗
✗	✗	✗	✗	✗		fleißig	◉	✗	✗	✗	✗	✗
						fleißiger	○					
						Flickerei	○					
						Flüchtigkeitsfehler	○					
✗						Flüssigkeit		✗				
						Frankreich	○					
						Frechheit	○					
✗	✗	✗	✗		○	frei	◉	✗	✗	✗	✗	
✗						Freiheit	○	✗				
✗	✗	✗	✗	✗	●	Freitag(e)	◉	✗	✗	✗	✗	✗
						freitags	○					
✗						Fröhlichkeit		✗				
						Führerschein	○					
	✗					gar kein	○		✗			
						Geborgenheit	○					
						Geburtstagsfeier	○					
						gegeneinander	○					
						gegenseitig	○					
						Gegenteil	○					
✗					○	geheim	○	✗				
✗	✗			✗		Geheimnis(se)	○	✗	✗			✗
						geheimnisvoll	○					
						geheimnisvoller	○					
						Geige	○					
					○	Geiste(r)	○					
						Geiz	○					
						Geizhals	○					

| Klassenstufen 1-2 | | | | | | Wörter | Klassenstufen 3-4 | | | | | |
Bay	NiSa	S	S-A	Th	LB		LB	Bay	NiSa	S	S-A	Th
		✗	✗	✗		geizig	○			✗	✗	✗
						Gelegenheit(en)	○					
						gemein	○					
✗						Gemeinde		✗				
	✗	✗	✗		○	gemeinsam	◉		✗	✗	✗	
						Gemeinsamkeit	○					
						Gemeinschaft	○					
						gemeinschaftlich	○					
						Gerechtigkeit	○					
						gescheit	○					
						Geschicklichkeit	○					
						Gesundheit	○					
		✗	✗	✗		Getreide	○			✗	✗	✗
						Getreidearten	○					
						Getreidefeld	○					
						Gewissheit	○					
	✗	✗	✗	✗	◉	gleich	◉		✗	✗	✗	✗
						gleichermaßen	○					
						Gleichnis	○					
					○	gleichzeitig	○					
						Greifarm	○					
	✗	✗	✗		○	greifen	◉		✗	✗	✗	
						greifst	○					
	✗				○	greift	○		✗			
						Grießbrei	○					
		✗	✗			heim	○			✗	✗	
		✗	✗	✗		Heimat	○			✗	✗	✗
						Heimatort	○					
					○	heimgehen	○					
						heimkehren	○					
						heimlich	○					
					○	Heimweg	○					
						heiraten	○					
						heiratet	○					
✗	✗	✗	✗		●	heiß	●	✗	✗	✗	✗	
					○	heißer	○					
✗	✗	✗	✗	✗	◉	heißen	●	✗	✗	✗	✗	✗
	✗				○	heißt	◉		✗			
						geheißen	○					
					○	heiße	○					
						Heißluftballon	○					
✗	✗	✗	✗	✗	○	heizen	◉	✗	✗	✗	✗	✗
						heizte	○					
						heizbar	○					
						Heizkörper	○					
						Heizöl	○					
✗	✗	✗	✗			Heizung	○	✗	✗	✗	✗	
						Helligkeit	○					

| Klassenstufen 1-2 | | | | | | Wörter | Klassenstufen 3-4 | | | | | |
Bay	NiSa	S	S-A	Th	LB		LB	Bay	NiSa	S	S-A	Th
	✗	✗	✗	✗	◯	herein	◉		✗	✗	✗	✗
						hereinkommen	◯					
	✗	✗	✗		◉	hinein	◉		✗	✗	✗	
						hintereinander	◯					
						Hinweis	◯					
						hitzefrei	◯					
						Höflichkeit	◯					
					◯	Jahreszeiten	◯					
✗	✗	✗	✗	✗	●	kein(-e, -er, -em, -en)	●	✗	✗	✗	✗	✗
					◯	Kieselstein	◯					
						Kindheit	◯					
						klammheimlich	◯					
						Klarheit	◯					
						Kleckserei	◯					
✗	✗	✗	✗	✗	●	Kleid(er)	●	✗	✗	✗	✗	✗
						Kleidung	◯					
✗	✗	✗	✗		●	klein	●	✗	✗	✗	✗	
						kleiner	◯					
						am kleinsten	◯					
	✗					Kleinen (die)	◯		✗			
						Klugheit	◯					
	✗				◯	Krankheit	◯		✗			
	✗	✗	✗	✗		Kreis(e)	◯		✗	✗	✗	✗
						kreischen	◯					
						kreischst	◯					
						Kugelschreiber	◯					
	✗				◯	langweilig	◯		✗			
						langweiliger	◯					
						Leckerei	◯					
✗	✗	✗	✗	✗	◉	leicht	●	✗	✗	✗	✗	✗
						leichter	◯					
						am leichtesten	◯					
						Leid(en)	◯					
	✗	✗			◯	leiden	◯			✗	✗	
						leidest	◯					
						leidet	◯					
						Leidenschaft	◯					
	✗	✗		✗	◯	leider	◯			✗	✗	✗
						leihen	◯					
						leihst	◯					
					◯	Leim	◯					
						Leine(n)	◯					
						Leinen (das …)	◯					
✗	✗	✗	✗	✗	◉	leise	●	✗	✗	✗	✗	✗
						leiser	◯					
		✗				Leiste(n)	◯			✗		
		✗				leiten	◉			✗		
		✗			◯	Leiter(in)	◯			✗		

Klassenstufen 1-2						Wörter	Klassenstufen 3-4					
Bay	NiSa	S	S-A	Th	LB		LB	Bay	NiSa	S	S-A	Th
						Leitung	○					
						Mahlzeit	○					
					○	Meerschweinchen	○					
✗	✗	✗	✗	✗	◉	[mehr]	●	✗	✗	✗	✗	✗
						am meisten	◉		✗	✗	✗	
✗	✗	✗	✗	✗	●	mein(-e, -er, -em, …)	●	✗	✗	✗	✗	✗
	✗				◉	meinen	◉		✗			
						meinst	○					
						meinte	○					
	✗					Meinung(en)	○		✗			
				✗		meist	○					✗
						meiste(das …)	○					
	✗	✗	✗		○	am meisten	◉		✗	✗	✗	
	✗					meisten (die)	○		✗			
	✗				○	meistens	◉		✗			
	✗	✗	✗		○	Meister	○			✗	✗	✗
						meisterhaft	○					
						Meisterin(nen)	○					
						meisterlich	○					
						meistern	○					
						Meisterschaft	○					
	✗	✗	✗		○	miteinander	◉			✗	✗	✗
						Mitleid	○					
						möglicherweise	○					
						Möglichkeit	○					
						Mondschein	○					
						Müdigkeit	○					
						nebeneinander	○					
						Neid	○					
					○	neidisch	○					
✗	✗	✗		✗	●	nein	◉	✗	✗	✗		✗
						Notwendigkeit	○					
						Osterei	○					
						Pfeife	○					
	✗	✗	✗		○	pfeifen	◉			✗	✗	✗
						pfeifst / pfeift	○					
					○	Pfeife(n)	○					
				✗	○	Polizei	○					✗
						Postleitzahl(en)	○					
						Prahlerei	○					
	✗	✗	✗	✗	○	Preis(e)	◉		✗	✗	✗	✗
						Preisausschreiben	○					
						preiswert	○					
						Quälerei	○					
						Quälgeist	○					
						Raserei	○					
						Raureif	○					
					○	rechtzeitig	○					

| Klassenstufen 1-2 | | | | | | Wörter | Klassenstufen 3-4 | | | | | |
Bay	NiSa	S	S-A	Th	LB		LB	Bay	NiSa	S	S-A	Th
						Rederei	○					
						Reibe	○					
						reiben	○					
						Reibung	○					
✗	✗	✗		✗	◉	reich	◉	✗	✗	✗		✗
	✗	✗			○	reichen	○			✗	✗	
						reichlich	○					
						Reiche	○					
						Reichtum	○					
		✗	✗		○	reif	◉				✗	✗
						reifer	○					
						am reifsten	○					
		✗				Reifen	○				✗	
	✗	✗	✗	✗	○	Reihe(n)	◉		✗	✗	✗	✗
						Reihenfolge	○					
						reimen	○					
		✗				rein	○				✗	
						reiner	○					
						am reinsten	○					
	✗					reingehen	○		✗			
				✗		Reis	○					✗
	✗	✗	✗		○	Reise(n)	◉		✗	✗	✗	
✗	✗	✗	✗	✗	◉	reisen	◉	✗	✗	✗	✗	✗
	✗				○	reist	○		✗			
						reiste	○					
✗		✗	✗	✗	○	reißen	◉	✗		✗	✗	✗
						reißt	○					
	✗	✗	✗		○	reiten	◉		✗	✗	✗	
					○	reitest	○					
						Reiter(in)	○					
						Reiz	○					
						reizen	○					
						Reizung	○					
						Ritterzeit	○					
						Rohheit	○					
						Sandstein	○					
						Sauberkeit	○					
						Seide	○					
						seidig	○					
✗	✗	✗	✗		◉	Seife(n)	◉	✗	✗	✗	✗	
	✗				○	Seil(e)				✗		
✗	✗	✗	✗	✗	●	sein(-e, er, -em, -en)	●	✗	✗	✗	✗	✗
					○	sein	◉					
	✗	✗	✗	✗	○	seid	◉		✗	✗	✗	✗
✗	✗	✗	✗	✗	◉	seit	●	✗	✗	✗	✗	✗
	✗					seitdem	○		✗			
	✗	✗		✗	◉	Seite(n)	●		✗	✗		✗
						Seltenheit	○					

| Klassenstufen 1-2 | | | | | | Wörter | Klassenstufen 3-4 | | | | | |
Bay	NiSa	S	S-A	Th	LB		LB	Bay	NiSa	S	S-A	Th
						Sicherheit	○					
						siegreich	○					
✗						Süßigkeit	○	✗				
						Schattenseite	○					
		✗				Scheibe(n)	○			✗		
						Scheibenwischer	○					
✗	✗	✗	✗	✗	●	scheinen	●	✗	✗	✗	✗	✗
					○	scheint	○					
						Schlagzeile(n)	○					
	✗	✗			○	schleichen	◉				✗	✗
						schleichst	○					
						schleicht	○					
	✗	✗				Schleife(n)	○				✗	✗
						schmeißen	○					
						Schmiererei	○					
✗	✗	✗	✗	✗	◉	schneiden	●	✗	✗	✗	✗	✗
					○	schneidest	○		✗			
					○	schneidet	○					
	✗	✗		✗	○	schneien	○				✗	✗
					○	schneit	○					
						schneite	○					
						Schonzeit	○					
						Schönheit(en)	○					
						Schornstein	○					
						Schrei	○					
✗	✗	✗	✗	✗	●	schreiben	●	✗	✗	✗	✗	✗
					○	schreibst	○					
✗	✗			✗	◉	schreibt	◉	✗	✗			✗
						Schreiber	○					
						Schreibetui	○					
✗	✗	✗	✗	✗	◉	schreien	●	✗	✗	✗	✗	✗
					○	schreist	○					
					○	schreit	○					
						Schreiner	○					
						Schreinerin(nen)	○					
						schreiten	○					
						schrittweise	○					
					○	Schularbeit	○					
✗						schweigen	○	✗				
		✗	✗		○	Schwein(e)	○			✗	✗	
				✗		Schweiß	○					✗
✗						Schwierigkeit		✗				
						Speise(n)	○					
						spreizen	○					
						spreizt	○					
						startbereit	○					
	✗	✗	✗		◉	steigen	●			✗	✗	✗
					○	steigst	○					
					○	steigt	○					

Klassenstufen 1-2						Wörter	Klassenstufen 3-4					
Bay	NiSa	S	S-A	Th	LB		LB	Bay	NiSa	S	S-A	Th
						Steigung	○					
		✗	✗		○	steil	○			✗	✗	
						Steilhang	○					
	✗	✗	✗	✗	◉	Stein(e)	●		✗	✗	✗	✗
						steinhart	○					
						steinig	○					
						Stickerei	○					
				✗	○	Streich(e)	○					✗
				✗	○	streicheln	◉					✗
					○	streichelst	○					
		✗	✗			streichen	○			✗	✗	
					○	Streichholz	○					
						Streifen	○					
✗	✗	✗	✗			Streit	○	✗	✗	✗	✗	
✗		✗	✗	✗	○	streiten	◉	✗		✗	✗	✗
						streitest	○					
						Streiterei	○					
						streitsüchtig	○					
						Tapferkeit	○					
						Tätigkeit	○					
					○	Tätigkeitswort	○					
		✗	✗			Teich(e)	○			✗	✗	
						Teig	○					
	✗	✗	✗		○	Teil(e)	○		✗	✗	✗	
	✗	✗	✗		○	teilen	◉		✗	✗	✗	
						teilst	○					
						Teilnahme	○					
						teilnehmen	○					
						teilgenommen	○					
						Traurigkeit	○					
					○	treiben	○					
						überarbeiten	○					
						überarbeitet	○					
						Uhrzeiger	○					
						Uhrzeit	○					
					○	unheimlich	○					
		✗	✗			unterscheiden	○			✗	✗	
						Unterscheidung	○					
					○	Urteil	○					
						Urzeit	○					
						urzeitlich	○					
						Veilchen	○					
						verarbeiten	○					
						verarbeitest	○					
✗						Verein		✗				
✗						vereinen		✗				
					○	vergleichen	○					
						Verkehrsteilnehmer	○					

Bay	NiSa	S	S-A	Th	LB	Wörter	LB	Bay	NiSa	S	S-A	Th
						verkleiden	○					
						verkleidet	○					
						Verlegenheit	○					
						vermeiden	○					
						vermeidest	○					
		X	X	X		verreisen	○			X	X	X
						verreist	○					
					○	verschreiben	○					
		X	X			verteidigen	○			X	X	
						Verteidigung	○					
					○	verteilen	○					
						verteilt	○					
					○	vertreiben	○					
				X		Verzeichnis(se)	○					X
		X	X	X		verzeihen	○			X	X	X
						verzeihlich	○					
						Verzeihung	○					
					○	verzweifeln	○					
X	X	X	X	X	○	vielleicht	●	X	X	X	X	X
	X	X	X		○	vorbei	◉		X	X	X	
						vorbeigehen	○					
						vorbereiten	○					
	X	X	X	X		Wahrheit(en)	○		X	X	X	X
	X				○	wahrscheinlich	○		X			
						Wahrzeichen	○					
					○	Wegweiser	○					
	X	X	X	X	◉	weich	◉		X	X	X	X
						weicher	○					
X	X	X	X	X	◉	Weihnachten	●	X	X	X	X	X
					○	Weihnachtsbaum	○					
						Weihnachtszeit	○					
X	X	X	X		◉	weil	●	X	X	X	X	
						Weile	○					
	X				○	*eine Weile*	○		X			
					○	Wein	○					
	X	X	X	X	◉	weinen	◉		X	X	X	X
					○	weinst	○					
		X	X			weisen	○			X	X	
						weist	○					
X	X	X	X		●	weiß	●	X	X	X	X	
X	X	X	X	X	●	weit	●	X	X	X	X	X
X		X			◉	weiter	◉	X		X		
						am weitesten	○					
						Weite	○					
					○	weiterfahren	○					
						fährst weiter	○					
						fuhr weiter	○					
						weitergeben	○					

Bay	NiSa	S	S-A	Th	LB	Wörter	LB	Bay	NiSa	S	S-A	Th
	✗					weitergehen	○		✗			
						Weltmeister	○					
						Wichtigkeit	○					
						Wildschwein(e)	○					
						Wirklichkeit	○					
✗	✗	✗	✗	✗	◉	[wissen]	●	✗	✗	✗	✗	✗
					○	weißt	○					
✗	✗	✗	✗		○	weiß	◉	✗	✗	✗	✗	
						wohlgemeint	○					
						X-Beine	○					
					○	Zebrastreifen	○					
		✗	✗		○	Zeichen	◉			✗	✗	
						Zeichenblock	○					
✗	✗	✗	✗	✗	○	zeichnen	◉	✗	✗	✗	✗	✗
					○	zeichnest	○					
						zeichnet	○					
						zeichnete	○					
						Zeichner	○					
						Zeichnung	○					
✗	✗	✗	✗	✗	◉	zeigen	●	✗	✗	✗	✗	✗
						zeigst	○					
✗	✗				◉	zeigt	◉	✗	✗			
						zeigte	○					
	✗					gezeigt	○		✗			
						zeige	○					
						Zeiger	○					
						Zeile(n)	○					
✗	✗	✗	✗	✗	◉	Zeit(en)	●	✗	✗	✗	✗	✗
						Zeitschrift(en)	○					
✗	✗	✗	✗	✗	○	Zeitung(en)	◉	✗	✗	✗	✗	✗
	✗				○	zerreißen	○		✗			
						zerreißt	○					
						zurückbleiben	○					
✗	✗	✗	✗	✗	●	zwei	●	✗	✗	✗	✗	✗
						zu zweit	○					
						Zweifel	○					
						zweifeln	○					
		✗	✗	✗	○	Zweig(e)	○			✗	✗	✗
						zweihundert	○					
						zweimal	○					
						zweitausend	○					
						Zweite / Zweiten	○					

Klassenstufe 1-2						Wörter	Klassenstufen 3-4					
Bay	NiSa	S	S-A	Th	LB		LB	Bay	NiSa	S	S-A	Th
						Abenteuer	○					
		✗		✗		bedeuten	○			✗		✗
	✗	✗		✗		bedeutet	○		✗	✗		✗
						bedeutend	○					
						Bedeutung(en)	○					
		✗	✗		○	beugen	○			✗	✗	
						Beugung	○					
					○	Beute	○					
						deuten	○					
✗	✗	✗	✗	✗	○	deutlich	◉	✗	✗	✗	✗	✗
						Deutsch	○					
✗	✗	✗	✗	✗	○	deutsch	●	✗	✗	✗	✗	✗
						deutsche Sprache	○					
✗						Deutschland	○	✗				
						Deutung	○					
					○	Dompteur(e)	○					
						erleuchten	○					
						erleuchtet	○					
✗	✗	✗	✗	✗	◉	euch	●	✗	✗	✗	✗	✗
✗	✗	✗	✗	✗	◉	euer	◉	✗	✗	✗	✗	✗
✗	✗	✗	✗	✗	◉	eu(e)re	◉	✗	✗	✗	✗	✗
✗					○	Eule(n)	○	✗				
✗					○	Euro(s)	○	✗				
✗						Europa	○	✗				
						fabrikneu	○					
✗		✗	✗	✗	○	feucht	◉	✗		✗	✗	✗
✗						Feuchtigkeit	○	✗				
✗	✗	✗	✗		○	Feuer	◉	✗	✗	✗	✗	
						feuern	○					
						Feuerwehr	○					
✗	✗	✗	✗			Flugzeug(e)	◉	✗	✗	✗	✗	
						Flugzeugträger	○					
✗					◉	Freude(n)	◉	✗				
						freudig	○					
✗	✗	✗	✗	✗	●	freuen	●	✗	✗	✗	✗	✗
					○	freust dich	○					
					○	freut sich	○					
✗	✗	✗	✗	✗	◉	Freund(e)	●	✗	✗	✗	✗	✗
✗	✗				◉	Freundin(nen)	●	✗	✗			
	✗	✗	✗	✗	○	freundlich	◉		✗	✗	✗	✗
						freundlicher	○					
						Freundschaft(en)	○					
						Geheul	○					
	✗	✗	✗		○	heulen	◉		✗	✗	✗	
						Heuschnupfen	○					

Klassenstufe 1-2						Wörter	Klassenstufen 3-4					
Bay	NiSa	S	S-A	Th	LB		LB	Bay	NiSa	S	S-A	Th
✗	✗	✗	✗	✗	●	heute	●	✗	✗	✗	✗	✗
	✗				○	*heute Abend*	○		✗			
						Johannisfeuer	○					
					○	Jongleur(e)	○					
						keuchen	○					
✗		✗	✗	✗	○	Kreuz(e)	◉	✗		✗	✗	✗
						kreuzen	○					
						gekreuzt	○					
✗					○	Kreuzung(en)	○	✗				
✗		✗	✗		○	leuchten	◉	✗		✗	✗	
						Leuchter	○					
✗	✗	✗	✗	✗	●	Leute	●	✗	✗	✗	✗	✗
						naturgetreu	○					
✗	✗	✗	✗		●	neu	●	✗	✗	✗	✗	
						Neugier	○					
						Neugierde	○					
	✗	✗	✗	✗	○	neugierig	◉		✗	✗	✗	✗
					○	neulich	○					
✗	✗	✗		✗	●	neun	●	✗	✗	✗		✗
						neunmal	○					
						neunzehn	○					
						neunzig	○					
						Segelflugzeug	○					
						Scheu	○					
		✗	✗			scheu	○			✗	✗	
						scheuen	○					
						schleudern	○					
						schleuderst	○					
						Spielzeug	○					
✗				✗	○	Steuer(n)	○	✗				✗
✗						steuern	○	✗				
		✗	✗		○	streuen	○			✗	✗	
						streust	○					
						streut	○					
						streute	○					
						gestreut	○					
	✗	✗	✗		○	teuer	●		✗	✗	✗	
						Teuerung	○					
					○	Teufel	○					
✗					○	treu	○	✗				
						Ungeheuer	○					
					○	Werkzeug(e)	○					
✗	✗			✗		Zeugnis(se)	◉	✗	✗			✗

3.6.5 Wörter mit äu

Klassenstufen 1-2						Wörter	Klassenstufen 3-4					
Bay	NiSa	S	S-A	Th	LB		LB	Bay	NiSa	S	S-A	Th
					○	abräumen	○					
						räumst ab	○					
✗	✗					aufräumen	○	✗	✗			
✗	✗				◉	Bauch / Bäuche	◉	✗	✗			
						Bäuerin(nen)	○					
✗	✗	✗	✗	✗	●	Baum / Bäume	●	✗	✗	✗	✗	✗
						bestäuben	○					
						Bestäubung	○					
✗					○	Christbaum/…bäume	○	✗				
						enttäuschen	○					
						enttäuschst	○					
	✗					enttäuscht	○		✗			
						enttäuschte	○					
						Enttäuschung(en)	○					
						Faust / Fäuste	○					
						Fledermaus/…mäuse	○					
✗		✗	✗	✗		Gebäude	◉	✗		✗	✗	✗
						Geläut	○					
					○	Geräusch	○					
						gläubig	○					
✗		✗	✗	✗	○	häufig	◉	✗		✗	✗	✗
✗	✗	✗	✗	✗	●	Haus / Häuser	●	✗	✗	✗	✗	✗
✗	✗	✗			○	Haut / Häute	◉	✗	✗	✗		
						häuten	○					
						Häutung	○					
	✗					Krankenhaus/…häuser	○		✗			
✗		✗	✗		○	Kraut / Kräuter	○	✗		✗	✗	
✗	✗	✗	✗	✗	●	[laufen]	●	✗	✗	✗	✗	✗
					○	läufst	○					
✗	✗				◉	läuft	◉	✗	✗			
						Läufer	○					
						Laus / Läuse	○					
					○	läuten	○					
✗					◉	Maus / Mäuse		✗				
						Räuber	○					
						räuberisch	○					
						räuberisch	○					
✗	✗	✗	✗			Raum / Räume	◉	✗	✗	✗	✗	
		✗	✗			räumen	○			✗	✗	
						säubern	○					
						säubert	○					
						säuerlich	○					
						schäumen	○					
						Schlauch / Schläuche	○					
✗		✗	✗		○	Strauch / Sträucher	○	✗		✗	✗	
✗		✗	✗	✗		Strauß / Sträuße	○	✗		✗	✗	✗

Klassenstufen 1-2						Wörter	Klassenstufen 3-4					
Bay	NiSa	S	S-A	Th	LB		LB	Bay	NiSa	S	S-A	Th
						täuschen	○					
						Täuschung	○					
✗	✗	✗	✗	✗	○	Traum / Träume	●	✗	✗	✗	✗	✗
✗		✗	✗	✗	○	träumen	◉	✗		✗	✗	✗
					○	träumst	○					
						träumt	○					
						träumte	○					
						träumerisch	○					
					○	Verkäufer(in)	○					
		✗	✗	✗		versäumen	○			✗	✗	✗
						Versäumnis	○					
						[weglaufen]	○					
						läuft weg	○					
					○	Zaun / Zäune	○					

3.7 Wörter mit Vokaldopplungen

3.7.1 Wörter mit aa

Klassenstufen 1-2						Wörter	Klassenstufen 3-4					
Bay	NiSa	S	S-A	Th	LB		LB	Bay	NiSa	S	S-A	Th
					○	Aal(e)	○					
✗	✗	✗	✗		●	Haar(e)	●	✗	✗	✗	✗	
		✗	✗	✗	○	Paar(e)	◉			✗	✗	✗
	✗	✗	✗	✗	○	paar	◉		✗	✗	✗	✗
		✗	✗	✗		Saal / [Säle]	○			✗	✗	✗
		✗	✗	✗		Saat	○			✗	✗	✗
		✗	✗	✗		Staat(en)	○			✗	✗	✗
						staatlich	○					
						Staatsbürger(in)	○					
		✗	✗	✗	○	Waage(n)	○			✗	✗	✗

3.7.2 Wörter mit ee

Klassenstufen 1-2						Wörter	Klassenstufen 3-4					
Bay	NiSa	S	S-A	Th	LB		LB	Bay	NiSa	S	S-A	Th
						Allee(n)	○					
		✗	✗	✗		Beere(n)	○			✗	✗	✗
		✗	✗		○	Beet(e)	○				✗	✗
						Erdbeere	○					
						Fee(n)	○					
						feenhaft	○					
						Gelee	○					
	✗				○	Idee(n)	◉		✗			
						Johannisbeere	○					
	✗	✗	✗		○	Kaffee	◉			✗	✗	✗
		✗	✗			Klee	○				✗	✗
						Kleeblatt	○					
	✗	✗	✗	✗	○	leer	◉		✗	✗	✗	✗
✗	✗	✗	✗	✗	◉	Meer(e)	●	✗	✗	✗	✗	✗
						Meeresstrand	○					
					○	Meerschweinchen	○					
						Mittelmeer	○					
						[Museum] / Museen	○					
						Nordsee	○					
						Ostsee	○					
						Portmonee(s)	○					
✗	✗	✗	✗	✗	●	Schnee	●	✗	✗	✗	✗	✗
						Schneeflocke	○					
						Schneemann	○					
						schneeweiß	○					
✗	✗	✗	✗	✗	◉	See(n)	●	✗	✗	✗	✗	✗

Klassenstufen 1-2						Wörter	Klassenstufen 3-4					
Bay	NiSa	S	S-A	Th	LB		LB	Bay	NiSa	S	S-A	Th
						Seele	○					
						Seerose(n)	○					
✗	✗	✗	✗	✗	◉	Tee(s)	◉	✗	✗	✗	✗	✗
		✗	✗			Teer	○			✗	✗	
						teeren	○					
						Teerpappe	○					
						Teerstraße	○					

3.7.3 Wörter mit oo

Klassenstufen 1-2						Wörter	Klassenstufen 3-4					
Bay	NiSa	S	S-A	Th	LB		LB	Bay	NiSa	S	S-A	Th
✗	✗	✗	✗	✗	◉	Boot(e)	●	✗	✗	✗	✗	✗
						cool	○					
						Moor(e)	○					
						moorig	○					
✗		✗	✗	✗	○	Moos(e)	○	✗		✗	✗	✗
						moosig	○					
						Motorboot	○					
	✗	✗	✗	✗	○	Zoo(s)	◉		✗	✗	✗	✗

3.7.4 Wörter mit ie

Klassenstufen 1-2						Wörter	Klassenstufen 3-4					
Bay	NiSa	S	S-A	Th	LB		LB	Bay	NiSa	S	S-A	Th
						Abschied	○					
						abschließen	○					
						schließt ab	○					
						addieren	○					
						[anrufen]	○					
						rief an	○					
						anschließen	○					
	✗					anziehen	○		✗			
						zieht an	○					
	✗					zieht sich an	○		✗			
	✗					[aussehen]	○		✗			
						siehst aus	○					
						Batterie(n)	○					
✗	✗	✗	✗	✗	○	Beispiel(e)	●	✗	✗	✗	✗	✗
					○	beschließen	○					
						[beschreiben]	○					
						beschrieb	○					
						Besenstiel	○					
		✗	✗			Betrieb(e)	○			✗	✗	

| Klassenstufen 1-2 | | | | | | Wörter | Klassenstufen 3-4 | | | | | |
Bay	NiSa	S	S-A	Th	LB		LB	Bay	NiSa	S	S-A	Th
✗	✗	✗	✗	✗	○	biegen	◉	✗	✗	✗	✗	✗
						biegst	○					
						biegsam	○					
						Biegung	○					
✗					○	Biene(n)	○	✗				
					○	Bier	○					
						bieten	○					
						bietest	○					
						blamieren	○					
						blamierst	○					
						blamierte	○					
		✗	✗	✗	○	[blasen]	○			✗	✗	✗
		✗	✗			blies	○			✗	✗	
✗	✗	✗	✗	✗	●	[bleiben]	●	✗	✗	✗	✗	✗
						blieb(e)st	○					
✗	✗				○	blieb	◉	✗	✗	✗	✗	
	✗				○	geblieben	○		✗			
						[braten]	○					
						briet	○					
✗	✗	✗	✗	✗	●	Brief(e)	●	✗	✗	✗	✗	✗
						brieflich	○					
						Briefmarke(n)	○					
						demonstrieren	○					
						demonstriert	○					
✗	✗	✗	✗	✗	●	die	●	✗	✗	✗	✗	✗
					○	Dieb(e)	○					
						diebisch	○					
						Diebstahl	○					
		✗	✗		○	dienen	◉			✗	✗	
						dient	○					
						diente	○					
		✗	✗	✗		Dienst	○			✗	✗	✗
✗	✗	✗	✗	✗	●	Dienstag(e)	●	✗	✗	✗	✗	✗
						dienstags	○					
						dienstlich	○					
		✗	✗		◉	dies	◉			✗	✗	
✗	✗	✗		✗	◉	diese(-r,-m,-n,-s)	◉	✗	✗	✗		✗
						diskutieren	○					
					○	[entscheiden]	○					
						entschied	○					
						entschieden	○					
						entschließen	○					
						entschließt	○					
					○	[erscheinen]	○					
						erschien	○					
						erschienen	○					
						erziehen	○					
						Erziehung	○					

Bay	NiSa	S	S-A	Th	LB	Wörter	LB	Bay	NiSa	S	S-A	Th
						experimentieren	○					
						experimentierst	○					
						experimentierte	○					
✗	✗	✗	✗	✗	●	[fallen]	●	✗	✗	✗	✗	✗
						fielst	○					
	✗				○	fiel	◉		✗	✗	✗	
						Fantasie	○					
✗	✗				◉	[fernsehen]	◉	✗	✗			
					○	siehst fern	○					
						[festhalten]	○					
						hielt fest	○					
						Fieber	○					
					○	Fliege(n)	○					
✗	✗	✗	✗		●	fliegen	●	✗	✗	✗	✗	
					○	fliegst	○					
✗	✗				◉	fliegt	◉	✗	✗			
						Flieger	○					
		✗	✗	✗		fliehen	○			✗	✗	✗
						fliehst	○					
✗	✗	✗	✗	✗	○	fließen	●	✗	✗	✗	✗	✗
	✗					fließt	○		✗			
						fotografieren	○					
						fotografierst	○					
						fotografierte	○					
						Friede	○					
✗	✗	✗	✗	✗	◉	Frieden	●	✗	✗	✗	✗	✗
✗	✗				○	friedlich	○	✗	✗			
✗	✗	✗	✗	✗	○	frieren	◉	✗	✗	✗	✗	✗
						frierst	○					
						funktionieren	○					
						funktioniert	○					
						Gebiet(e)	○					
		✗	✗		○	[gefallen]	○			✗	✗	
		✗	✗			gefiel	○			✗	✗	
					○	gefrieren	○					
						genießen	○					
						Genießer	○					
✗	✗	✗	✗	✗	○	[geschehen]	◉	✗	✗	✗	✗	✗
✗	✗	✗	✗			geschieht	◉	✗	✗	✗	✗	
✗	✗	✗	✗	✗	○	gießen	●	✗	✗	✗	✗	✗
	✗				○	gießt	◉		✗			
						Gießkanne	○					
						Gottesdienst	○					
	✗	✗	✗	✗	○	gratulieren	◉		✗	✗	✗	✗
						gratulierst	○					
						gratuliert	○					
						gratulierte	○					
						Griechenland	○					
				✗		Grieß	○					✗

| Klassenstufen 1-2 | | | | | | Wörter | Klassenstufen 3-4 | | | | | |
Bay	NiSa	S	S-A	Th	LB		LB	Bay	NiSa	S	S-A	Th
						Grießbrei	○					
						Gummistiefel	○					
						halbieren	○					
						halbierst	○					
						halbierte	○					
✗	✗	✗	✗	✗	●	[halten]	●	✗	✗	✗	✗	✗
	✗	✗	✗		○	hielt	◉		✗	✗	✗	
✗	✗	✗	✗	✗	◉	[heißen]	●	✗	✗	✗	✗	✗
					○	hieß(e)st	○					
	✗				○	hieß	◉		✗			
✗	✗	✗	✗	✗	◉	hier	●	✗	✗	✗	✗	✗
	✗					hierher	○		✗			
						hinknien	○					
						Illustrierte	○					
✗						informieren	○	✗				
						informierst	○					
	✗					interessieren	○		✗			
						Interview(s)	○					
						interviewen	○					
	✗					irgendwie	○		✗			
						jonglieren	○					
						jonglierst	○					
						kassieren	○					
						Kassierer/in	○					
✗						Kiefer	○	✗				
					○	Kieselstein	○					
						Klavier	○					
	✗	✗	✗	✗		Knie	◉		✗	✗	✗	✗
				✗		kontrollieren	○					✗
✗	✗	✗	✗	✗	○	kriechen	●	✗	✗	✗	✗	✗
						kriechst	○					
✗	✗	✗	✗	✗	○	Krieg(e)	◉	✗	✗	✗	✗	✗
	✗				○	kriegen	○		✗			
	✗				○	kriegst	○		✗			
	✗					kriegt	○		✗			
						kriegte	○					
	✗					gekriegt	○		✗			
						kriegerisch	○					
✗	✗	✗	✗		●	[lassen]	●	✗	✗	✗	✗	
						ließest	○					
	✗				○	ließ	◉		✗	✗	✗	
✗	✗	✗	✗	✗	●	[laufen]	●	✗	✗	✗	✗	✗
						liefst	○					
	✗				○	lief	◉		✗			
						[leihen]	○					
						lieh / geliehen	○					
✗	✗	✗	✗	✗	●	[lesen]	●	✗	✗	✗	✗	✗
✗	✗				◉	liest	●	✗	✗	✗	✗	
					○	lies	○					

| Klassenstufen 1-2 | | | | | | Wörter | Klassenstufen 3-4 | | | | | |
Bay	NiSa	S	S-A	Th	LB		LB	Bay	NiSa	S	S-A	Th
✗	✗					◉	lieb	◉	✗	✗			
							lieber	○					
							am liebsten	○					
						Liebe	○					
✗	✗	✗	✗	✗	◉	lieben	●	✗	✗	✗	✗	✗
						liebst	○					
	✗				○	liebt	○		✗			
					○	lieblich	○					
	✗					Lieblings…	○		✗			
✗	✗	✗	✗	✗	◉	Lied(er)	●	✗	✗	✗	✗	✗
					○	liefern	○					
						lieferst	○					
						Lieferung	○					
✗	✗	✗		✗	●	liegen	●	✗	✗	✗		✗
					○	liegst	○					
✗	✗				○	liegt	◉	✗	✗			
						linieren	○					
	✗					[loslassen]	○		✗			
						ließ los	○					
				✗	○	marschieren	○					✗
						Miene	○					
✗		✗	✗	✗	○	Miete(n)	◉	✗		✗	✗	✗
		✗	✗	✗		mieten	○			✗	✗	✗
					○	Mieter(in)	○					
						möblieren	○					
						montieren	○					
						multiplizieren	○					
						musizieren	○					
						Neugier	○					
						Neugierde	○					
	✗	✗	✗	✗	○	neugierig	◉		✗	✗	✗	✗
✗	✗	✗			◉	nie	●	✗	✗	✗		
						nie mehr	○					
						nie und nimmer	○					
	✗					nieder	○		✗			
						auf und nieder	○					
						niederlassen	○					
				✗		niedlich	○					✗
		✗	✗	✗		niedrig	○			✗	✗	✗
✗	✗	✗	✗	✗		niemals	◉	✗	✗	✗	✗	✗
✗	✗	✗	✗	✗	○	niemand(en)	●	✗	✗	✗	✗	✗
				✗		nieseln	○					✗
						Nieselregen	○					
						niesen	○					
						niest	○					
						Niete	○					
						notieren	○					
✗						nummerieren	○	✗				

Klassenstufen 1-2						Wörter	Klassenstufen 3-4					
Bay	NiSa	S	S-A	Th	LB		LB	Bay	NiSa	S	S-A	Th
						Nummerierung	○					
						organisieren	○					
						orientieren	○					
						Orientierung	○					
						Paketpapier	○					
✗	✗	✗	✗	✗	●	Papier(e)	●	✗	✗	✗	✗	✗
	✗				○	passieren	◉		✗			
	✗				○	passiert	○		✗			
						passierte	○					
						Plattenspieler	○					
						Priester	○					
	✗	✗	✗	✗	○	probieren	◉		✗	✗	✗	✗
						probiert	○					
						programmieren	○					
					○	quieken	○					
						quiekst	○					
					○	quiekt	○					
						quietschen	○					
						quietscht	○					
						Radiergummi	○					
✗	✗	✗		✗	○	[raten]	◉	✗	✗	✗		✗
						riet	○					
						reparieren	○					
						reparierst / repariert	○					
						reparierte	○					
✗	✗	✗	✗		○	riechen	◉	✗	✗	✗	✗	
						riechst	○					
						rieseln	○					
			✗		○	riesig	○					✗
						riesiger	○					
						Rindvieh	○					
✗	✗	✗	✗	✗	●	[rufen]	●	✗	✗	✗	✗	✗
	✗				○	rief	◉		✗			
						Scharnier(e)	○					
✗	✗	✗	✗	✗	●	[scheinen]	●	✗	✗	✗	✗	✗
	✗				○	schien	○		✗	✗	✗	
						geschienen	○					
✗	✗	✗	✗	✗	○	schieben	◉	✗	✗	✗	✗	✗
						schiebst	○					
	✗					schiebt	○		✗			
						Schiedsrichter	○					
✗	✗	✗	✗		○	schief	◉	✗	✗	✗	✗	
	✗	✗				Schiene(n)	○			✗	✗	
						schienen	○					
	✗	✗			○	schießen	◉			✗	✗	
						schießt	○					
						Schießstand	○					
✗	✗	✗	✗		●	[schlafen]	●	✗	✗	✗	✗	
	✗				○	schlief	◉		✗	✗	✗	

Klassenstufen 1-2						Wörter	Klassenstufen 3-4					
Bay	NiSa	S	S-A	Th	LB		LB	Bay	NiSa	S	S-A	Th
✗	✗	✗	✗	✗	○	schließen	◉	✗	✗	✗	✗	✗
	✗					schließt	◉		✗			
✗	✗				○	schließlich	◉	✗	✗			
						Schmiere	○					
		✗	✗	✗		schmieren	○			✗	✗	✗
						schmierte	○					
						Schmiererei	○					
						schmierig	○					
						Schmieröl	○					
✗	✗	✗	✗	✗	●	[schreiben]	●	✗	✗	✗	✗	✗
	✗				○	schrieb	◉		✗	✗	✗	
	✗					geschrieben	○		✗			
✗	✗	✗	✗	✗	◉	[schreien]	●	✗	✗	✗	✗	✗
	✗	✗	✗		○	schrie	◉		✗	✗	✗	
	✗					geschrien	○		✗			
✗						[schweigen]	○	✗				
✗						schwieg	○	✗				
						geschwiegen	○					
✗	✗	✗	✗	✗	○	schwierig	◉	✗	✗	✗	✗	✗
						schwieriger	○					
						am schwierigsten	○					
✗						Schwierigkeit		✗				
✗	✗	✗	✗	✗	●	[sehen]	●	✗	✗	✗	✗	✗
	✗				○	siehst	○		✗			
	✗	✗	✗		◉	sieht	◉	✗	✗	✗	✗	
					○	sieh	○					
✗	✗	✗	✗		●	sie	●	✗	✗	✗	✗	
✗	✗	✗	✗	✗	●	sieben	●	✗	✗	✗	✗	✗
						siebenhundert	○					
						siebenmal	○					
		✗	✗			siebzehn	○			✗	✗	
		✗	✗	✗		siebzig	○			✗	✗	✗
						Sieg	○					
		✗	✗	✗	○	siegen	○			✗	✗	✗
		✗	✗			Sieger(in)	○			✗	✗	
						siegessicher	○					
						siegreich	○					
✗						skizzieren		✗				
						sortieren	○					
						sortierst	○					
✗	✗	✗		✗	○	spazieren	◉	✗	✗	✗		✗
					○	spazierst	○					
					○	spaziert	○					
						spazierte	○					
						spazieren gehen	○					
						gehst spazieren	○					
						ging spazieren	○					
						spazieren gegangen	○					
✗						Spaziergang/…-gänge	○	✗				

Klassenstufen 1-2						Wörter	Klassenstufen 3-4					
Bay	NiSa	S	S-A	Th	LB		LB	Bay	NiSa	S	S-A	Th
✗		✗	✗		○	Spiegel	◉	✗		✗	✗	
✗						spiegeln	○	✗				
						Spiegelung	○					
	✗	✗	✗		◉	Spiel(e)	◉		✗	✗	✗	
✗	✗	✗	✗		●	spielen	●	✗	✗	✗	✗	
					○	spielst	○					
		✗			○	spielt	○			✗		
						spielte	○					
		✗	✗		○	gespielt	○			✗	✗	
						Spielregel(n)	○					
						Spielzeug	○					
						sprießen	○					
						sprießt	○					
	✗	✗	✗	✗	○	[stehlen]	◉		✗	✗	✗	✗
						stiehlst	○					
		✗	✗			stiehlt	○			✗	✗	
	✗	✗	✗		◉	steigen	●		✗	✗	✗	
		✗	✗		○	stieg	○			✗	✗	
					○	Stiefel	○					
✗		✗	✗	✗		Stiel(e)	◉	✗		✗	✗	✗
						Stofftier	○					
						stolzieren	○					
	✗	✗	✗		○	[stoßen]	●		✗	✗	✗	
	✗	✗	✗		○	stieß	○		✗	✗	✗	
						subtrahieren	○					
					○	tapezieren	○					
	✗				○	telefonieren	◉		✗			
					○	telefonierst	○					
						telefoniert	○					
✗	✗	✗	✗	✗	○	tief	●	✗	✗	✗	✗	✗
						tiefer	○					
						am tiefsten	○					
✗						Tiefe	○	✗				
✗	✗	✗	✗	✗	●	Tier(e)	●	✗	✗	✗	✗	✗
						trainieren	○					
					○	umziehen	○					
					○	ziehst um	○					
	✗	✗	✗			Unterschied	○			✗	✗	✗
						unterschiedlich	○					
						verabschieden	○					
						verabschiedest	○					
						verbiegen	○					
✗		✗	✗	✗	○	verbieten	◉	✗		✗	✗	✗
						verbietest	○					
						verbietet	○					
					○	verdienen	○					
						[verlassen]	○					
						verließ	○					

Bay	NiSa	S	S-A	Th	LB	Wörter	LB	Bay	NiSa	S	S-A	Th
X	X	X	X		○	verlieren	●	X	X	X	X	
						verlierst	○					
						verliert	○					
						[vermeiden]	○					
						vermied	○					
						vermieden	○					
		X	X	X	○	[verraten]	◉			X	X	X
						verriet	○					
						verschieden	○					
		X	X	X	○	[verzeihen]	○			X	X	X
		X	X			verzieh	○			X	X	
		X	X	X	○	Vieh	◉			X	X	X
						Viehherde	○					
						Viehzucht	○					
X	X	X	X	X	●	viel(e)	●	X	X	X	X	X
						zu viel	○		X			
X	X	X	X	X	○	vielleicht	●	X	X	X	X	X
						vielmals	○					
X	X	X	X	X	●	vier	●	X	X	X	X	X
						Viereck	○					
						viereckig	○					
						vierhundert	○					
						viermal	○					
						vierzehn	○					
	X	X	X		○	vierzig	○			X	X	X
						Volkslied	○					
					○	[vorlesen]	○					
					○	liest vor	○					
		X	X			[weisen]	○			X	X	
						wies	○					
X	X	X	X	X	●	wie	●	X	X	X	X	X
X	X	X	X	X	●	wieder	●	X	X	X	X	X
						wiederholen	○					
						Wiedersehen	○					
						auf Wiedersehen	○		X			
X		X	X			wiegen	◉	X			X	X
						wiegst	○					
X	X	X	X	X	●	Wiese(n)	●	X	X	X	X	X
						wieso	○					
						wie viel	○					
						x-beliebig	○					
					○	Ziege(n)	○					
X	X	X	X	X	◉	ziehen	●	X	X	X	X	X
					○	ziehst	○					
	X				○	zieht	◉		X			
X	X	X	X		○	Ziel(e)	●	X	X	X	X	
X		X	X			zielen	○	X		X	X	
						zielst	○					
	X			X	○	ziemlich	◉		X			X

Klassenstufen 1-2						Wörter	Klassenstufen 3-4					
Bay	NiSa	S	S-A	Th	LB		LB	Bay	NiSa	S	S-A	Th
						zieren	○					
		✗	✗	✗		zierlich	○			✗	✗	✗
	✗				○	zufrieden	○		✗			
						[zurücklassen]	○					
						ließ zurück	○					
	✗				○	zu viel	○		✗			
✗				✗	○	Zwiebel(n)	○	✗				✗

3.8 Wörter mit Dehnungs-h

3.8.1 Wörter mit ah

| Klassenstufen 1-2 | | | | | | Wörter | Klassenstufen 3-4 | | | | | |
Bay	NiSa	S	S-A	Th	LB		LB	Bay	NiSa	S	S-A	Th
						abfahren	○					
						Abfahrt	○					
		✗	✗		○	ahnen	○			✗	✗	
	✗					Ahnung	○		✗			
						ahnungslos	○					
	✗					Ausnahme	○		✗			
	✗					[aussehen]	○		✗			
						sah aus	○					
✗	✗	✗	✗	✗	◉	Bahn(en)	●	✗	✗	✗	✗	✗
					○	Bahnhof	○					
					○	[befehlen]	○					
						befahl	○					
✗	✗				◉	bezahlen	◉	✗	✗			
					○	bezahlst	○					
					○	bezahlt	○					
						bezahlte	○					
						Diebstahl	○					
✗			✗		○	Draht / Drähte	○	✗			✗	
						drahtig	○					
						drüberfahren	○					
						einrahmen	○					
	✗					Eisenbahn	○		✗			
						entlangfahren	○					
						erfahren	○					
						Erfahrung	○					
						ermahnen	○					
						Ermahnung	○					
		✗			○	Fahne(n)	○			✗		
✗	✗	✗	✗	✗	●	fahren	●	✗	✗	✗	✗	✗
					○	fahrt	○					
	✗					gefahren	○		✗			
					○	fahre	○					
		✗	✗		○	Fahrer	○			✗	✗	
						Fahrgast / Fahrgäste	○					
	✗	✗	✗	✗	○	Fahrrad / Fahrräder	◉		✗	✗	✗	✗
	✗	✗	✗	✗		Fahrt(en)	◉		✗	✗	✗	✗
✗	✗				◉	[fernsehen]	◉	✗	✗			
					○	sah fern	○					
						Frühjahr	○					
✗	✗	✗	✗			Gefahr(en)	◉	✗	✗	✗	✗	
✗	✗	✗	✗	✗	○	[geschehen]	◉	✗	✗	✗	✗	✗
	✗					geschah	○		✗			
					○	Hahn / Hähne	○					
✗	✗	✗	✗	✗	●	Jahr(e)	●	✗	✗	✗	✗	✗

Klassenstufen 1-2						Wörter	Klassenstufen 3-4					
Bay	NiSa	S	S-A	Th	LB		LB	Bay	NiSa	S	S-A	Th
					○	Jahreszeiten	○					
		✗	✗			kahl	○			✗	✗	
		✗	✗	✗		Kahn / Kähne	○			✗	✗	✗
				✗		lahm	○					✗
						losfahren	○					
						losgefahren	○					
						Löwenzahn	○					
						Mahd	○					
						Mahl	○					
		✗	✗		○	mahlen	◉			✗	✗	
						Mahlzeit	○					
		✗	✗	✗	○	mahnen	◉			✗	✗	✗
						Mahnung	○					
						Mehrzahl	○					
	✗					mitfahren	○		✗			
✗	✗	✗	✗	✗	◉	nah(e)	●	✗	✗	✗	✗	✗
						nahezu	○					
						nahrhaft	○					
✗		✗	✗	✗	○	Nahrung(en)	◉	✗		✗	✗	✗
						Nahrungsmittel	○					
✗				✗		Naht	○	✗				✗
✗	✗	✗	✗	✗	●	[nehmen]	●	✗	✗	✗	✗	✗
	✗				○	nahm	◉		✗			
						Postleitzahl(en)	○					
				✗		prahlen	○					✗
						prahlst	○					
						Prahlerei	○					
						Rad fahren	○					
		✗	✗	✗		Rahmen	○			✗	✗	✗
						Rennfahrer	○					
						Rodelbahn	○					
				✗		Sahne	○					✗
✗	✗	✗	✗	✗	●	[sehen]	●	✗	✗	✗	✗	✗
	✗	✗	✗		○	sah	◉		✗	✗	✗	
	✗	✗	✗	✗	○	[stehlen]	◉		✗	✗	✗	✗
						stahl	○					
						Strahl(en)	○					
				✗		strahlen	○					✗
				✗		strahlst	○					✗
						Teilnahme	○					
						[teilnehmen]	○					
						nahm teil	○					
✗			✗			Vorfahrt		✗			✗	
✗		✗	✗	✗		Wahl(en)	○	✗		✗	✗	
	✗	✗	✗	✗	○	wahr	●		✗	✗	✗	✗
	✗	✗	✗	✗		Wahrheit(en)	○		✗	✗	✗	✗
	✗				○	wahrscheinlich	○		✗			
						Wahrzeichen	○					

Bay	NiSa	S	S-A	Th	LB	Wörter	LB	Bay	NiSa	S	S-A	Th
					○	Weiterfahren	○					
✗	✗	✗	✗	✗	◉	Zahl(en)	●	✗	✗	✗	✗	✗
	✗			✗	○	zahlen	◉		✗			✗
						zahlt	○					
						zahlte	○					
						zahm	○					
✗	✗			✗	◉	Zahn / Zähne	●	✗	✗			✗
						zurückfahren	○					

3.8.2 Wörter mit eh

Bay	NiSa	S	S-A	Th	LB	Wörter	LB	Bay	NiSa	S	S-A	Th
						achtzehn	○					
						angenehm	○					
		✗	✗			anlehnen	○			✗	✗	
						Anlehnung	○					
					○	[aufgehen]	○					
						geht auf	○					
					○	[aufstehen]	○					
					○	stehst auf	○					
						Befehl(e)	○					
					○	befehlen	○					
		✗	✗			dehnen	○			✗	✗	
						dehnbar	○					
						Dehnung	○					
						drehbar	○					
✗	✗	✗	✗	✗	○	[drehen]	●	✗	✗	✗	✗	✗
					○	drehst	○					
						drehte	○					
						gedreht	○					
						Drehung	○					
	✗					dreizehn	○				✗	
		✗	✗			Ehre(n)	○				✗	✗
		✗	✗			ehren	○				✗	✗
✗	✗	✗	✗	✗		ehrlich	◉	✗	✗	✗	✗	✗
						Ehrlichkeit	○					
						Ehrung	○					
						entnehmen	○					
					○	[entstehen]	○					
					○	entsteht	○					
	✗	✗	✗	✗	◉	fehlen	◉		✗	✗	✗	✗
						fehlst	○					
					○	fehlt	○					
					○	fehlte	○					
					○	gefehlt	○					

| Klassenstufen 1-2 | | | | | | Wörter | Klassenstufen 3-4 | | | | | |
Bay	NiSa	S	S-A	Th	LB		LB	Bay	NiSa	S	S-A	Th
✗	✗	✗	✗	✗	○	Fehler	◉	✗	✗	✗	✗	✗
✗						fehlerfrei		✗				
						Feuerwehr	○					
						[flehen]	○					
						flehst	○					
						Flüchtigkeitsfehler	○					
						fünfzehn	○					
✗	✗	✗	✗		●	[gehen]	●	✗	✗	✗	✗	
					○	gehst	○					
✗	✗				◉	geht	◉	✗	✗			
						gelehrt	○					
						Gewehr	○					
						heimkehren	○					
		✗	✗	✗	○	kehren	○			✗	✗	✗
		✗				Lehne	○			✗		
						lehnen	○					
						Lehnstuhl	○					
		✗	✗			lehren	○			✗	✗	
						Lehre	○					
✗	✗	✗	✗	✗	◉	Lehrer	●	✗	✗	✗	✗	✗
✗	✗	✗	✗		◉	Lehrerin(nen)	◉	✗	✗	✗	✗	
						Lehrling	○					
						Lehrmädchen	○					
		✗	✗	✗		Mehl	◉			✗	✗	✗
						mehlig	○					
✗	✗	✗	✗	✗	◉	mehr	●	✗	✗	✗	✗	✗
						nie mehr	○					
	✗				○	mehrere	○		✗			
						mehrmals	○					
						mehrspurig	○					
						Mehrzahl	○					
✗	✗	✗	✗	✗	●	nehmen	●	✗	✗	✗	✗	✗
					○	nehmt	○					
						neunzehn	○					
✗		✗	✗		○	Reh(e)	◉	✗		✗	✗	
						Rehkitz	○					
		✗	✗			sechzehn	○			✗	✗	
✗	✗	✗	✗	✗	●	sehr	●	✗	✗	✗	✗	✗
		✗	✗			siebzehn	○			✗	✗	
						[spazieren gehen]	○					
						gehst spazieren	○					
✗	✗	✗	✗	✗	●	[stehen]	●	✗	✗	✗	✗	✗
					○	stehst	○					
✗	✗				◉	steht	◉	✗	✗			
					○	steh(e)	○					
		✗	✗	✗	✗	○	stehlen	◉			✗	✗	✗	✗
						teilnehmen	○					

Klassenstufen 1-2						Wörter	Klassenstufen 3-4					
Bay	NiSa	S	S-A	Th	LB		LB	Bay	NiSa	S	S-A	Th
						[umgehen]	○					
						umgeht	○					
✗						umkehren	○	✗				
						[untergehen]	○					
						gehst unter	○					
✗	✗	✗	✗		○	Verkehr	●	✗	✗	✗	✗	
						Verkehrsteilnehmer	○					
						verkehrt	○					
	✗				○	[verstehen]	◉		✗			
						verstehst	○					
	✗				○	versteht	○		✗			
						vierzehn	○					
	✗	✗	✗			wegnehmen	○		✗	✗	✗	
		✗	✗		○	weh	○			✗	✗	
		✗	✗			[wehen]	○			✗	✗	
						weht	○					
		✗	✗			[wehren]	◉			✗	✗	
						wehrte	○					
						wehrlos	○					
						wehtun	○					
						tat weh	○					
						wehgetan	○					
						Zehn	○					
✗	✗	✗	✗	✗	●	zehn	●	✗	✗	✗	✗	✗
						zehnfach	○					
						zehnmal	○					
						zehntausend	○					
						[zurückgehen]	○					
						geht zurück	○					

3.8.3 Wörter mit eih

Klassenstufen 1-2						Wörter	Klassenstufen 3-4					
Bay	NiSa	S	S-A	Th	LB		LB	Bay	NiSa	S	S-A	Th
						[leihen]	○					
						leihst	○					
						verzeihlich	○					
						Verzeihung	○					
✗	✗	✗	✗	✗	◉	Weihnachten	●	✗	✗	✗	✗	✗
					○	Weihnachtsbaum	○					
						Weihnachtszeit	○					

3.8.4 Wörter mit ieh

Klassenstufen 1-2						Wörter	Klassenstufen 3-4					
Bay	NiSa	S	S-A	Th	LB		LB	Bay	NiSa	S	S-A	Th
	✗					[anziehen]	○		✗			
						zieht an	○					
	✗					zieht sich an	○		✗			
	✗					[aussehen]	○		✗			
						siehst aus	○					
✗	✗				◉	[fernsehen]	◉	✗	✗			
					○	siehst fern	○					
		✗	✗	✗		[fliehen]	○			✗	✗	✗
						fliehst	○					
✗	✗	✗	✗	✗	○	[geschehen]	◉	✗	✗	✗	✗	✗
✗	✗	✗	✗			geschieht	◉	✗	✗	✗	✗	
						[leihen]	○					
						lieh	○					
						Rindvieh	○					
✗	✗	✗	✗	✗	●	[sehen]	●	✗	✗	✗	✗	✗
	✗				○	siehst	○		✗			
	✗	✗	✗		◉	sieht	◉	✗	✗	✗	✗	
					○	sieh	○					
	✗	✗	✗	✗	○	[stehlen]	◉		✗	✗	✗	✗
						stiehlst	○					
		✗	✗			stiehlt	○			✗	✗	
					○	umziehen	○					
					○	ziehst um	○					
		✗	✗	✗		[verzeihen]	○			✗	✗	✗
		✗	✗			verzieh	○			✗	✗	
		✗	✗	✗	○	Vieh	◉			✗	✗	✗
						Viehherde	○					
						Viehzucht	○					
✗	✗	✗	✗	✗	◉	ziehen	●	✗	✗	✗	✗	✗
					○	ziehst	○					
	✗				○	zieht	◉		✗			

3.8.5 Wörter mit ih

Klassenstufen 1-2						Wörter	Klassenstufen 3-4					
Bay	NiSa	S	S-A	Th	LB		LB	Bay	NiSa	S	S-A	Th
✗	✗	✗	✗	✗	●	ihm	●	✗	✗	✗	✗	✗
✗	✗	✗	✗	✗	●	ihn(-en, …)	●	✗	✗	✗	✗	✗
✗	✗	✗	✗	✗	●	ihr(-e, -en, -em)	●	✗	✗	✗	✗	✗

3.8.6 Wörter mit oh

Klassenstufen 1-2						Wörter	Klassenstufen 3-4					
Bay	NiSa	S	S-A	Th	LB		LB	Bay	NiSa	S	S-A	Th
						[bedrohen]	○					
						bedrohst / bedrohte	○					
						bedrohlich	○					
						Bedrohung	○					
					○	[befehlen]	○					
						befohlen	○					
✗	✗	✗	✗			belohnen	○	✗	✗	✗	✗	
						belohnt / belohnte	○					
	✗					Belohnung	○		✗			
						bewohnbar	○					
						Bewohner	○					
				✗	○	Bohne(n)	○					✗
✗		✗	✗	✗	○	bohren	◉	✗		✗	✗	✗
				✗		Bohrer	○					✗
						Bohrung	○					
	✗	✗	✗	✗	○	[drohen]	◉		✗	✗	✗	✗
						drohte	○					
					○	Drohung	○					
					○	Einwohner	○					
		✗	✗	✗		[fliehen]	○			✗	✗	✗
						floh / geflohen	○					
					○	Floh / Flöhe	○					
						Flohzirkus	○					
						Fohlen	○					
	✗	✗	✗		○	froh	◉		✗	✗	✗	
✗		✗	✗		○	hohl	○	✗		✗	✗	
				✗	○	Kohle(n)	◉					✗
✗		✗	✗	✗	○	Lohn / Löhne	◉	✗		✗	✗	✗
		✗	✗			lohnen	○			✗	✗	
					○	obwohl	○					
✗	✗	✗	✗	✗	◉	ohne	●	✗	✗	✗	✗	✗
✗	✗	✗	✗	✗	●	Ohr(en)	●	✗	✗	✗	✗	✗
		✗	✗	✗	○	roh	◉			✗	✗	✗
						Rohheit	○					
						Rohr / Röhre	○					
						Rohstoff	○					
✗	✗	✗	✗	✗	◉	Sohn / Söhne	●	✗	✗	✗	✗	✗
	✗	✗	✗	✗	○	[stehlen]	◉		✗	✗	✗	✗
	✗					gestohlen	○		✗			
		✗	✗	✗		Stroh	◉			✗	✗	✗
						Strohhalm	○					
						strohig	○					
						Strohstern(e)	○					
						Wohl	○					
	✗	✗	✗	✗	○	wohl	○			✗	✗	✗

3.8.7 Wörter mit öh

Klassenstufen 1-2						Wörter	Klassenstufen 3-4					
Bay	NiSa	S	S-A	Th	LB		LB	Bay	NiSa	S	S-A	Th
						argwöhnisch	○					
✗	✗	✗	✗	✗	○	fröhlich	●	✗	✗	✗	✗	✗
						fröhlicher	○					
✗						Fröhlichkeit		✗				
✗	✗	✗	✗	✗	○	Höhle(n)	◉	✗	✗	✗	✗	✗
✗		✗	✗	✗	○	Lohn / Löhne	◉	✗		✗	✗	✗
						Rohr / Röhre	○					
✗	✗	✗	✗	✗	◉	Sohn / Söhne	●	✗	✗	✗	✗	✗
						versöhnen	○					
						versöhnst	○					
						versöhnte	○					
						Versöhnung	○					

3.8.8 Wörter mit uh

Klassenstufen 1-2						Wörter	Klassenstufen 3-4					
Bay	NiSa	S	S-A	Th	LB		LB	Bay	NiSa	S	S-A	Th
						[abfahren]	○					
						fuhr ab	○					
						[erfahren]	○					
						erfuhr	○					
✗	✗	✗	✗	✗	●	[fahren]	●	✗	✗	✗	✗	✗
						fuhrst	○					
	✗				○	fuhr	◉		✗			
						Huhn / Hühner	○					
✗	✗	✗	✗		◉	Kuh / Kühe	●	✗	✗	✗	✗	
						Lehnstuhl	○					
						[losfahren]	○					
						fuhr los	○					
						[Rad fahren]	○					
						fuhr Rad	○					
						Schlittschuh(e)	○					
✗	✗	✗	✗	✗	◉	Schuh(e)	●	✗	✗	✗	✗	✗
						Sportschuh	○					
✗	✗	✗	✗	✗	◉	Stuhl / Stühle	●	✗	✗	✗	✗	✗
✗	✗	✗	✗	✗	●	Uhr(en)	●	✗	✗	✗	✗	✗
						Uhrzeiger	○					
						Uhrzeit	○					
					○	[weiterfahren]	○					
						fuhr weiter	○					

3.8.9 Wörter mit üh

Klassenstufen 1-2						Wörter	Klassenstufen 3-4					
Bay	NiSa	S	S-A	Th	LB		LB	Bay	NiSa	S	S-A	Th
						anführen	○					
						führte an	○					
						Bergführer(in)	○					
	✗			✗		berühmt	○		✗			✗
						Berühmtheit	○					
✗	✗	✗	✗	✗	◉	[blühen]	●	✗	✗	✗	✗	✗
✗	✗				○	blüht	◉	✗	✗			
						blühte	○					
						geblüht	○					
		✗		✗		Bühne(n)	○			✗		✗
						entführen	○					
						entführt	○					
						entführte	○					
						Entführung	○					
	✗	✗	✗		○	früh	◉		✗	✗	✗	
						Frühblüher	○					
						Frühjahr	○					
✗	✗	✗	✗	✗	◉	Frühling	●	✗	✗	✗	✗	✗
	✗				○	Frühstück	◉		✗			
	✗					frühstücken	○		✗			
✗	✗	✗	✗	✗	○	fühlen	●	✗	✗	✗	✗	✗
						fühlst	○					
						fühlte	○					
						Fühler	○					
✗	✗	✗	✗	✗	○	führen	●	✗	✗	✗	✗	✗
						führst	○					
						führte	○					
						Führerschein	○					
✗						Führung	○	✗				
✗	✗				○	Gefühl	○	✗	✗			
						Glühbirne	○					
						Huhn / Hühner	○					
✗		✗	✗	✗	○	kühl	◉	✗		✗	✗	✗
						kühler	○					
						am kühlsten	○					
✗						kühlen	○	✗				
						Kühler	○					
		✗	✗			Mühle(n)	○				✗	✗
						mühsam	○					
						Pflichtgefühl	○					
✗		✗	✗	✗	○	rühren	◉	✗		✗	✗	✗
						rührend	○					
						Rührung	○					
						Sprühdose	○					
		✗	✗			[sprühen]	○				✗	✗
						sprühst	○					

| Klassenstufen 1-2 | | | | | | Wörter | Klassenstufen 3-4 | | | | | |
Bay	NiSa	S	S-A	Th	LB		LB	Bay	NiSa	S	S-A	Th
✗	✗	✗	✗	✗	◉	Stuhl / Stühle	●	✗	✗	✗	✗	✗
						verrühren	○					
						vorführen	○					
						führt vor	○					
						führst vor	○					
						Vorführung(en)	○					
				✗		wühlen	○					✗
						wühlst	○					
						wühlt	○					

3.9 Wörter mit Konsonantendopplung

3.9.1 Wörter mit bb

Klassenstufen 1-2						Wörter	Klassenstufen 3-4					
Bay	NiSa	S	S-A	Th	LB		LB	Bay	NiSa	S	S-A	Th
						Hobby(s)	○					
						krabbeln	○					
						krabbelst	○					
durch Wortverbindungen:												
						abbauen	○					
						abbeißen	○					
						abbilden	○					
						Abbildung	○					
						abbürsten	○					
						Laubbaum	○					

3.9.2 Wörter mit dd

Klassenstufen 1-2						Wörter	Klassenstufen 3-4					
Bay	NiSa	S	S-A	Th	LB		LB	Bay	NiSa	S	S-A	Th
						addieren	○					
						Addition	○					
						paddeln	○					
						paddelst	○					
		✗	✗	✗	○	Pudding(s)	○			✗	✗	✗
						Puddingpulver	○					
✗					○	Teddy(s)	○	✗				
durch Wortverbindungen:												
						einunddreißig	○					
						währenddessen	○					

3.9.3 Wörter mit ff

Klassenstufen 1-2						Wörter	Klassenstufen 3-4					
Bay	NiSa	S	S-A	Th	LB		LB	Bay	NiSa	S	S-A	Th
					○	Affe(n)	○					
						betroffen	○					
						Eiffelturm	○					
						Esslöffel	○					
						gaffen	○					
					○	Giraffen	○					
	✗	✗	✗		○	[greifen]	◉			✗	✗	✗
		✗	✗			griff	○				✗	✗
	✗					gegriffen	○			✗		
		✗	✗		○	Griff	○				✗	✗

Klassenstufen 1-2						Wörter	Klassenstufen 3-4					
Bay	NiSa	S	S-A	Th	LB		LB	Bay	NiSa	S	S-A	Th
✗		✗	✗		◯	hoffen	◉	✗		✗	✗	
						hoffst / hofft	◯					
						hoffte	◯					
✗	✗	✗	✗	✗	◯	hoffentlich	◉	✗	✗	✗	✗	✗
						Hoffnung(en)	◯					
						hoffnungslos	◯					
	✗	✗	✗		◯	Kaffee	◉		✗	✗	✗	
	✗	✗	✗	✗	◯	Kartoffeln	◉		✗	✗	✗	✗
						Kartoffelernte	◯					
						Kartoffelsalat	◯					
					◯	Klebstoff	◯					
		✗	✗		◯	Koffer	◉			✗	✗	
✗	✗	✗	✗	✗	◉	Löffel	◉	✗	✗	✗	✗	✗
✗	✗	✗	✗	✗	◉	offen	◉	✗	✗	✗	✗	✗
	✗	✗	✗		◯	öffnen	◯			✗	✗	✗
						öffnest / öffnet	◯					
						Öffner	◯					
						Öffnung	◯					
						Pantoffel	◯					
						Pfeffer	◯					
		✗	✗	✗	◯	[pfeifen]	◉			✗	✗	✗
		✗	✗			pfiff	◯			✗	✗	
						gepfiffen	◯					
						Pfiff(e)	◯					
						pfiffig	◯					
						Rohstoff	◯					
✗	✗	✗	✗	✗	◯	schaffen	◉	✗	✗	✗	✗	✗
						schaffst	◯					
	✗					schafft	◯		✗			
						schaffte	◯					
	✗					geschafft	◯		✗			
						Schaffner	◯					
	✗	✗	✗	✗	◉	Schiff(e)	●		✗	✗	✗	✗
						Schiffer	◯					
						Sprengstoff	◯					
✗	✗	✗	✗		◯	Stoff(e)	◉	✗	✗	✗	✗	
						Stofftier	◯					
✗	✗	✗	✗		◉	treffen	●	✗	✗	✗	✗	
					◯	triffst	◯					
✗	✗				◯	trifft	◉	✗	✗			
✗	✗					getroffen	◯	✗	✗			
						Treffer	◯					
						Treffpunkt	◯					
		✗	✗			Waffel(n)	◯			✗	✗	
						Werkstoff	◯					
durch Wortverbindungen:												
						zwölffach	◯					

3.9.4 Wörter mit gg

Klassenstufen 1-2						Wörter	Klassenstufen 3-4					
Bay	NiSa	S	S-A	Th	LB		LB	Bay	NiSa	S	S-A	Th
	✗	✗	✗		○	Bagger	◉		✗	✗	✗	
						baggern	○					
						joggen	○					
						joggst	○					
						joggte	○					
						Jogger	○					
						Jogging	○					
durch Wortverbindungen:												
						entlanggehen	○					

3.9.5 Wörter mit ll

Klassenstufen 1-2						Wörter	Klassenstufen 3-4					
Bay	NiSa	S	S-A	Th	LB		LB	Bay	NiSa	S	S-A	Th
						Abfall / Abfälle	○					
✗	✗	✗	✗	✗	●	alle	●	✗	✗	✗	✗	✗
						Allee(n)	○					
	✗	✗	✗	✗	◉	allein	●		✗	✗	✗	✗
	✗					allerdings	○		✗			
✗	✗				○	alles	◉	✗	✗			
	✗					allmählich	○		✗			
						ausstellen	○					
						stellst aus	○					
				✗		Ausstellung	○					✗
✗	✗	✗	✗	✗	●	Ball / Bälle	●	✗	✗	✗	✗	✗
						Ballett	○					
						Ballon(s)	○					
						Bärenfell	○					
						Baumwolle	○					
	✗	✗	✗		○	bellen	◉		✗	✗	✗	
						bellst	○					
	✗					bellte	○		✗			
	✗					gebellt	○		✗			
	✗	✗	✗	✗	○	billig	◉		✗	✗	✗	✗
✗	✗	✗	✗		○	Brille(n)	●	✗	✗	✗	✗	
					○	brüllen	○					
						brüllst	○					
						brüllte	○					
					○	Einfall	○					
						entrollen	○					
						entrollte	○					
						Erdball	○					
					○	erfüllen	○					
						Erfüllung	○					

Klassenstufen 1-2						Wörter	Klassenstufen 3-4					
Bay	NiSa	S	S-A	Th	LB		LB	Bay	NiSa	S	S-A	Th
						Fall / Fälle	○					
						Falle	○					
✗	✗	✗	✗	✗	●	fallen	●	✗	✗	✗	✗	✗
					○	fällst	○					
✗	✗				◉	fällt	◉	✗	✗			
	✗				○	gefallen	○		✗			
						fällen	○					
						fällt	○					
						falls	○					
		✗	✗		○	Fell(e)	◉			✗	✗	
✗		✗	✗		○	füllen	◉	✗		✗	✗	
					○	füllt	○					
					○	füllst	○					
✗	✗				○	Füller	◉	✗	✗			
						Füllung	○					
	✗				○	Fußball / Fußbälle	○					
						Gebrüll	○					
		✗	✗		○	gefallen	○			✗	✗	
						gefällst	○					
						gefällt	○					
		✗	✗			gefiel	○			✗	✗	
						geheimnisvoll	○					
						geheimnisvoller	○					
						Gulli(s)	○					
		✗	✗			Halle(n)	○			✗	✗	
						Hallenbad	○					
						hallo	○					
						Heißluftballon	○					
✗	✗	✗	✗		◉	hell	◉	✗	✗	✗	✗	
	✗					hellblau	○		✗			
						Helligkeit	○					
✗						herstellen		✗				
✗						Herstellung		✗				
	✗					hinfallen	○		✗			
						Holland	○					
						Hölle	○					
		✗	✗			Hülle(n)	○			✗	✗	
						Illustrierte	○					
	✗					jedenfalls	○		✗			
		✗	✗	✗	○	Keller	◉			✗	✗	✗
				✗		Kellner						✗
					○	Knall	○					
		✗	✗		○	knallen	◉			✗	✗	
						Knolle(n)	○					
						Kontrolle	○					
				✗		kontrollieren	○					✗
					○	Kralle	○					
						Luftballon	○					

Bay	NiSa	S	S-A	Th	LB	Wörter	LB	Bay	NiSa	S	S-A	Th
						maßvoll	○					
		✗	✗			Metall(e)	○			✗	✗	
						metallisch	○					
						Milligramm	○					
						Millimeter	○					
						Million(en)	○					
						mondhell	○					
✗				✗	○	Müll	◉	✗				✗
						Musikkapelle	○					
						Notfall	○					
						Pulli(s)	○					
				✗		Pullover	○					✗
						Qualle(n)	○					
✗		✗	✗	✗	○	Quelle(n)	◉	✗		✗	✗	✗
						quellen	○					
						Rolle(n)	○					
✗		✗	✗	✗	●	rollen	◉	✗		✗	✗	✗
					○	rollst	○					
					○	rollt	○					
					○	gerollt	○					
	✗	✗	✗	✗	○	Roller	○		✗	✗	✗	✗
						rollern	○					
						rücksichtsvoll	○					
✗		✗				Schall	○	✗		✗		
						schalldicht	○					
		✗				schallen	○			✗		
						Schallplatte	○					
						schmerzstillend	○					
✗	✗	✗	✗	✗	●	schnell	●	✗	✗	✗	✗	✗
						schneller	○					
						am schnellsten	○					
✗	✗	✗	✗		●	sollen	●	✗	✗	✗	✗	
	✗				○	sollst	○		✗			
						soll	○					
						solltest	○					
	✗				○	sollte	○		✗			
		✗	✗		○	Stall / Ställe	○			✗	✗	
	✗	✗	✗		○	Stelle(n)	◉		✗	✗	✗	
✗	✗	✗	✗		◉	stellen	●	✗	✗	✗	✗	
					○	stellst	○					
	✗				○	stellt	○		✗			
						stellte	○					
						stelle	○					
✗	✗	✗	✗		◉	still	●	✗	✗	✗	✗	
						stiller	○					
						am stillsten	○					
					○	Tabelle(n)	○					
					○	Telefonzelle	○					

Klassenstufen 1-2						Wörter	Klassenstufen 3-4					
Bay	NiSa	S	S-A	Th	LB		LB	Bay	NiSa	S	S-A	Th
✗	✗	✗	✗	✗	◉	Teller	●	✗	✗	✗	✗	✗
					○	Tischtennisball/…bälle	○					
					○	toll	○					
	✗	✗	✗	✗	○	überall	●		✗	✗	✗	✗
	✗	✗	✗		○	Unfall / Unfälle	○		✗	✗	✗	
						Unfallstation	○					
						Vanille	○					
✗	✗	✗	✗	✗	○	vielleicht	●	✗	✗	✗	✗	✗
✗	✗	✗	✗	✗	◉	voll	●	✗	✗	✗	✗	✗
					○	völlig	○					
						vollständig	○	✗				
						vorstellen	○					
						stellt vor	○					
						Vorstellung(en)	○					
	✗	✗				Welle(n)	○			✗	✗	
						Wellblech	○					
						Weltall	○					
					○	wertvoll	○					
						widerwillig	○					
						willkommen	○					
	✗	✗			○	Wolle				✗	✗	
✗	✗	✗	✗	✗	●	wollen	●	✗	✗	✗	✗	✗
	✗				○	willst	◉		✗			
✗	✗	✗	✗	✗	◉	will	◉	✗	✗	✗	✗	✗
					○	wollte	◉		✗			
						gewollt	○					
						wollig	○					
					○	Zwilling(e)	○					
durch Wortverbindungen:												
						Sessellift	○					

3.9.6 Wörter mit mm

Klassenstufen 1-2						Wörter	Klassenstufen 3-4					
Bay	NiSa	S	S-A	Th	LB		LB	Bay	NiSa	S	S-A	Th
	✗				○	ankommen	○		✗			
					○	kommst an	○					
	✗					kommt an	○		✗			
					○	beisammen	○					
	✗				◉	bekommen	◉		✗			
					○	bekommst	○					
	✗				○	bekommt	○		✗			
		✗	✗			bestimmen	○			✗	✗	
						bestimmst	○					
✗	✗				○	bestimmt	◉	✗	✗			
						Bestimmung	○					

Klassenstufen 1-2						Wörter	Klassenstufen 3-4					
Bay	NiSa	S	S-A	Th	LB		LB	Bay	NiSa	S	S-A	Th
		✗	✗		○	brummen	◉				✗	✗
						brummst	○					
						brummt	○					
						brummig	○					
						Bummel	○					
						Bummelei	○					
		✗	✗			bummeln	○				✗	✗
						Bummler	○					
		✗	✗			Damm / Dämme	○				✗	✗
						dämmern	○					
						Dämmerung	○					
✗	✗	✗	✗		○	dumm	◉	✗	✗	✗	✗	
	✗					dümmer	○		✗			
						am dümmsten	○					
✗						Dummheit	○	✗				
						Dummkopf	○					
						eindämmen	○					
						[entnehmen]	○					
						entnimmt	○					
		✗	✗			Flamme(n)	○				✗	✗
						Gejammere	○					
		✗	✗		○	Gummi(s)	◉				✗	✗
						Gummibärchen	○					
						Gummistiefel	○					
						herauskommen	○					
						hereinkommen	○					
						herkommen	○					
✗	✗	✗	✗		●	Himmel	●	✗	✗	✗	✗	
✗	✗	✗	✗	✗	◉	immer	●	✗	✗	✗	✗	✗
	✗					immer noch	○		✗			
	✗					immer wieder	○		✗			
						Jammer	○					
						jämmerlich	○					
		✗	✗		○	jammern	○				✗	✗
						jammerschade	○					
✗	✗	✗	✗			Kamm / Kämme	◉	✗	✗	✗	✗	
✗	✗	✗	✗			kämmen	○	✗	✗	✗	✗	
		✗	✗			Kammer(n)	○				✗	✗
						Kaugummi	○					
						Kilogramm	○					
		✗	✗			Klammer(n)	○				✗	✗
					○	klammern	○					
						klammheimlich	○					
						Klassenzimmer	○					
						Klemme	○					
		✗			○	klemmen	○				✗	

Klassenstufen 1-2						Wörter	Klassenstufen 3-4					
Bay	NiSa	S	S-A	Th	LB		LB	Bay	NiSa	S	S-A	Th
✗	✗	✗	✗	✗	●	kommen	●	✗	✗	✗	✗	✗
					○	kommst	○					
	✗				○	kommt	◉		✗			
					○	gekommen	○					
	✗				○	komm	○		✗			
		✗	✗			krumm	○			✗	✗	
						Krümmung	○					
					○	kümmern	○					
						Lamm / Lämmer	○					
						Milligramm	○					
	✗					mitkommen	○		✗			
✗	✗	✗	✗	✗	●	[nehmen]	●	✗	✗	✗	✗	✗
					○	nimmst	○					
					○	nimm	○					
✗	✗	✗	✗		◉	nimmt	◉	✗	✗	✗	✗	
	✗				○	genommen	◉		✗	✗	✗	
✗					○	Nummer(n)	◉	✗				
✗						nummerieren	○	✗				
						Nummerierung	○					
✗					○	Pommes	○	✗				
						Pommes frites	○					
✗				✗	○	Programm(e)	○	✗				✗
						programmieren	○					
						Radiergummi	○					
	✗					rauskommen	○		✗			
	✗					runterkommen	○		✗			
✗	✗	✗	✗		○	sammeln	●	✗	✗	✗	✗	
						sammelst	○					
						sammelt	○					
						sammelte	○					
						Sammler	○					
✗						Sammlung	○	✗				
						Schlamm	○					
	✗	✗	✗		○	schlimm	●		✗	✗	✗	
						schlimmer	○					
						am schlimmsten	○					
						Schwamm	○					
✗	✗	✗	✗	✗	◉	schwimmen	●	✗	✗	✗	✗	✗
					○	schwimmst	○					
	✗				○	schwimmt	○		✗			
✗					○	schwamm	○	✗				
✗	✗				○	geschwommen	◉	✗	✗			
						Schwimmer	○					
✗	✗	✗	✗	✗	●	Sommer	●	✗	✗	✗	✗	✗
						sommerlich	○					
		✗	✗		○	Stamm / Stämme	◉	✗		✗	✗	
						stämmig	○					
	✗	✗	✗		○	Stimme(n)	◉		✗	✗	✗	

Klassenstufen 1-2						Wörter	Klassenstufen 3-4					
Bay	NiSa	S	S-A	Th	LB		LB	Bay	NiSa	S	S-A	Th
✗		✗	✗		○	stimmen	◉	✗		✗	✗	
✗	✗	✗	✗			stimmt	○	✗	✗	✗	✗	
						stimmte	○					
						Stimmung	○					
						stumm	○					
					○	Summe	○					
						summen	○					
						summst	○					
						summt	○					
						summte	○					
						Telegramm(e)	○					
						[teilnehmen]	○					
						nimmst teil	○					
						teilgenommen	○					
					○	Trommel(n)	○					
						versammeln	○					
			✗			Versammlung	○					✗
						willkommen	○					
✗	✗	✗	✗	✗	◉	Zimmer	●	✗	✗	✗	✗	✗
						zurückkommen	○					
						zurückgekommen	○					
✗		✗	✗	✗	◉	zusammen	●	✗		✗	✗	✗

3.9.7 Wörter mit nn

Klassenstufen 1-2						Wörter	Klassenstufen 3-4					
Bay	NiSa	S	S-A	Th	LB		LB	Bay	NiSa	S	S-A	Th
	✗					Antenne	○		✗			
						Beginn	○					
✗	✗	✗	✗	✗	○	beginnen	●	✗	✗	✗	✗	✗
						beginnst	○					
						beginnt	○					
✗	✗					begann	◉	✗	✗			
✗	✗					begonnen	○	✗	✗			
					○	bekannt	○					
						Bergmann	○					
✗	✗	✗	✗		○	brennen	◉	✗	✗	✗	✗	
					○	brennt	○					
✗	✗				○	brannte	◉	✗	✗			
	✗				○	gebrannt	○		✗			
					○	Brunnen	○					
✗	✗	✗	✗	✗	●	dann	●	✗	✗	✗	✗	✗
✗	✗	✗	✗		◉	denn	●	✗	✗	✗	✗	
✗						Donner	○	✗				
✗		✗	✗			donnern	◉	✗		✗	✗	
						donnert	○					

Bay	NiSa	S	S-A	Th	LB	Wörter	LB	Bay	NiSa	S	S-A	Th
						Klassenstufen 1-2 ↔ **Klassenstufen 3-4**						
✗	✗	✗	✗	✗	●	Donnerstag(e)	●	✗	✗	✗	✗	✗
						donnerstags	○					
	✗					drinnen	○		✗			
✗	✗	✗	✗			Dünn	◉	✗	✗	✗	✗	
	✗	✗	✗	✗		erinnern	◉		✗	✗	✗	✗
						erinnerte	○					
						Erinnerung(en)	○					
					○	erkennen	○					
						erkennst	○					
						erkannte	○					
						Finnland	○					
						Geschäftsmann	○					
					○	gespannt	○					
						gespannter	○					
						Gewinn	○					
✗	✗	✗	✗		○	gewinnen	●	✗	✗	✗	✗	
						gewinnst	○					
✗	✗					gewinnt	○	✗	✗			
✗						gewann	○	✗				
	✗					gewonnen	○		✗			
						Gewinner	○					
						Gießkanne	○					
	✗	✗	✗		○	innen	◉		✗	✗	✗	
						irgendwann	○					
						irrsinnig	○					
						Johannis	○					
						Johannisbeere	○					
						Johannisfeuer	○					
		✗	✗		○	Kanne(n)	◉			✗	✗	
✗	✗	✗	✗	✗	◉	kennen	●	✗	✗	✗	✗	✗
					○	kennst	○					
	✗				○	kennt	○		✗			
						kanntest	○					
✗	✗				○	kannte	○	✗	✗			
	✗				○	gekannt	○		✗			
					○	Kinn	○					
✗	✗	✗	✗	✗	●	können	●	✗	✗	✗	✗	✗
	✗				○	kannst	◉		✗			
✗	✗	✗	✗		●	kann	●	✗	✗	✗	✗	
						konntest	○					
	✗				○	konnte	◉		✗			
						gekonnt	○					
	✗					könnte	○		✗			
✗	✗	✗	✗		●	Mann / Männer	●	✗	✗	✗	✗	
						Mannschaft	○					
	✗	✗	✗	✗	○	nennen	◉		✗	✗	✗	✗
						nennst	○					
	✗				○	nennt	○		✗			
						nanntest / nannte	○					

| Klassenstufen 1-2 | | | | | | Wörter | Klassenstufen 3-4 | | | | | |
Bay	NiSa	S	S-A	Th	LB		LB	Bay	NiSa	S	S-A	Th
						Nenner	○					
					○	Pfanne(n)	○					
	X	X	X	X	○	Pfennig(e)	◉		X	X	X	X
X	X	X	X		◉	rennen	●	X	X	X	X	
					○	rennst	○					
	X				○	rennt	○		X			
						ranntest	○					
X	X				○	rannte	◉	X	X			
	X					gerannt	○		X			
						Rennen	○					
						Rennfahrer	○					
						Rinne(n)	○					
						rinnen	○					
						Schneemann	○					
	X	X	X	X	○	Sonnabend(e)	○		X	X	X	X
						sonnabends	○					
X	X	X	X		●	Sonne(n)	●	X	X	X	X	
					○	sonnen	○					
				X		sonnig	○					X
						sonniger	○					
X	X	X	X	X	●	Sonntag(e)	●	X	X	X	X	X
						sonntags	○					
		X	X			spannen	○			X	X	
						spannst	○					
	X					spannend	◉		X			
						spannender	○					
				X		Spannung	○					X
					○	Spinne(n)	○					
						spinnen	○					
						spinnst	○					
						sponn	○					
						gesponnen	○					
						stumpfsinnig	○					
X					○	Tanne(n)	○	X				
						Tischtennis	○					
					○	Tischtennisball/…bälle	○					
		X	X		○	trennen	◉			X	X	
						trennst	○					
						trennt	○					
						trennte	○					
						Trennung	○					
						unbekannt	○					
						Unsinn	○					
X						verbrennen		X				
X						verbrannte		X				
X						Verbrennung		X				
						Waldmännchen	○					
X	X	X	X		◉	wann	●	X	X	X	X	

Klassenstufen 1-2						Wörter	Klassenstufen 3-4					
Bay	NiSa	S	S-A	Th	LB		LB	Bay	NiSa	S	S-A	Th
		✗	✗			Wanne	○			✗	✗	
						wegrennen	○					
						rennt weg	○					
✗	✗	✗	✗	✗	◉	wenn	●	✗	✗	✗	✗	✗
					○	Yvonne	○					
durch Wortverbindungen:												
						Familienname(n)	○					

3.9.8 Wörter mit pp

Klassenstufen 1-2						Wörter	Klassenstufen 3-4					
Bay	NiSa	S	S-A	Th	LB		LB	Bay	NiSa	S	S-A	Th
						Apparat	○					
						Appetit	○					
						appetitlich	○					
						beschnuppern	○					
						Doppelpunkt	○					
		✗	✗	✗	○	doppelt	◉			✗	✗	✗
						doppelt so viel	○					
	✗	✗	✗		○	Gruppe(n)	◉		✗	✗	✗	
						Kaulquappe(n)	○					
		✗	✗		○	kippen	○			✗	✗	
						kippst	○					
						Kipper	○					
						kipplig	○					
		✗	✗			Klappe(n)	○			✗	✗	
		✗	✗			klappen	○			✗	✗	
					○	klappern	○					
						klapprig	○					
						Krippe(n)	○					
					○	Lippe(n)	○					
		✗	✗			Mappe(n)	○			✗	✗	
		✗	✗			Pappe(n)	○			✗	✗	
						plappern	○					
						plapperst	○					
✗	✗	✗	✗	✗	●	Puppe(n)	●	✗	✗	✗	✗	✗
					○	schleppen	○					
						schleppte	○					
					○	Schuppe(n)	○					
						Steppe(n)	○					
						stoppen	○					
						stoppte	○					
		✗	✗	✗	◉	Suppe / Suppen	○			✗	✗	✗
						Teerpappe	○					
		✗	✗	✗	○	Teppich(e)	◉			✗	✗	✗
						Tipp(s)	○					

Klassenstufen 1-2						Wörter	Klassenstufen 3-4					
Bay	NiSa	S	S-A	Th	LB		LB	Bay	NiSa	S	S-A	Th
						tippen	○					
						tippst	○					
						tippte	○					
	✗	✗	✗	✗	○	Treppe(n)	●		✗	✗	✗	✗
						verdoppeln	○					
					○	zappeln	○					
						zappelt	○					
						zappelte	○					
						zapplig	○					

3.9.9 Wörter mit rr

Klassenstufen 1-2						Wörter	Klassenstufen 3-4					
Bay	NiSa	S	S-A	Th	LB		LB	Bay	NiSa	S	S-A	Th
						Curry	○					
						Currywurst	○					
		✗			○	dürr	○			✗		
						erstarren	○					
						erstarrst	○					
		✗	✗	✗		Geschirr	○			✗	✗	✗
					○	Gitarre(n)	○					
✗	✗	✗	✗		◉	Herr(en)	●	✗	✗	✗	✗	
	✗	✗	✗	✗	○	herrlich	○		✗	✗	✗	✗
						Herrschaft	○					
						herrschen	○					
						Herrscher	○					
		✗	✗		○	irren	○			✗	✗	
						irrsinnig	○					
						irrtümlich	○					
						Irrtum	○					
				✗		klirren						✗
		✗	✗			knurren	○			✗	✗	
						knurrig	○					
						murren	○					
						mürrisch	○					
						Narr(en)	○					
						närrisch	○					
						Pfarrer	○					
					○	scharren	○					
						schnurren	○					
					○	Sperre	○					
		✗	✗		○	sperren	○			✗	✗	
						sperrst	○					
					○	sperrt	○					
						Talsperre	○					
						Territorium / …rien	○					

Klassenstufen 1-2						Wörter	Klassenstufen 3-4					
Bay	NiSa	S	S-A	Th	LB		LB	Bay	NiSa	S	S-A	Th
✗	✗	✗	✗	✗	○	Unterricht	●	✗	✗	✗	✗	✗
						unterrichten	○					
						Unterrichtsstunde	○					
					○	zerren	○					
durch Wortverbindungen:												
						erreichen	○					
						erreichte	○					
	✗	✗	✗	✗	○	Fahrrad / Fahrräder	◉		✗	✗	✗	✗
						hervorragend	○					
						überraschen	○					
						überraschend	○					
						Überraschung	○					
						Verrat	○					
	✗	✗	✗		○	verraten	◉			✗	✗	✗
						verrätst	○					
						verrät	○					
						verriet	○					
						Verräter	○					
	✗	✗	✗			verreisen	○			✗	✗	✗
						verreist	○					
✗					○	verrückt	○		✗			
						verrühren	○					
	✗	✗				Vorderrad	○			✗	✗	
				✗		Vorrat / Vorräte	○					✗
						vorrätig	○					
						Wetterregel	○					
✗					○	zerreißen	○		✗			
						zerreißt	○					
						zerriss	○					
						zerrissen	○					

3.9.10 Wörter mit ss

Klassenstufen 1-2						Wörter	Klassenstufen 3-4					
Bay	NiSa	S	S-A	Th	LB		LB	Bay	NiSa	S	S-A	Th
						[abbeißen]	○					
						biss ab	○					
						abgebissen	○					
						Abendessen	○					
						abmessen	○					
						[abschließen]	○					
						schloss ab	○					
						abgeschlossen	○					
						Abschluss	○					
						Adressbuch	○					
						Adresse(n)	○					

| Klassenstufen 1-2 | | | | | | Wörter | Klassenstufen 3-4 | | | | | |
Bay	NiSa	S	S-A	Th	LB		LB	Bay	NiSa	S	S-A	Th
	✗				○	anfassen	○		✗			
					○	fasst an	○					
	✗				○	angefasst	○		✗			
						[anreißen]	○					
						angerissen	○					
						[anschließen]	○					
						schloss sich an	○					
						angeschlossen	○					
	✗	✗	✗	✗	○	aufpassen	○		✗	✗	✗	✗
	✗				○	passt auf	○		✗			
					○	pass auf	○					
✗	✗	✗	✗	✗	○	[beißen]	●	✗	✗	✗	✗	✗
						bissest	○					
✗	✗	✗	✗		○	biss	◉	✗	✗	✗	✗	
	✗	✗	✗		○	gebissen	◉		✗	✗	✗	
✗	✗	✗	✗	✗	○	besser	●	✗	✗	✗	✗	✗
	✗					*etwas Besseres*	○		✗			
						Besserung	○					
					○	bewusstlos	○					
						Biss	○					
✗	✗			✗	○	bisschen	●	✗	✗			✗
						blass	○					
✗	✗				◉	dass	◉	✗	✗			
		✗				dessen	○			✗		
						Diskussion	○					
						[entschließen]	○					
						entschlossen	○					
						Entschluss /…schlüsse	○					
						Erdgeschoss	○					
	✗				○	Essen	○		✗			
✗	✗	✗	✗	✗	●	essen	●	✗	✗	✗	✗	✗
✗	✗				◉	isst	●	✗	✗	✗	✗	
	✗					gegessen	◉		✗	✗	✗	
					○	iss	○					
						zu essen	○		✗			
					○	Essig	○					
						Esslöffel	○					
		✗	✗		○	Fass / Fässer	◉			✗	✗	
	✗	✗	✗	✗	◉	fassen	◉		✗	✗	✗	✗
	✗	✗	✗		○	fasst	○		✗	✗	✗	
						fasstest	○					
					○	fasste	○					
	✗					gefasst	○		✗			
✗	✗	✗	✗	✗	○	[fließen]	●	✗	✗	✗	✗	✗
✗	✗	✗	✗		○	floss	◉	✗	✗	✗	✗	
	✗	✗	✗			geflossen	○		✗	✗	✗	
✗	✗	✗	✗	✗	○	Fluss / Flüsse	●	✗	✗	✗	✗	✗
✗		✗	✗	✗	○	flüssig	◉	✗		✗	✗	✗
					○	flüssiger	○					

Klassenstufen 1-2						Wörter	Klassenstufen 3-4					
Bay	NiSa	S	S-A	Th	LB		LB	Bay	NiSa	S	S-A	Th
X						Flüssigkeit		X				
						Flusspferd(e)	○					
						Fressen	○					
X	X	X	X	X	○	fressen	●	X	X	X	X	X
X	X	X	X		○	frisst	◉	X	X	X	X	
	X					gefressen	○		X			
						Gässchen	○					
		X	X	X		Gasse(n)	○			X	X	X
						Gebiss(e)	○					
						Genuss	○					
						gewiss	○					
						Gewissheit	○					
X	X	X	X	X	○	[gießen]	●	X	X	X	X	X
X	X	X	X		○	goss	◉	X	X	X	X	
	X	X	X			gegossen	○		X	X	X	
						Guss / Güsse	○					
						Hass	○					
						hassen	○					
					○	hässlich	○					
X	X					interessant	○	X	X			
X						Interesse	○	X				
	X					interessieren	○		X			
	X	X	X		○	Kasse(n)	◉		X	X	X	
					○	Kassette(n)	○					
						kassieren	○					
						Kassierer/in	○					
		X	X			Kessel	○			X	X	
		X	X		○	Kissen	◉			X	X	
X	X	X	X	X	●	Klasse(n)	●	X	X	X	X	X
						Klassenzimmer	○					
X						Kompass(e)	○	X				
X						Kuss / Küsse	◉	X				
						Küsschen	○					
						küssen	○					
						küsst	○					
X	X	X	X		●	lassen	●	X	X	X	X	
X	X	X	X		◉	lässt	◉	X	X	X	X	
	X				○	lasst	○		X			
						gelassen	○					
	X				○	lass	○		X			
	X					loslassen	○		X			
						losgelassen	○					
						messbar	○					
X	X	X	X	X	○	messen	◉	X	X	X	X	X
X	X	X	X		○	misst	◉	X	X	X	X	
						gemessen	○					
X	X	X	X	X	◉	Messer	●	X	X	X	X	X
						Messlatte	○					

| Klassenstufen 1-2 | | | | | | Wörter | Klassenstufen 3-4 | | | | | |
Bay	NiSa	S	S-A	Th	LB		LB	Bay	NiSa	S	S-A	Th
	✗					Mittagessen	○		✗			
✗	✗	✗	✗		●	müssen	●	✗	✗	✗	✗	
					○	musst	○					
✗	✗	✗	✗	✗	◉	muss	◉	✗	✗	✗	✗	✗
	✗		✗		○	musste	◉		✗		✗	
						gemusst	○					
	✗					müsste	○		✗			
✗	✗	✗	✗	✗	◉	nass	●	✗	✗	✗	✗	✗
✗						Nässe	○	✗				
						niederlassen	○					
✗		✗	✗		○	Nuss / Nüsse	◉	✗		✗	✗	
						Nussknacker	○					
						Obstmesser	○					
✗				✗		Pass / Pässe	○	✗				✗
✗	✗	✗	✗	✗	○	passen	◉	✗	✗	✗	✗	✗
	✗	✗	✗		○	passt	○		✗	✗	✗	
						passte	○					
	✗				○	passieren	◉		✗			
	✗				○	passiert	○		✗			
						passierte	○					
		✗	✗			Presse	○			✗	✗	
		✗	✗			pressen	○			✗	✗	
		✗	✗			presst	○			✗	✗	
					○	Prinzessin(nen)	○					
					○	rasseln	○					
						Rassismus	○					
✗		✗	✗	✗	○	[reißen]	◉	✗		✗	✗	✗
✗		✗	✗			riss	○	✗		✗	✗	
		✗	✗			gerissen	○			✗	✗	
		✗	✗	✗		Riss(e)	○			✗	✗	✗
						rissig	○					
						Ross	○					
						Rosskastanie	○					
						Rüssel	○					
						Russland	○					
						Sackgasse	○					
		✗	✗		○	[schießen]	◉			✗	✗	
		✗	✗			schoss	○			✗	✗	
		✗	✗			geschossen	○			✗	✗	
✗	✗	✗	✗	✗	○	[schließen]	◉	✗	✗	✗	✗	✗
✗	✗	✗	✗		○	schloss	◉	✗	✗	✗	✗	
	✗	✗	✗			geschlossen	◉		✗	✗	✗	
	✗	✗	✗	✗	○	Schloss / Schlösser	●		✗	✗	✗	✗
	✗	✗	✗			Schluss / Schlüsse	○		✗	✗	✗	
✗	✗	✗	✗	✗	○	Schlüssel	●	✗	✗	✗	✗	✗
		✗	✗			Schuss / Schüsse	○			✗	✗	
			✗		◉	Schüssel(n)	◉				✗	
		✗	✗		○	Sessel	◉			✗	✗	

Klassenstufen 1-2						Wörter	Klassenstufen 3-4					
Bay	NiSa	S	S-A	Th	LB		LB	Bay	NiSa	S	S-A	Th
						Sessellift	○					
✗	✗	✗	✗	✗	●	[sitzen]	●	✗	✗	✗	✗	✗
	✗		✗		○	gesessen	◉		✗	✗	✗	
✗	✗	✗	✗	✗	◉	Tasse(n)	●	✗	✗	✗	✗	✗
						tropfnass	○					
						Überfluss	○					
						unverbesserlich	○					
						verbessern	○					
						verbesserst	○					
						verbesserte	○					
						Verbesserung	○					
✗	✗	✗	✗		○	vergessen	●	✗	✗	✗	✗	
✗	✗	✗	✗		○	vergisst	◉	✗	✗	✗	✗	
						vergiss	○					
						verlassen	○					
						verlässt	○					
						währenddessen	○					
✗	✗	✗	✗	✗	●	Wasser	●	✗	✗	✗	✗	✗
						wässrig	○					
		✗	✗			wessen	○			✗	✗	
						Wissen	○					
✗	✗	✗	✗	✗	◉	wissen	●	✗	✗	✗	✗	✗
✗	✗	✗	✗		○	wusste	◉	✗	✗	✗	✗	
	✗					gewusst	○		✗			
	✗				○	[zerreißen]	○		✗			
						zerriss	○					
						zerrissen	○					
	✗					zu essen	○		✗			
						zurücklassen	○					
						lässt zurück	○					
						zuverlässig	○					
durch Wortverbindungen:												
						ausschalten	○					
					○	ausschneiden	○					
						Ausschnitt	○					
	✗					aussehen	○		✗			
						aussetzen	○					
						ausstellen	○					
				✗		Ausstellung	○					✗
						dasselbe	○					
						Meeresstrand	○					
						Preisausschreiben	○					
						siegessicher	○					
						Unterrichtsstunde	○					

3.9.11 Wörter mit ß

| Klassenstufen 1-2 | | | | | | Wörter | Klassenstufen 3-4 | | | | | |
Bay	NiSa	S	S-A	Th	LB		LB	Bay	NiSa	S	S-A	Th
						abbeißen	○					
						beißt ab	○					
						abschließen	○					
						schließt ab	○					
						anreißen	○					
						anschließen	○					
					○	Ausreißer	○					
✗	✗	✗	✗	✗	○	außen	◉	✗	✗	✗	✗	✗
	✗	✗				außer	○		✗	✗		
					○	außerdem	○					
						außerhalb	○					
				✗		barfuß	○					✗
						barfüßig	○					✗
✗	✗	✗	✗	✗	○	beißen	●	✗	✗	✗	✗	✗
	✗				○	beißt	◉		✗			
					○	beschließen	○					
✗	✗	✗	✗	✗	○	bloß	●	✗	✗	✗	✗	✗
✗	✗	✗	✗	✗	○	draußen	●	✗	✗	✗	✗	✗
	✗	✗	✗		○	dreißig	○			✗	✗	✗
						einigermaßen	○					
						einunddreißig	○					
						entschließen	○					
						entschließt	○					
						ermäßigt	○					
						Ermäßigung	○					
✗	✗	✗	✗	✗	●	[essen]	●	✗	✗	✗	✗	✗
	✗			✗	○	aß	◉		✗	✗	✗	✗
✗		✗	✗	✗	○	Fleiß	◉	✗		✗	✗	✗
✗	✗	✗	✗	✗		fleißig	◉	✗	✗	✗	✗	✗
						fleißiger	○					
✗	✗	✗	✗	✗	○	fließen	●	✗	✗	✗	✗	✗
	✗				○	fließt	○		✗			
						Fraß	○					
✗	✗	✗	✗	✗	○	[fressen]	●	✗	✗	✗	✗	✗
✗	✗	✗	✗		○	fraß	○	✗	✗	✗	✗	
✗	✗	✗	✗		●	Fuß / Füße	●	✗	✗	✗	✗	
	✗				○	Fußball / Fußbälle	○					
						Füßchen	○					
						Gefäß	○					
						gefräßig	○					
						genießen	○					
						Genießer	○					
✗	✗	✗	✗	✗	○	gießen	●	✗	✗	✗	✗	✗
	✗				○	gießt	◉		✗			
						Gießkanne	○					
						gleichermaßen	○					

Klassenstufen 1-2						Wörter	Klassenstufen 3-4					
Bay	NiSa	S	S-A	Th	LB		LB	Bay	NiSa	S	S-A	Th
				✗		Grieß	○					✗
						Grießbrei	○					
✗	✗	✗	✗		●	groß	●	✗	✗	✗	✗	
✗	✗				○	größer	◉	✗	✗			
	✗					am größten	○		✗			
						Größe	○					
						Großeltern	○					
	✗					Großen (die)			✗			
						Größten (die)	○					
					○	Großmutter/ Großmütter	○					
					○	Großvater / Großväter	○					
	✗	✗	✗			Gruß / Grüße	◉		✗	✗	✗	
✗	✗	✗	✗	✗	○	grüßen	●	✗	✗	✗	✗	✗
	✗					grüßt	○		✗			
						grüßte	○					
						gegrüßt	○					
✗	✗	✗	✗		●	heiß	●	✗	✗	✗	✗	
					○	heißer	○					
✗	✗	✗	✗	✗	◉	heißen	●	✗	✗	✗	✗	✗
	✗				○	heißt	◉		✗			
						hieß(e)st	○					
	✗				○	hieß	◉		✗			
						geheißen	○					
					○	heiße	○					
						Heißluftballon	○					
				✗		Kloß / Klöße	○					✗
						Landstraße	○					
✗	✗	✗	✗		●	[lassen]	●	✗	✗	✗	✗	
						ließest	○					
	✗				○	ließ	◉		✗	✗	✗	
	✗					[loslassen]	○		✗			
						ließ los	○					
✗		✗		✗	○	Maß(e)	◉	✗		✗		✗
						mäßig	○					
						Maßstab	○					
						maßvoll	○					
✗	✗	✗	✗	✗	○	[messen]	◉	✗	✗	✗	✗	✗
						maßest	○					
✗						maß	○	✗				
						regelmäßig	○					
✗		✗	✗	✗	○	reißen	◉	✗		✗	✗	✗
						reißt	○					
		✗	✗		○	schießen	◉			✗	✗	
						schießt	○					
						Schießstand	○					
✗	✗	✗	✗	✗	○	schließen	◉	✗	✗	✗	✗	✗
	✗					schließt	◉		✗			
✗	✗				○	schließlich	◉	✗	✗			
						schmeißen	○					

Klassenstufen 1-2						Wörter	Klassenstufen 3-4					
Bay	NiSa	S	S-A	Th	LB		LB	Bay	NiSa	S	S-A	Th
						schneeweiß	○					
				✗		Schweiß	○					✗
✗	✗	✗	✗	✗	●	[sitzen]	●	✗	✗	✗	✗	✗
	✗		✗		○	saß	◉		✗	✗	✗	
				✗		Soße(n)	○					✗
✗	✗	✗	✗	✗	○	Spaß / Späße	●	✗	✗	✗	✗	✗
						spaßen	○					
						spaßig	○					
						sprießen	○					
						sprießt	○					
					○	Stoß	○					
	✗	✗	✗		○	stoßen	●		✗	✗	✗	
						stößt	○					
	✗	✗	✗			stieß	○		✗	✗	✗	
	✗					gestoßen	○		✗			
✗	✗	✗	✗	✗	◉	Straße(n)	●	✗	✗	✗	✗	✗
✗		✗	✗	✗		Strauß / Sträuße	○	✗		✗	✗	✗
✗	✗	✗	✗	✗	○	süß	●	✗	✗	✗	✗	✗
						süßer	○					
						süßen	○					
						süßt	○					
✗						Süßigkeit	○	✗				
					○	Tausendfüßler	○					
						Teerstraße	○					
						Urgroßeltern	○					
✗	✗	✗	✗		○	[vergessen]	●	✗	✗	✗	✗	
✗	✗	✗	✗		○	vergaß	◉	✗	✗	✗	✗	
						[verlassen]	○					
						verließ	○					
						versüßen	○					
✗	✗	✗	✗		●	weiß	●	✗	✗	✗	✗	
✗	✗	✗	✗	✗	◉	[wissen]	●	✗	✗	✗	✗	✗
					○	weißt	○					
✗	✗	✗	✗		○	weiß	◉	✗	✗	✗	✗	
	✗				○	zerreißen	○		✗			
						zerreißt	○					
						[zurücklassen]	○					
						ließ zurück	○					
					○	zweckmäßig	○					

3.9.12 Wörter mit tt

Klassenstufen 1-2						Wörter	Klassenstufen 3-4					
Bay	NiSa	S	S-A	Th	LB		LB	Bay	NiSa	S	S-A	Th
					○	[ausschneiden]	○					
						schnitt aus	○					
						Ausschnitt	○					
						Ballett	○					
						Batterie(n)	○					
✗	✗	✗	✗	✗	◉	Bett(en)	●	✗	✗	✗	✗	✗
						Bettelei	○					
	✗					betteln	○		✗			
						bettlägerig	○					
						Bettler(in)	○					
					○	Bitte	○					
✗	✗	✗	✗	✗	●	bitten	●	✗	✗	✗	✗	✗
					○	bittest	○					
					○	bittet	○					
	✗	✗	✗	✗	○	bitter	◉		✗	✗	✗	✗
						bitterlich	○					
✗	✗	✗	✗		●	Blatt / Blätter	●	✗	✗	✗	✗	
						blättern	○					
		✗	✗	✗	○	Brett(er)	◉			✗	✗	✗
						Brettchen	○					
	✗	✗	✗	✗	◉	Butter	●		✗	✗	✗	✗
						Butterbrot	○					
✗						Diskette	○	✗				
						dritte	○					
						einfetten	○					
						Eintritt	○					
✗		✗	✗		○	Fett(e)	○	✗		✗	✗	
✗	✗	✗	✗			fett	◉	✗	✗	✗	✗	
						fettig	○					
		✗	✗		○	flattern	○			✗	✗	
						flatterst	○					
		✗	✗		○	Futter	◉			✗	✗	
		✗	✗		○	füttern	◉			✗	✗	
						fütterst	○					
						füttert	○					
						gefüttert	○					
						Fütterung(en)	○					
						Gaststätte	○					
✗	✗	✗	✗		○	Gewitter	◉	✗	✗	✗	✗	
						gewittert	○					
✗	✗	✗	✗		○	glatt	●	✗	✗	✗	✗	
						glatter	○					
						Glätte	○					
						glätten	○					
✗	✗			✗	○	Gott / Götter	◉	✗	✗			✗
						Gottesdienst	○					

Klassenstufen 1-2						Wörter	Klassenstufen 3-4					
Bay	NiSa	S	S-A	Th	LB		LB	Bay	NiSa	S	S-A	Th
					○	Großmutter/ Großmütter	○					
✗	✗	✗	✗	✗	●	[haben]	●	✗	✗	✗	✗	✗
	✗	✗	✗		○	hatte	●		✗	✗	✗	
	✗					hätte	○		✗			
		✗	✗		○	Hütte(n)	◉			✗	✗	
	✗				○	kaputt	○		✗			
					○	Kassette(n)	○					
		✗	✗		○	Kette(n)	◉			✗	✗	
						Kleeblatt	○					
✗	✗	✗	✗	✗	○	klettern	●	✗	✗	✗	✗	✗
						klettert	○					
						kletterte	○					
	✗				○	geklettert	○		✗			
						Krawatte(n)	○					
		✗	✗			Latte(n)	○			✗	✗	
						Lattenzaun	○					
						Lebensmittel	○					
		✗	✗		○	[leiden]	○			✗	✗	
		✗	✗			litt	○			✗	✗	
						gelitten	○					
						Löschblatt	○					
		✗	✗			matt	○			✗	✗	
						Messlatte	○					
✗	✗	✗	✗		○	Mittag(e)	●	✗	✗	✗	✗	
						eines Mittags	○					
	✗					Mittagessen	○		✗			
	✗	✗	✗	✗	○	mittags	◉		✗	✗	✗	✗
						Mittagspause	○					
✗	✗	✗	✗	✗	◉	Mitte(n)	◉	✗	✗	✗	✗	✗
						Mittelmeer	○					
					○	mitten	○					
✗	✗	✗	✗	✗	●	Mittwoch(e)	●	✗	✗	✗	✗	✗
						mittwochs	○					
✗	✗	✗	✗	✗	●	Mutter / Mütter	●	✗	✗	✗	✗	✗
						mütterlich	○					
				✗		Mutti	○					✗
	✗				○	Nachmittag(e)	◉		✗			
						nachmittags	○					
						Nahrungsmittel	○					
	✗					nett	◉		✗			
						Otter	○					
						platt	○					
		✗	✗			Platte	○			✗	✗	
						Plattenspieler	○					
						Quitte(n)	○					
						Quittung(en)	○					
					○	Regenwetter	○					

| Klassenstufen 1-2 | | | | | | Wörter | Klassenstufen 3-4 | | | | | |
Bay	NiSa	S	S-A	Th	LB		LB	Bay	NiSa	S	S-A	Th
	✗	✗	✗		○	[reiten]	◉		✗	✗	✗	
		✗	✗		○	ritt	○			✗	✗	
	✗				○	geritten	○		✗			
	✗	✗	✗		○	retten	●		✗	✗	✗	
					○	rettest	○					
					○	rettet	○					
					○	rettete	○					
	✗				○	gerettet	○		✗			
					○	Retter(in)	○					
					○	Rettung	○					
					○	Ritt	○					
					○	Ritter	○					
					○	Ritterzeit	○					
					○	Rodelschlitten	○					
		✗	✗		○	satt	○			✗	✗	
					○	Sattel	○					
					○	Schallplatte	○					
✗		✗	✗		○	Schatten	◉	✗		✗	✗	
					○	Schattenseite	○					
					○	schattig	○					
		✗	✗	✗	◉	Schlitten	◉			✗	✗	✗
					○	schlittern	○					
					○	schlitterst	○					
					○	schlittert	○					
					○	schlitterte	○					
					○	Schlittschuh(e)	○					
✗					○	Schmetterling(e)	○	✗				
✗	✗	✗	✗	✗	◉	[schneiden]	●	✗	✗	✗	✗	✗
	✗	✗	✗		○	schnitt	◉					
	✗					geschnitten	○		✗	✗	✗	
						Schnitt	○					
		✗	✗	✗		Schritt(e)	○			✗	✗	✗
						schrittweise	○					
						Schutt	○					
✗		✗	✗		○	schütteln	◉	✗		✗	✗	
						schüttelst	○					
						schüttelte	○					
		✗	✗		○	schütten	◉			✗	✗	
						schüttest	○					
✗					○	Spagetti	○	✗				
						Spott	○					
		✗	✗			spotten	◉			✗	✗	
						spottest	○					
						spöttisch	○					
				✗		statt	○					✗
						stattfinden	○					
						findet statt	○					
						fand statt	○					
						stattgefunden	○					

Klassenstufen 1-2						Wörter	Klassenstufen 3-4					
Bay	NiSa	S	S-A	Th	LB		LB	Bay	NiSa	S	S-A	Th
					○	stottern	○					
✗		✗	✗	✗	○	streiten	◉	✗		✗	✗	✗
		✗	✗			stritt	○			✗	✗	
						gestritten	○					
						Surfbrett	○					
						Tablett(s)	○					
						Tablette	○					
	✗	✗	✗	✗	○	[treten]	◉		✗	✗	✗	✗
						trittst	○					
	✗	✗	✗		○	tritt	◉		✗	✗	✗	
						Tritt	○					
						violett	○					
	✗				○	Vormittag(e)	◉		✗			
	✗					vormittags	○		✗			
						Werkstatt/…stätten	○					
						Wettbewerb	○					
		✗	✗		○	Wette(n)	○			✗	✗	
						wetten	○			✗	✗	
✗	✗	✗	✗	✗	◉	Wetter	●	✗	✗	✗	✗	✗
						Wetterregel	○					
						Wettkampf	○					
						wittern	○					
						wittert	○					
						witterte	○					
						wittere	○					
						Witterung	○					
	✗	✗	✗		○	Zettel	◉		✗	✗	✗	
						Zigarette	○					
		✗	✗		○	zittern	◉			✗	✗	
						zitterst	○					
						zittert	○					
						zitterte	○					
						zittrig	○					
durch Wortverbindungen:												
						enttäuschen	○					
						enttäuschst	○					
	✗					enttäuscht	○		✗			
						enttäuschte	○					
						Enttäuschung(en)	○					
						hunderttausend	○					

3.9.13 Wörter mit ck

| Klassenstufen 1-2 | | | | | | Wörter | Klassenstufen 3-4 | | | | | |
Bay	NiSa	S	S-A	Th	LB		LB	Bay	NiSa	S	S-A	Th
						abschicken	○					
						schickt ab	○					
	✗					Acker / Äcker	◉		✗			
✗	✗					aufwecken	○	✗	✗			
	✗					weckt auf	○		✗			
	✗					aufgeweckt	○		✗			
	✗				○	Augenblick(e)	○		✗			
✗	✗	✗	✗	✗	◉	backen	●	✗	✗	✗	✗	✗
						backst / bäckst	○					
					○	backt / bäckt	○					
						backte / buk	○					
						backtest / bukst	○					
✗	✗				○	Bäcker	○	✗	✗			
						Bäckerin(nen)	○					
		✗	✗		○	Becken	○			✗	✗	
✗						Blick(e)	○	✗				
✗		✗	✗	✗	○	blicken	◉	✗		✗	✗	✗
						blickte	○					
✗		✗	✗	✗		Block / Blöcke	○	✗		✗	✗	✗
✗	✗	✗	✗	✗	◉	Brücke(n)	●	✗	✗	✗	✗	✗
		✗	✗			bücken	○			✗	✗	
						Bückling	○					
						Dackel	○					
						Deck	○					
✗				✗	○	Decke(n)	◉	✗				✗
					○	Deckel	○					
		✗	✗		○	decken	○			✗	✗	
						deckst	○					
					○	deckt	○					
					○	deckte	○					
						gedeckt	○					
✗	✗	✗	✗	✗	○	dick	●	✗	✗	✗	✗	✗
						Dickicht	○					
✗						Dreck	○	✗				
✗	✗			✗		dreckig	◉	✗	✗			✗
						Dreieck	○					
✗					○	Druck	○	✗				
					○	drucken	○					
					○	druckt	○					
✗	✗	✗	✗		○	drücken	●	✗	✗	✗	✗	
						drückst	○					
					○	drückt	○					
						drückte	○					
						gedrückt	○					
						Drucker	○					
						Drücker	○					
✗	✗	✗	✗		○	Ecke(n)	●	✗	✗	✗	✗	

| Klassenstufen 1-2 | | | | | | Wörter | Klassenstufen 3-4 | | | | | |
Bay	NiSa	S	S-A	Th	LB		LB	Bay	NiSa	S	S-A	Th
X					○	eckig	○	X				
	X					einpacken	◉		X			
						packt ein	○					
						packte ein	○					
	X					eingepackt	○		X			
X	X	X	X		○	entdecken	◉	X	X	X	X	
						entdeckst	○					
						entdeckt	○					
						Entdecker(in)	○					
						Entdeckung	○					
X						entwickeln	○	X				
						entwickelst	○					
						entwickelt	○					
						entwickelte	○					
X						Entwicklung(en)	○	X				
X	X	X	X	X	○	erschrecken	◉	X	X	X	X	X
						erschreckst	○					
					○	erschrickst	○					
	X					erschrickt	○		X			
	X					erschrocken	◉		X			
						ersticken	○					
				X		Fleck	○					X
						fleckig	○					
		X	X			flicken	○			X	X	
						flickst	○					
						Flicken	○					
						Flickerei	○					
	X				○	Frühstück	◉		X			
	X					frühstücken	○		X			
					○	Gebäck	○					
						Genick	○					
					○	Gepäck	○					
						Geschenkpackung	○					
						Geschicklichkeit	○					
						geschickt	○					
						gezuckert	○					
						Glocke(n)	○					
X	X	X	X		◉	Glück	●	X	X	X	X	
X	X	X	X	X	○	glücklich	◉	X	X	X	X	X
						glücklicher	○					
						Glückwunsch	○					
	X				○	gucken	○		X			
					○	guckst	○					
	X					guckt	○		X			
						guckte	○					
	X					geguckt	○		X			
						Hacke	○					

Klassenstufen 1-2						Wörter	Klassenstufen 3-4					
Bay	NiSa	S	S-A	Th	LB		LB	Bay	NiSa	S	S-A	Th
						hacken	○					
						hackst	○					
						hackte	○					
✗					○	Hecke(n)	○	✗				
						Hocke	○					
		✗	✗		○	hocken	◉			✗	✗	
						Hocker	○					
	✗	✗	✗		○	Jacke(n)	◉		✗	✗	✗	
						Kanaldeckel	○					
						Klecks(e)	○					
						Kleckserei	○					
				✗		knacken						
						knackt						
						Knick	○					
		✗	✗	✗		knicken	○			✗	✗	✗
						Kunststück(e)	◉					
		✗	✗		○	lecken	○			✗	✗	
						leckst	○					
						lecker	○					
						Leckerei	○					
						Locke	○					
		✗	✗			locker	○			✗	✗	
						lockern	○					
						Lockerung	○					
						lockig	○					
		✗	✗		○	Lücke(n)	◉			✗	✗	
						lückenlos	○					
					○	Maiglöckchen	○					
						meckern	○					
						meckerst	○					
						Mücke(n)	○					
					○	nackt	○					
		✗	✗			nicken	○			✗	✗	
						Nussknacker	○					
✗		✗	✗	✗	○	Päckchen	◉	✗		✗	✗	✗
✗	✗	✗	✗	✗	◉	packen	●	✗	✗	✗	✗	✗
					○	packst	○					
	✗				○	packt	○		✗			
						gepackt	○					
		✗	✗	✗		pflücken	○			✗	✗	✗
						pflückst / pflückte	○					
						Picknick	○					
						Rechteck	○					
						recken	○					
✗	✗	✗	✗	✗	○	Rock / Röcke	◉	✗	✗	✗	✗	✗
✗	✗	✗	✗	✗	◉	Rücken	●	✗	✗	✗	✗	✗
		✗	✗		○	rücken	◉			✗	✗	
						Ruck	○					

Klassenstufen 1-2						Wörter	Klassenstufen 3-4					
Bay	NiSa	S	S-A	Th	LB		LB	Bay	NiSa	S	S-A	Th
						Rucksack / Rucksäcke	○					
						Rücksicht	○					
						rücksichtsvoll	○					
						rückwärts	○					
		✗	✗			Sack / Säcke	◉			✗	✗	
						Sackgasse	○					
		✗	✗	✗	○	schicken	◉			✗	✗	✗
						schickst	○					
					○	schickt / geschickt	○					
						Schluck	○					
						Schluckauf	○					
		✗	✗	✗	○	schlucken	◉			✗	✗	✗
						schluckte	○					
✗	✗	✗	✗	✗	○	schmecken	●	✗	✗	✗	✗	✗
	✗					schmeckst	○					
						schmeckt	○		✗			
						schmeckte	○					
						geschmeckt	○					
						Schmuck	○					
					○	schmücken	○					
						schmückst	○					
					○	schmückt	○					
						Schnecke(n)	○					
						Schneeflocke	○					
✗	✗	✗	✗		○	Schreck(en)	◉	✗	✗	✗	✗	
		✗	✗			schrecken	○			✗	✗	
✗	✗			✗	○	schrecklich	◉	✗	✗			✗
						schrecklicher	○					
						Socke(n)	○					
						spucken	○					
						spuckst	○					
		✗	✗		◉	Stecken	●			✗	✗	
					○	steckst / streckt	○					
						steckte	○					
						Stecker	○					
		✗		✗		sticken	○			✗		✗
						Stickerei	○					
		✗	✗		○	Stock / Stöcke	○			✗	✗	
		✗	✗			Strecke(n)	○			✗	✗	
		✗	✗	✗	○	strecken	○			✗	✗	✗
						Streckung	○					
		✗		✗		Strick				✗		✗
		✗	✗	✗		stricken	◉			✗	✗	✗
						strickt	○					
						Stricknadel	○					
✗	✗	✗	✗		○	Stück(e)	●	✗	✗	✗	✗	
					○	ticken	○					
						Ticket(s)	○					
						Trick(s)	○					

Klassenstufen 1-2						Wörter	Klassenstufen 3-4					
Bay	NiSa	S	S-A	Th	LB		LB	Bay	NiSa	S	S-A	Th
✗	✗	✗	✗	✗	◉	trocken	◉	✗	✗	✗	✗	✗
						trocknen	○					
						trocknest / trocknet	○					
						trocknete	○					
	✗	✗	✗		○	Unglück	○		✗	✗	✗	
						unglücklich	○					
						verknacksen	○					
✗						verpacken		✗				
✗						Verpackung		✗				
	✗				○	verrückt	○		✗			
						Versteck(e)	○					
	✗				○	verstecken	◉		✗			
					○	versteckst	○					
						versteckt	○					
						Viereck	○					
						viereckig	○					
					○	wackeln	○					
						wackelte	○					
						wacklig	○					
					○	Waschbecken	○					
		✗	✗	✗	○	wecken	○			✗	✗	✗
						weckst	○					
✗					○	Wecker	○	✗				
						Werkstück	○					
					○	Zacke(n)	○					
						Zeichenblock	○					
✗		✗	✗		○	Zucker	●	✗		✗	✗	
						zuckrig	○					
✗		✗	✗	✗	○	zurück	●	✗		✗	✗	✗
						zurückbleiben	○					
						zurückfahren	○					
						zurückgeben	○		✗			
						zurückgehen	○					
						geht zurück	○					
						zurücklassen	○					
						lässt zurück	○					
						ließ zurück	○					
						zurückkommen	○					
						kam zurück	○					
						zurückgekommen	○					
		✗	✗	✗		Zweck(e)	◉			✗	✗	✗
						zwecklos	○					
					○	zweckmäßig	○					
Wörter mit kk als Lehnwort oder durch Wortzusammenfügungen												
						Makkaroni	○					
						Musikkapelle	○					
						zurückkommen	○					

3.9.14 Wörter mit tz

Klassenstufen 1-2						Wörter	Klassenstufen 3-4					
Bay	NiSa	S	S-A	Th	LB		LB	Bay	NiSa	S	S-A	Th
	✗					Aufsatz	○		✗			
						aussetzen	○					
						setzte aus	○					
						beschmutzen	○					
						beschützen	○					
						beschützte	○					
					○	besetzen	○					
✗						besetzt		✗				
					○	besitzen	○					
✗	✗	✗	✗	✗	○	Blitz(e)	●	✗	✗	✗	✗	✗
✗		✗	✗			blitzen	○	✗		✗	✗	
						blitzt	○					
						blitzte	○					
						entgegengesetzt	○					
						entsetzlich	○					
						flitzen	○					
						flitzt	○					
✗				✗		Gesetz(e)	○	✗				✗
						gesetzlich	○					
						Hetze	○					
				✗		hetzen	○					✗
✗	✗	✗	✗		○	Hitze	◉	✗	✗	✗	✗	
						hitzefrei	○					
						hitzig	○					
						Hitzkopf	○					
	✗	✗	✗		◉	jetzt	●		✗	✗	✗	
✗	✗	✗	✗	✗	●	Katze(n)	●	✗	✗	✗	✗	✗
✗					○	kratzen	◉	✗				
					○	kratzt	○					
						Lärmschutz	○					
✗	✗	✗	✗	✗	○	letzte(-r, s)	◉	✗	✗	✗	✗	✗
						Letzte(n)	○					
						Marktplatz	○					
					○	Matratze(n)	○					
						Metzger	○					
	✗	✗	✗	✗	○	Mütze(n)	◉		✗	✗	✗	✗
						Naturschutz	○					
		✗	✗		○	Netz(e)	◉			✗	✗	
		✗	✗	✗	○	nutzen	○			✗	✗	✗
						Nutzen	○					
✗		✗	✗		○	nützen	◉	✗		✗	✗	
						nützt	○					
						nützte	○					
✗		✗	✗	✗		nützlich	○	✗		✗	✗	✗
						petzen	○					
						petzt	○					

Klassenstufen 1-2						Wörter	Klassenstufen 3-4					
Bay	NiSa	S	S-A	Th	LB		LB	Bay	NiSa	S	S-A	Th
	✗	✗	✗	✗		Pfütze(n)	◉		✗	✗	✗	✗
✗	✗	✗	✗	✗	●	Platz / Plätze	●	✗	✗	✗	✗	✗
						platzen	○					
						platzt	○					
✗	✗	✗	✗	✗	●	plötzlich	●	✗	✗	✗	✗	✗
		✗	✗	✗	○	putzen	◉			✗	✗	✗
					○	putzt	○					
						putzte	○					
						Rehkitz	○					
✗	✗	✗	✗	✗	◉	Satz / Sätze	●	✗	✗	✗	✗	✗
					○	Schatz / Schätze	○					
						schätzen	○					
					○	Schatztruhe	○					
						Schätzung	○					
						Schlitz(e)	○					
✗		✗	✗		●	Schmutz	◉	✗		✗	✗	
✗	✗	✗	✗	✗	◉	schmutzig	○	✗	✗	✗	✗	✗
			✗		○	Schnitzel	○					✗
✗					○	Schutz	○	✗				
✗		✗	✗	✗	○	schützen	◉	✗		✗	✗	✗
						schützt	○					
						schützte	○					
✗		✗	✗	✗		schwitzen	◉	✗		✗	✗	✗
						Schwitzkur	○					
✗	✗	✗	✗		◉	setzen	●	✗	✗	✗	✗	
	✗				○	setzt	◉		✗			
						setzte	○					
	✗				○	gesetzt	○		✗			
						setz dich	○					
						setzt euch	○					
					○	Sitz	○					
✗	✗	✗	✗	✗	●	sitzen	●	✗	✗	✗	✗	✗
✗	✗				◉	sitzt	◉	✗	✗			
					○	sitz	○					
						Spatz	○					
✗		✗	✗		○	spitz	◉	✗		✗	✗	
✗		✗	✗			spitzer	○	✗		✗	✗	
						am spitzesten	○					
✗				✗	○	Spitze(n)	◉	✗				✗
					○	spitzen	○					
						Sportplatz/…plätze	○					
					○	Spritze	○					
		✗	✗	✗		spritzen	◉			✗	✗	✗
						spritzt	○					
						spritzte	○					
						gespritzt	○					
						Stütze	○					
		✗	✗		○	stützen	◉			✗	✗	
						stützt / stützte	○					

| Klassenstufen 1-2 | | | | | | Wörter | Klassenstufen 3-4 | | | | | |
Bay	NiSa	S	S-A	Th	LB		LB	Bay	NiSa	S	S-A	Th
						Stützpunkt	O					
					O	Tatze(n)	O					
						Trotz	O					
		✗	✗	✗		trotz	O			✗	✗	✗
	✗	✗	✗	✗	O	trotzdem	●		✗	✗	✗	✗
		✗	✗		O	trotzen	O			✗	✗	
						trotzig	O					
						Umweltschutz	O					
						unterstützen	O					
						unterstützt	O					
						verdutzt	O					
✗		✗	✗	✗	O	verletzen	◉	✗		✗	✗	✗
	✗					verletzt	O		✗			
						verletzte	O					
✗						Verletzung	O	✗				
						verschätzen	O					
✗						verschmutzen		✗				
✗						Verschmutzung		✗				
					O	Witz(e)	O					
						witzig	O					
					O	zerschlitzen	O					
						Zipfelmütze	O					
✗	✗	✗	✗	✗	O	zuletzt	◉	✗	✗	✗	✗	✗
durch Wortverbindungen:												
						achtzehn	O					
		✗		✗		achtzig	O			✗		✗
						entzwei	O					
						entzweibrechen	O					
						Postleitzahl(en)	O					
					O	rechtzeitig	O					
Spezialfall zz in Lehnwörtern:												
✗					O	Pizza	O	✗				
✗						Skizze		✗				
✗						skizzieren		✗				

3.10 Wörter mit besonderen Konsonantenclustern

3.10.1 Wörter mit dt

Klassenstufen 1-2						Wörter	Klassenstufen 3-4					
Bay	NiSa	S	S-A	Th	LB		LB	Bay	NiSa	S	S-A	Th
					○	[einladen]	○					
					○	lädt ein	○					
		✗	✗			Hauptstadt	○			✗	✗	
		✗	✗		○	[senden]	○			✗	✗	
						sandte	○					
✗	✗	✗	✗	✗	◉	Stadt / Städte	●	✗	✗	✗	✗	✗
						verwandt	○					
						Verwandte(n)	○					
						Verwandtschaft	○					
						verwandtschaftlich	○					
		✗				[wenden]	○			✗		
						wandte	○					

3.10.2 Wörter mit ng

Klassenstufen 1-2						Wörter	Klassenstufen 3-4					
Bay	NiSa	S	S-A	Th	LB		LB	Bay	NiSa	S	S-A	Th
						Abbildung	○					
						Achtung	○					
	✗					Ahnung	○		✗			
						ahnungslos	○					
	✗					allerdings	○		✗			
						Änderung	○					
	✗	✗	✗			Anfang / Anfänge	○		✗	✗	✗	
	✗	✗	✗		○	anfangen	◉		✗	✗	✗	
						fängst an	○					
	✗					fängt an	○		✗			
	✗					fing an	○		✗			
	✗					angefangen	○		✗			
						Angel(n)	○					
						angeln	○					
						Angler	○					
✗	✗	✗	✗	✗	○	Angst / Ängste	●	✗	✗	✗	✗	✗
						ängstigen	○					
✗	✗	✗	✗	✗	○	ängstlich	◉	✗	✗	✗	✗	✗
						ängstlicher	○					
						Anlehnung	○					
	✗	✗	✗	✗		anstrengen	○			✗	✗	✗	✗
	✗					anstrengend	○		✗			
						Anstrengung	○					
					○	[aufgehen]	○					
					○	ging auf	○					

Klassenstufen 1-2						Wörter	Klassenstufen 3-4					
Bay	NiSa	S	S-A	Th	LB		LB	Bay	NiSa	S	S-A	Th
						aufhängen	○					
						hängt auf	○					
						hing auf	○					
						aufgehängt	○					
						Aufklärung	○					
	✗					Aufregung	○		✗			
						Ausbildung(en)	○					
				✗		Ausstellung	○					✗
						Bedeutung(en)	○					
						Bedrohung	○					
						Begegnung	○					
						Beleidigung	○					
	✗					Belohnung	○		✗			
						Beobachtung(en)	○					
	✗	✗	✗	✗		Berichtigung(en)	○		✗	✗	✗	✗
						Beschäftigung	○					
						Beschreibung	○					
						Besichtigung	○					
						Besserung	○					
						Bestäubung	○					
						Bestimmung	○					
						Betonung(en)	○					
						Betrachtung	○					
						Beugung	○					
						Bewegung	○					
						Bezeichnung	○					
						Biegung	○					
						Bildung	○					
						Bohrung	○					
✗	✗	✗	✗	✗	●	bringen	●	✗	✗	✗	✗	✗
						bringst	○					
✗	✗				◉	bringt	◉	✗	✗			
						Bückling	○					
	✗					Camping	○		✗			
						Dämmerung	○					
						Dehnung	○					
						Deutung	○					
	✗				○	Ding(e)	○		✗			
						Drang	○					
		✗	✗	✗		drängeln	○			✗	✗	✗
						Drängelei	○					
		✗	✗		○	drängen	◉			✗	✗	
						Drehung	○					
					○	Drohung	○					
						Dünger	○					
						Ehrung	○					
					○	Einladung(en)	○					
						Empfang	○					

Klassenstufen 1-2						Wörter	Klassenstufen 3-4					
Bay	NiSa	S	S-A	Th	LB		LB	Bay	NiSa	S	S-A	Th
						Empfänger(in)	○					
		✗	✗	✗		empfangen	○			✗	✗	✗
						empfängt	○					
						Empfangsbescheinigung	○					
						Empfindung	○					
✗	✗	✗	✗	✗	◉	eng	●	✗	✗	✗	✗	✗
					○	Engel	○					
						England	○					
						englisch	○					
						Entdeckung	○					
✗						Entfernung	○	✗				
						Entführung	○					
		✗	✗	✗		entlang	○			✗	✗	✗
						entlangfahren	○					
						entlanggehen	○					
						Entscheidung	○					
	✗					Entschuldigung(en)	○		✗			
						Enttäuschung(en)	○					
✗						Entwicklung(en)	○	✗				
						Erfahrung	○					
						Erfindung(en)	○					
						Erfüllung	○					
						Ergänzung	○					
						Erholung	○					
						Erinnerung(en)	○					
						Erklärung	○					
						Ermahnung	○					
						Ermäßigung	○					
						Ernährung	○					
✗						Erwartung		✗				
✗						Erzählung(en)	○	✗				
						Erziehung	○					
						Fang	○					
✗	✗	✗	✗		●	fangen	◉	✗	✗	✗	✗	
					○	fängst	○					
✗	✗				◉	fängt	◉	✗	✗			
						fingst	○					
	✗				○	fing	◉		✗			
	✗					gefangen	○		✗			
						Feigling	○					
✗	✗	✗			●	Finger	●	✗	✗	✗		
						Fingerhut	○					
						Fingernagel	○					
						Flüchtling	○					
✗	✗	✗	✗	✗	◉	Frühling	●	✗	✗	✗	✗	✗
✗						Führung	○	✗				
						Füllung	○					
						Fütterung(en)	○					

Bay	NiSa	S	S-A	Th	LB	Wörter	LB	Bay	NiSa	S	S-A	Th
✗	✗	✗	✗		●	[gehen]	●	✗	✗	✗	✗	
	✗				○	ging	◉		✗	✗	✗	
	✗					gegangen	◉		✗	✗	✗	
		✗	✗		○	gelingen	◉			✗	✗	
						gelingt	○					
						gelang	○					
						gelungen	○					
						Geschenkpackung	○					
						Handlung	○					
✗					○	Hang / Hänge	○	✗				
✗	✗	✗	✗	✗	○	hängen	●	✗	✗	✗	✗	✗
					○	hängst	○					
	✗					hängt	○		✗			
	✗					hing	○		✗			
						hingst	○					
						gehangen	○					
						Häutung	○					
✗	✗	✗	✗			Heizung	○	✗	✗	✗	✗	
						Hering(e)	○					
✗						Herstellung		✗				
						Hoffnung(en)	○					
						hoffnungslos	○					
✗		✗	✗		○	Hunger	●	✗		✗	✗	
	✗					*Hunger haben*	○		✗			
						hungern	○					
						Hungersnot	○					
✗					○	hungrig	◉	✗				
	✗					*hungrig sein*	○		✗			
✗						Impfung	○	✗				
						Jogging	○					
					○	Jongleur(e)	○					
						jonglieren	○					
						jonglierst	○					
✗	✗	✗	✗		◉	jung	●	✗	✗	✗	✗	
	✗					jünger	◉		✗			
						am jüngsten	○					
✗	✗	✗	✗	✗	●	Junge(n)	●	✗	✗	✗	✗	✗
						Klang / Klänge	○					
						Kleidung	○					
				✗	○	Klingel(n)	○					✗
	✗			✗		klingeln	○		✗			✗
						klingelst	○					
		✗	✗			klingen	○			✗	✗	
						klingst / klingt	○					
						klang	○					
						geklungen	○					
✗					○	Kreuzung(en)	○	✗				
						Krümmung	○					
						Lagerung	○					

| Klassenstufen 1-2 | | | | | | Wörter | Klassenstufen 3-4 | | | | | |
Bay	NiSa	S	S-A	Th	LB		LB	Bay	NiSa	S	S-A	Th
						Lähmung	○					
✗	✗	✗	✗	✗	●	lang(…e, …er)	●	✗	✗	✗	✗	✗
✗	✗					länger	◉	✗	✗			
						am längsten	○					
						Länge	○					
	✗	✗	✗	✗	●	langsam	●		✗	✗	✗	✗
						langsamer	○					
	✗				○	langweilig	○		✗			
						langweiliger	○					
						Laubfärbung	○					
						Lehrling	○					
						Leitung	○					
						Lenkung	○					
	✗					Lieblings…	○		✗			
						Lieferung	○					
						Lockerung	○					
						Lösung	○					
						Mahnung	○					
	✗					Meinung(en)	○		✗			
						Meldung	○					
	✗	✗	✗		○	Menge(n)	◉		✗	✗	✗	
						mitbringen	○					
						bringt mit	○					
						monatelang	○					
✗		✗	✗	✗	○	Nahrung(en)	◉	✗		✗	✗	✗
						Nahrungsmittel	○					
						Notlandung	○					
						Nummerierung	○					
						Öffnung	○					
		✗	✗	✗		Ordnung	○			✗	✗	✗
						Orientierung	○					
		✗	✗	✗	○	Prüfung(en)	◉			✗	✗	✗
		✗	✗	✗	○	Pudding(s)	○			✗	✗	✗
						Puddingpulver	○					
						quengeln	○					
						quengelst	○					
						Quetschung	○					
						Quittung(en)	○					
						Rechnung	○					
✗						Recycling		✗				
						Reibung	○					
						Reizung	○					
						Rettung	○					
						Richtung(en)	○					
	✗	✗	✗		◉	Ring(e)	◉		✗	✗	✗	
		✗	✗		○	ringen	○			✗	✗	
						ringst	○					
						rang / gerungen	○					

Klassenstufen 1-2						Wörter	Klassenstufen 3-4					
Bay	NiSa	S	S-A	Th	LB		LB	Bay	NiSa	S	S-A	Th
						Ringkampf	○					
						Rührung	○					
✗						Sammlung	○	✗				
						Sänger(in)	○					
						Schädling	○					
						Schätzung	○					
					○	Schlange	○					
				✗	○	Schlinge(n)	○					✗
				✗		schlingen	○					✗
✗					○	Schmetterling(e)	○	✗				
						Schonung	○					
						schonungslos	○					
						Sendung(en)	○					
						Senkung	○					
✗	✗	✗	✗		●	singen	●	✗	✗	✗	✗	
					○	singst	○					
✗	✗				◉	singt	◉	✗	✗			
	✗				○	sang	◉		✗			
	✗				○	gesungen	○		✗			
						solange	○					
						Spange	○					
				✗		Spannung	○					✗
						[spazieren gehen]	○					
						ging spazieren	○					
						spazieren gegangen	○					
✗						Spaziergang/…-gänge	○	✗				
						Spiegelung	○					
		✗	✗		○	sprengen	○			✗	✗	
						sprengst	○					
						Sprengstoff	○					
						Sprengung	○					
	✗	✗	✗		◉	springen	●		✗	✗	✗	
					○	springst	○					
	✗				○	springt	○		✗			
						sprangst	○					
	✗				○	sprang	◉		✗			
	✗				○	gesprungen	◉		✗			
						Springer	○					
					○	Sprung	○					
						Spülung	○					
✗					○	Stange(n)	○	✗				
✗					○	Stängel	○	✗				
						Steigung	○					
						Steilhang	○					
						Stimmung	○					
						Störung	○					
						Streckung	○					
	✗			✗	○	streng	◉		✗			✗

Klassenstufen 1-2						Wörter	Klassenstufen 3-4					
Bay	NiSa	S	S-A	Th	LB		LB	Bay	NiSa	S	S-A	Th
						Strenge	○					
						Strömung	○					
						Täuschung	○					
						Teuerung	○					
						Tötung	○					
						Training	○					
						Trauung	○					
						Trennung	○					
						Trübung	○					
						Überraschung	○					
						überspringen	○					
						überspringt	○					
		✗	✗		○	Übung(en)	○			✗	✗	
						[umgehen]	○					
						umging	○					
					○	unbedingt	○					
						[untergehen]	○					
						ging unter	○					
						Unterscheidung	○					
						Verachtung	○					
						Verantwortung	○					
						Verbesserung	○					
✗						Verbrennung		✗				
						verhungern	○					
						verhungert	○					
						verlangen	○					
						verlangst	○					
						verlangt	○					
						verlangte	○					
✗						Verletzung	○	✗				
✗						Verpackung		✗				
				✗		Versammlung	○					✗
✗						Verschmutzung		✗				
						Versöhnung	○					
						Verständigung	○					
						Verteidigung	○					
						Verwaltung	○					
						Verwechslung(en)	○					
						Verzeihung	○					
						vorbeigehen	○					
						ging vorbei	○					
						Vorführung(en)	○					
					○	Vorhang	○					
						vorsingen	○					
						singt vor	○					
						sang vor	○					
						Vorstellung(en)	○					
						Wanderung(en)	○					

| Klassenstufen 1-2 | | | | | | Wörter | Klassenstufen 3-4 | | | | | |
Bay	NiSa	S	S-A	Th	L		LB	Bay	NiSa	S	S-A	Th
						Warnung	○					
						Wendung	○					
						Werbung	○					
						Wertung	○					
						Wirkung	○					
						Witterung	○					
	X	X	X	X	◉	Wohnung(en)	●		X	X	X	X
						Zähmung	○					
					○	Zange(n)	○					
						Zeichnung	○					
X	X	X	X	X	○	Zeitung(en)	◉	X	X	X	X	X
				X	○	Zunge(n)	◉					X
						Zwang	○					
					○	Zwilling(e)	○					
						Zwinge / Zwinger	○					
		X	X			zwingen	○			X	X	
						zwingst	○					
						zwang	○					
						gezwungen	○					
						zwingend	○					

3.10.3 Wörter mit pf

| Klassenstufen 1-2 | | | | | | Wörter | Klassenstufen 3-4 | | | | | |
Bay	NiSa	S	S-A	Th	L		LB	Bay	NiSa	S	S-A	Th
						anklopfen	○					
X	X	X	X	X	●	Apfel / Äpfel	●	X	X	X	X	X
	X					Apfelsine	○		X			
		X	X			Dampf / Dämpfe	○			X	X	
						dampfen	○					
						dämpfen	○					
						Dampfer	○					
						Dummkopf	○					
						Empfang	○					
		X	X	X		empfangen	○			X	X	X
						empfängt	○					
						Empfänger(in)	○					
						Empfangsbescheinigung	○					
X				X		empfinden	○	X				
X						empfindlich	○	X				
						Empfindung	○					
						Flusspferd(e)	○					
						Gipfel	○					
						Hemdknopf	○					
						Heuschnupfen	○					
						Hitzkopf	○					

Klassenstufen 1-2						Wörter	Klassenstufen 3-4					
Bay	NiSa	S	S-A	Th	LB		LB	Bay	NiSa	S	S-A	Th
						Hundenapf	○					
	✗	✗	✗	✗	○	hüpfen	●		✗	✗	✗	✗
	✗					hüpfst	○		✗			
					○	hüpft	○					
						hüpfte	○					
✗				✗		impfen	○	✗				✗
✗						Impfung	○	✗				
		✗			○	Kampf / Kämpfe	◉		✗			
		✗		✗		kämpfen	○		✗			✗
						kämpfst / kämpft	○					
						kämpfte	○					
						Kämpfer(in)	○					
						kämpferisch	○					
	✗	✗	✗	✗	○	klopfen	◉		✗	✗	✗	✗
						klopfst	○					
	✗					klopft	○		✗			
		✗	✗	✗	○	Knopf / Knöpfe	◉			✗	✗	✗
						knöpfen	○					
						Knopfloch	○					
✗	✗	✗	✗	✗	●	Kopf / Köpfe	●	✗	✗	✗	✗	✗
						Pfand / Pfänder	○					
					○	Pfanne(n)	○					
						Pfarrer	○					
					○	Pfau	○					
						Pfeffer	○					
					○	Pfeife(n)	○					
		✗	✗	✗	○	pfeifen	◉			✗	✗	✗
						pfeifst / pfeift	○					
		✗	✗			pfiff	○			✗	✗	
						gepfiffen	○					
	✗	✗	✗	✗	○	Pfennig(e)	◉		✗	✗	✗	✗
✗	✗	✗	✗	✗	◉	Pferd(e)	●	✗	✗	✗	✗	✗
						Pfiff(e)	○					
						pfiffig	○					
				✗		Pfirsich(e)	○					✗
		✗		✗	○	Pflanze(n)	◉			✗		✗
✗	✗		✗	✗	◉	pflanzen	●	✗	✗		✗	✗
					○	pflanzt	○					
						pflanzte	○					
					○	gepflanzt	○					
						Pflanzloch	○					
				✗		Pflaster	○					✗
		✗	✗	✗		Pflaume(n)	○			✗	✗	✗
						Pflaumenmus	○					
						Pflege	○					
✗		✗	✗	✗	○	pflegen	◉	✗		✗	✗	✗
					○	pflegst	○					
✗					○	pflegt	○	✗				
						pflegte	○					

| Klassenstufen 1-2 | | | | | | Wörter | Klassenstufen 3-4 | | | | | |
Bay	NiSa	S	S-A	Th	LB		LB	Bay	NiSa	S	S-A	Th
		X	X	X		Pflicht(en)	O			X	X	X
						Pflichtgefühl	O					
		X	X	X		pflücken	O			X	X	X
						pflückst	O					
						pflückte	O					
		X	X			Pflug / Pflüge	O			X	X	
		X	X	X		pflügen	O			X	X	X
					O	Pfund(e)	O					X
	X	X	X	X		Pfütze(n)	◉	X	X	X	X	X
						Ringkampf	O					
						Schaukelpferd	O					
X	X			X	O	schimpfen	●	X	X			X
					O	schimpfst	O					
	X					geschimpft	O		X			
						schlüpfen	O					X
						Schlupfloch	O					
				X		Schnupfen	O					X
						schöpfen	O					
		X	X	X		stopfen	O			X	X	X
						stopft	O					
						Stopfnadel	O					
		X	X	X		Strumpf / Strümpfe	O			X	X	X
						Strumpfhose	O					
		X	X	X		stumpf	O			X	X	X
						stumpfsinnig	O					
				X		Sumpf						X
		X	X		O	tapfer	◉			X	X	
						Tapferkeit	O					
		X	X	X	O	Topf / Töpfe	O			X	X	X
						tröpfeln	O					
		X	X	X		tropfen	O			X	X	X
		X	X		O	Tropfen	O			X	X	
						tropfnass	O					
						Wettkampf	O					
						Zapfen	O					
						Zipfel	O					
						Zipfelmütze	O					
						zipflig	O					
				X		Zopf	O					X
				X		zupfen	O					X

3.11 Wörter mit Auslautverhärtungen

3.11.1   Wörter mit b am Wortende

Klassenstufen 1-2						Wörter	Klassenstufen 3-4					
Bay	NiSa	S	S-A	Th	LB		LB	Bay	NiSa	S	S-A	Th
✗	✗	✗	✗	✗	●	ab	●	✗	✗	✗	✗	✗
					○	[abbauen]	○					
					○	baust ab	○					
						[abbeißen]	○					
						beißt ab	○					
						biss ab	○					
						[abfahren]	○					
						fährt ab	○					
						fuhr ab	○					
						[abgeben]	○					
						gibt ab	○					
						gab ab	○					
						[abholen]	○					
						holt ab	○					
					○	[abräumen]	○					
						räumst ab	○					
						[absägen]	○					
						sägt ab	○					
						[abschicken]	○					
						schickt ab	○					
						[abschließen]	○					
						schließt ab	○					
						schloss ab	○					
						außerhalb	○					
						bergab	○					
						[beschreiben]	○					
						beschreibst	○					
						beschrieb	○					
		✗	✗			Betrieb[e]	○			✗	✗	
✗	✗	✗	✗	✗	●	[bleiben]	●	✗	✗	✗	✗	✗
					○	bleibst	◉					
✗					◉	bleibt	◉	✗				
✗	✗				○	blieb	◉	✗	✗	✗	✗	
						Blütenstaub	○					
						Club[s]	○					
	✗				○	deshalb	○		✗			
					○	Dieb[e]	○					
✗						[erleben]		✗				
	✗					erlebt	○		✗			
						[färben]	○					
						färbst	○					

Klassenstufen 1-2						Wörter	Klassenstufen 3-4					
Bay	NiSa	S	S-A	Th	LB		LB	Bay	NiSa	S	S-A	Th
✗	✗	✗	✗	✗	●	[geben]	●	✗	✗	✗	✗	✗
	✗				○	gab	◉		✗			
					○	gibt	○					
					○	gebt	○					
					○	gib	○					
✗	✗	✗	✗		◉	gibt	◉	✗	✗	✗	✗	
✗	✗	✗	✗	✗	●	gelb	●	✗	✗	✗	✗	✗
	✗	✗	✗	✗	○	[glauben]	◉		✗	✗	✗	✗
					○	glaubst	○					
	✗					glaubt	○		✗			
		✗	✗		○	[graben]	◉			✗	✗	
						gräbst	○					
						grub	○					
					○	gräbt	○					
✗	✗	✗	✗	✗	●	[haben]	●	✗	✗	✗	✗	✗
						hab	○					
						gehabt	○					
	✗	✗	✗	✗	○	halb[-e…]	●		✗	✗	✗	✗
	✗	✗	✗		○	[heben]	◉		✗	✗	✗	
						hebst	○					
	✗				○	hebt	○		✗			
	✗					hob	○		✗			
		✗	✗		○	herab	○			✗	✗	
✗	✗	✗	✗	✗	◉	Herbst	●	✗	✗	✗	✗	✗
					○	hinab	○					
					○	hübsch	○					
	✗	✗	✗		○	[kleben]	●		✗	✗	✗	
	✗					klebt	○		✗			
	✗					geklebt	○		✗			
		✗	✗	✗		Korb / [Körbe]	○			✗	✗	✗
✗		✗	✗		○	Laub	◉	✗		✗	✗	
✗	✗	✗	✗	✗	◉	[leben]	●	✗	✗	✗	✗	✗
					○	lebst	○					
✗					○	lebt	○	✗				
✗	✗				◉	lieb	◉	✗	✗			
✗	✗	✗	✗	✗	◉	[lieben]	●	✗	✗	✗	✗	✗
					○	liebst	○					
	✗				○	liebt	○		✗			
						Lob	○					
						Maßstab	○					
✗	✗	✗	✗		◉	ob	●	✗	✗	✗	✗	
✗		✗	✗	✗	◉	Obst	●	✗		✗	✗	✗
✗	✗	✗	✗	✗	○	[schieben]	◉	✗	✗	✗	✗	✗
						schiebst	○					
						schobst	○					
	✗					schiebt	○		✗			
✗						schob	○	✗				
						[schrauben]	○					
						schraubst	○					

Klassenstufen 1-2						Wörter	Klassenstufen 3-4					
Bay	NiSa	S	S-A	Th	LB		LB	Bay	NiSa	S	S-A	Th
✗	✗	✗	✗	✗	●	[schreiben]	●	✗	✗	✗	✗	✗
					○	schreibst	○					
✗	✗			✗	◉	schreibt	◉	✗	✗			✗
	✗				○	schrieb	◉		✗	✗	✗	
		✗	✗	✗	○	selbst	◉			✗	✗	✗
		✗	✗		○	Stab / [Stäbe]	◉			✗	✗	
		✗	✗			Staub	○			✗	✗	
	✗			✗	○	[sterben]	◉		✗			✗
						stirbst	○					
						stirbt	○					
						starb	○					
		✗	✗			trüb[e]	○			✗	✗	
✗	✗	✗	✗	✗	●	[üben]	●	✗	✗	✗	✗	✗
✗				✗	○	übt	○	✗				✗
					○	übst	○					
					○	geübt	○					
					○	[umgraben]	○					
					○	gräbt um	○					
✗	✗	✗	✗		○	Urlaub[e]	◉	✗	✗	✗	✗	
						[vergraben]	○					
						vergräbt	○					
						[werben]	○					
						wirbt	○					
						warb	○					
						Wettbewerb	○					

3.11.2 Wörter mit b am Silbenende

Klassenstufen 1-2						Wörter	Klassenstufen 3-4					
Bay	NiSa	S	S-A	Th	LB		LB	Bay	NiSa	S	S-A	Th
					○	abbauen	○					
						abbeißen	○					
						abgebissen	○					
						abbilden	○					
						Abbildung	○					
						abbürsten	○					
						abfahren	○					
						Abfahrt	○					
						Abfall / Abfälle	○					
						abgeben	○					
						abholen	○					
						abmessen	○					
					○	abräumen	○					
						absägen	○					
						abschicken	○					
						Abschied	○					

Klassenstufen 1-2						Wörter	Klassenstufen 3-4					
Bay	NiSa	S	S-A	Th	LB		LB	Bay	NiSa	S	S-A	Th
						abschließen	○					
						abgeschlossen	○					
						Abschluss	○					
						Absender	○					
						Absicht	○					
	✗					absichtlich	○		✗			
						abwärts	○					
						Abzeichen	○					
						Diebstahl	○					
					○	Erbse(n)	○					
				✗		Ergebnis	○					✗
						ergebnislos	○					
✗				✗		Erlaubnis	○	✗				
✗	✗			✗	○	Erlebnis(se)	◉	✗	✗			✗
						Farbfernseher	○					
						Farbfilm	○					
						glaubhaft	○					
						herbstlich	○					
						Hubschrauber	○					
	✗	✗	✗		○	[kleben]	●		✗	✗	✗	
	✗					klebte	○		✗			
						klebrig	○					
					○	Klebstoff	○					
						Laubbaum	○					
						Laubfärbung	○					
						Laubfrosch	○					
						Laubsäge	○					
✗	✗	✗	✗	✗	◉	[leben]	●	✗	✗	✗	✗	✗
						lebte	○					
✗	✗				◉	[lieb]	◉	✗	✗			
						am liebsten	○					
					○	lieblich	○					
	✗					Lieblings...	○		✗			
						Obstbaum	○					
						Obstgarten	○					
						Obstmesser	○					
					○	obwohl	○					
						Schreibetui	○					
					○	Schublade	○					
						Selbstlaut(e)	○					
	✗					selbstständig	○		✗			
						Staubtuch	○					
						subtrahieren	○					
						Subtraktion	○					
						talabwärts	○					
						trübselig	○					
✗	✗	✗	✗	✗	●	[üben]	●	✗	✗	✗	✗	✗
						übte	○					

Bay	NiSa	S	S-A	Th	LB	Wörter	LB	Bay	NiSa	S	S-A	Th
						üblich	○					
	✗	✗	✗	✗	○	übrig	◉			✗	✗	✗
					○	*übrig bleiben*	○					
					○	*übrig lassen*	○					
						übrigens	○					
						verabschieden	○					
						verabschiedest	○					

3.11.3 Wörter mit d am Wortende

Bay	NiSa	S	S-A	Th	LB	Wörter	LB	Bay	NiSa	S	S-A	Th
✗		✗	✗	✗	◉	Abend[e]	●	✗		✗	✗	✗
	✗				○	*am Abend*	○		✗			
	✗				○	*eines Abends*	○		✗			
					○	*gestern Abend*	○		✗			
	✗	✗	✗	✗	○	abends	◉		✗	✗	✗	✗
						Abschied	○					
	✗					anstrengend	○		✗			
					○	[aufstehen]	○					
					○	*stand auf*	○					
		✗	✗	✗	○	Bad / [Bäder]	○			✗	✗	✗
	✗	✗	✗	✗	◉	bald	●		✗	✗	✗	✗
		✗	✗	✗		Band / [Bänder]	○			✗	✗	✗
						bedeutend	○					
	✗					Bescheid	○		✗			
✗	✗	✗	✗	✗	●	Bild[er]	●	✗	✗	✗	✗	✗
	✗	✗	✗		○	[binden]	◉			✗	✗	✗
						bandst	○					
						band	○					
✗					○	blind	○	✗				
						blöd	○					
						blond	○					
✗						Brand / [Brände]	○	✗				
						Christkind	○					
						Deutschland	○					
						drohend	○					
					○	[einladen]	○					
						lädst	○					
						lud ein	○					
						eintausend	○					
						England	○					
					○	[entscheiden]	○					
						entschied	○					
					○	[entstehen]	○					
						entstand	○					

Klassenstufen 1-2						Wörter	Klassenstufen 3-4					
Bay	NiSa	S	S-A	Th	LB		LB	Bay	NiSa	S	S-A	Th
	✗					[erfinden]	○		✗			
	✗					erfand	○		✗			
	✗	✗	✗	✗	○	Fahrrad / [Fahrräder]	◉		✗	✗	✗	✗
	✗			✗	○	Fein[e]	◉		✗			✗
✗	✗	✗	✗		◉	Feld[er]	●	✗	✗	✗	✗	
						Felswand	○					
✗	✗	✗	✗		◉	[finden]	●	✗	✗	✗	✗	
						fandst	○					
	✗				○	fand	◉		✗			
						Finnland	○					
						Flachland	○					
						Flusspferd[e]	○					
✗	✗	✗	✗		◉	fremd	●	✗	✗	✗	✗	
✗	✗	✗	✗	✗	◉	Freund[e]	●	✗	✗	✗	✗	✗
						Fund	○					
	✗					Gegend[en]	◉		✗			
✗	✗	✗	✗	✗	●	Geld[er]	●	✗	✗	✗	✗	✗
					○	genügend	○					
✗	✗	✗	✗	✗	◉	gesund	●	✗	✗	✗	✗	✗
						Getreidefeld	○					
	✗				○	Gold	○			✗		
	✗		✗		○	Grund / [Gründe]	○			✗		✗
						Hallenbad	○					
✗	✗	✗	✗	✗	●	Hand / [Hände]	●	✗	✗	✗	✗	✗
						Held[en]	○					
✗	✗	✗	✗	✗	◉	Hemd[en]	◉	✗	✗	✗	✗	✗
					○	Herd[e]	○					
						hervorragend	○					
						Holland	○					
✗	✗	✗	✗	✗	●	Hund[e]	●	✗	✗	✗	✗	✗
						hunderttausend	○					
	✗					irgend	○		✗			
				✗	○	Jagd[en]	○					✗
✗	✗	✗	✗	✗	○	jemand[en]	◉	✗	✗	✗	✗	✗
✗		✗	✗	✗		Jugend	○	✗		✗	✗	✗
						kerngesund	○					
✗	✗	✗	✗	✗	●	Kind[er]	●	✗	✗	✗	✗	✗
✗	✗	✗	✗	✗	●	Kleid[er]	●	✗	✗	✗	✗	✗
✗	✗	✗	✗		○	Land / [Länder]	●	✗	✗	✗	✗	
						Leid[en]	○					
						Lenkrad	○					
✗	✗	✗	✗	✗	◉	Lied[er]	●	✗	✗	✗	✗	✗
						Mahd	○					
						Meeresstrand	○					
		✗	✗			mild	○			✗	✗	
						Minuend[en]	○					
						Mitleid	○					

Klassenstufen 1-2						Wörter	Klassenstufen 3-4					
Bay	NiSa	S	S-A	Th	LB		LB	Bay	NiSa	S	S-A	Th
	✗	✗	✗		◉	Mond[e]	◉		✗	✗	✗	
✗	✗				◉	Mund / [Münder]	◉	✗	✗			
						Neid	○					
✗	✗	✗	✗	✗	○	niemand[en]	●	✗	✗	✗	✗	✗
	✗	✗		✗	○	nirgends	◉		✗	✗		✗
						Pfand / [Pfänder]	○					
✗	✗	✗	✗	✗	◉	Pferd[e]	●	✗	✗	✗	✗	✗
					○	Pfund[e]	○					✗
	✗	✗	✗	✗	◉	Rad / [Räder]	◉		✗	✗	✗	✗
						Rad fahren	○					
						fuhr Rad	○					
		✗	✗		○	Rand / [Ränder]	○			✗	✗	
						rasend	○					
						Rekord[e]	○					
		✗	✗			Rind[er]	○			✗	✗	
						rührend	○					
		✗	✗	✗	○	rund	◉			✗	✗	✗
						Russland	○					
✗	✗	✗	✗		●	Sand[e]	●	✗	✗	✗	✗	
						Schaukelpferd	○					
						Schießstand	○					
		✗	✗		○	Schild[er]	○			✗	✗	
						schmerzstillend	○					
	✗	✗	✗			Schuld	○		✗	✗	✗	
					○	[sein]	◉					
✗	✗	✗	✗		●	sind	●	✗	✗	✗	✗	
✗	✗	✗	✗	✗	○	seid	◉		✗	✗	✗	✗
						Silvesterabend	○					
						Skateboard[s]	○					
						Snowboard	○					
					○	sobald	○					
	✗	✗	✗	✗	○	Sonnabend[e]	○			✗	✗	✗
						sonnabends	○					
	✗					spannend	◉		✗			
						Spürhund	○					
						[stattfinden]	○					
						fand statt	○					
✗	✗	✗	✗	✗	●	[stehen]	●	✗	✗	✗	✗	✗
	✗	✗	✗		○	stand	◉		✗	✗	✗	
✗				✗		Strand / [Strände]	◉	✗				✗
✗	✗	✗	✗	✗	○	tausend	◉	✗	✗	✗	✗	✗
					○	Tod	○					
						überraschend	○					
✗	✗	✗	✗	✗	●	und	●	✗	✗	✗	✗	✗
	✗	✗	✗			Unterschied	○			✗	✗	✗
						Urwald / [Urwälder]	○					
						[verbinden]	○					
						verband	○					

Klassenstufen 1-2						Wörter	Klassenstufen 3-4					
Bay	NiSa	S	S-A	Th	LB		LB	Bay	NiSa	S	S-A	Th
						[vermeiden]	○					
						vermied	○					
						[verschwinden]	◉					
						verschwand	○					
	✗				○	[verstehen]	◉		✗			
	✗					verstand	○		✗			
						Volkslied	○					
		✗	✗			Vorderrad	○			✗	✗	
✗	✗	✗	✗	✗		während	◉	✗	✗	✗	✗	✗
						Waisenkind	○					
✗	✗	✗	✗	✗	●	Wald / [Wälder]	●	✗	✗	✗	✗	✗
	✗	✗	✗		○	Wand / [Wände]	◉		✗	✗	✗	
						Wechselgeld	○					
✗	✗	✗	✗	✗	●	[werden]	●	✗	✗	✗	✗	✗
✗	✗	✗	✗	✗	◉	wird	◉	✗	✗	✗	✗	✗
						Widerstand	○					
						[widerstehen]	○					
						widerstand	○					
✗	✗	✗	✗		○	wild[e]	◉	✗	✗	✗	✗	
✗	✗	✗	✗		●	Wind[e]	●	✗	✗	✗	✗	
				✗		wund	○					✗
	✗	✗	✗		○	wütend	◉		✗	✗	✗	
						zehntausend	○					
						zweitausend	○					
						zwingend	○					
						zwölftausend	○					

3.11.4 Wörter mit d am Silbenende

Klassenstufen 1-2						Wörter	Klassenstufen 3-4					
Bay	NiSa	S	S-A	Th	LB		LB	Bay	NiSa	S	S-A	Th
						Abendessen	○					
						abendlich	○					
						Adjektiv(e)	○					
						Advent	○					
						Adventskranz	○					
						einunddreißig	○					
✗						empfindlich	○	✗				
						endgültig	○					
	✗	✗	✗	✗	○	endlich	◉		✗	✗	✗	✗
						endlos	○					
						Endstation	○					
						Erdball	○					
						Erdbeben	○					
						Erdbeere	○					
						Erdgeschoss	○					
						Erdöl	○					

Klassenstufen 1-2						Wörter	Klassenstufen 3-4					
Bay	NiSa	S	S-A	Th	LB		LB	Bay	NiSa	S	S-A	Th
						feindlich	○					
						Feindschaft	○					
						Fremdsprache	○					
	✗	✗	✗	✗	○	freundlich	◉		✗	✗	✗	✗
						freundlicher	○					
						Freundschaft(en)	○					
✗	✗				○	friedlich	○	✗	✗			
						fünfundzwanzig	○					
						Gesundheit	○					
						Geständnis	○					
						gründlich	○					
						Handtuchhalter	○					
						Hemdknopf	○					
						irgendjemand	○					
						irgendwann	○					
	✗					irgendwie	○		✗			
	✗					irgendwo	○		✗			
✗						jugendlich	○	✗				
						Jugendliche	○					
						Kindheit	○					
						ländlich	○					
						Landschaft(en)	○					
						Landstraße	○					
						Lehrmädchen	○					
✗	✗	✗	✗	✗	●	Mädchen	●	✗	✗	✗	✗	✗
						Mondfinsternis	○					
						Mondfähre	○					
						mondhell	○					
						Mondschein	○					
						mondsüchtig	○					
				✗		niedlich	○					✗
						nirgendwo	○					
						Nordsee	○					
		✗	✗	✗	○	ordnen	◉			✗	✗	✗
		✗	✗	✗		Ordnung	○			✗	✗	✗
						Rindvieh	○					
						rundlich	○					
						Sandstein	○					
		✗	✗	✗		schädlich	○			✗	✗	✗
						Schädling	○					
						Schiedsrichter	○					
						Schildkröte	○					
						schuldlos	○					
						tausendfach	○					
					○	Tausendfüßler	○					
						Tausender	○					
						tausendmal	○					
						unterschiedlich	○					

Klassenstufen 1-2						Wörter	Klassenstufen 3-4					
Bay	NiSa	S	S-A	Th	LB		LB	Bay	NiSa	S	S-A	Th
						verständlich	○					
						währenddessen	○					
						Waldmännchen	○					
						Wildnis	○					
						Wildschwein(e)	○					
					○	Windrad	○					

3.11.5 Wörter mit g am Wortende

Klassenstufen 1-2						Wörter	Klassenstufen 3-4					
Bay	NiSa	S	S-A	Th	LB		LB	Bay	NiSa	S	S-A	Th
						[absägen]	○					
						sägt ab	○					
						[anlegen]	○					
						legt an	○					
					○	Anzug / Anzüge	○					
						Arg	○					
					○	aufgeregt	○					
						[aufschlagen]	○					
						schlägt auf	○					
						schlug auf	○					
	✗	✗	✗	✗	◉	Berg(e)	●		✗	✗	✗	✗
✗	✗	✗	✗	✗	○	[bewegen]	●	✗	✗	✗	✗	✗
					○	bewegst	○					
✗					○	bewegt	○	✗				
✗	✗	✗	✗	✗	○	[biegen]	◉	✗	✗	✗	✗	✗
						biegst	○					
✗						bog	○	✗				
						[borgen]	○					
						borgst	○					
	✗	✗	✗		○	Burg(en)	●		✗	✗	✗	
✗	✗	✗	✗	✗	●	Dienstag(e)	●	✗	✗	✗	✗	✗
						dienstags	○					
✗	✗	✗	✗	✗	●	Donnerstag(e)	●	✗	✗	✗	✗	✗
						donnerstags	○					
						Eilzug	○					
						Eisberg	○					
	✗					Erfolg	○	✗				
						[erziehen]	○					
						erzog	○					
					○	Feiertag	○					
✗	✗	✗	✗		●	[fliegen]	●	✗	✗	✗	✗	
	✗				○	flog	◉		✗			
						Flug / Flüge	○					

Bay	NiSa	S	S-A	Th	LB	Wörter	LB	Bay	NiSa	S	S-A	Th
						Klassenstufen 1-2 / **Klassenstufen 3-4**						
✗	✗	✗	✗	✗	●	[fragen]	●	✗	✗	✗	✗	✗
					○	fragst	◉					
✗					◉	fragt	◉	✗				
	✗				○	gefragt	○		✗			
✗	✗	✗	✗	✗	●	Freitag(e)	◉	✗	✗	✗	✗	✗
					○	freitags	○					
✗	✗	✗	✗	✗	◉	Geburtstag(e)	◉	✗	✗	✗	✗	✗
	✗	✗	✗	✗	○	genug	◉		✗	✗	✗	✗
					○	Heimweg	○					
				✗	○	Jagd(en)	○					✗
	✗	✗	✗		○	[jagen]	◉			✗	✗	✗
					○	jagst	○					
					○	jagt	○					
✗				✗	○	Käfig(e)	◉	✗				✗
		✗	✗	✗	●	klug	●			✗	✗	✗
✗	✗	✗	✗	✗	○	Krieg(e)	◉	✗	✗	✗	✗	✗
	✗				○	[kriegen]	○		✗			
	✗				○	kriegst	○		✗			
	✗				○	kriegt	○		✗			
	✗				○	gekriegt	○		✗			
					○	Krug / Krüge	○					
✗	✗	✗	✗	✗	●	[legen]	●	✗	✗	✗	✗	✗
					○	legst	○					
✗	✗				○	legt	◉	✗	✗			
	✗				○	gelegt	○		✗			
✗	✗	✗		✗	●	liegen	●	✗	✗	✗		✗
					○	liegst	○					
✗	✗				○	liegt	◉	✗	✗			
					○	lagst	○					
	✗				○	lag	◉		✗			
	✗	✗		✗	○	[lügen]	◉		✗	✗		✗
	✗				○	lügt	○		✗			
					○	log	○					
✗	✗	✗	✗		○	Mittag(e)	●	✗	✗	✗	✗	
					○	*eines Mittags*	○					
	✗	✗	✗	✗	○	mittags	◉		✗	✗	✗	✗
	✗			✗	◉	[mögen]	◉		✗			✗
					○	magst	○					
	✗				○	mag	○		✗			
✗	✗	✗	✗	✗	●	Montag(e)	●	✗	✗	✗	✗	✗
					○	montags	○					
	✗				○	Nachmittag(e)	◉		✗			
					○	nachmittags	○					
✗		✗	✗	✗	○	[pflegen]	◉	✗		✗	✗	✗
					○	pflegst	○					
✗					○	pflegt	○		✗			
		✗	✗			Pflug / Pflüge	○				✗	✗
						Ratschlag	○					

Klassenstufen 1-2						Wörter	Klassenstufen 3-4					
Bay	NiSa	S	S-A	Th	LB		LB	Bay	NiSa	S	S-A	Th
✗	✗	✗	✗	✗	●	[sagen]	●	✗	✗	✗	✗	✗
					○	sagst	○					
✗	✗				◉	sagt	◉	✗	✗			
	✗					gesagt	○		✗			
				✗		[sägen]	○					✗
						sägt	○					
✗					◉	Samstag(e)	◉	✗				
						samstags	○					
						Schlafanzug	○					
						Schlag / Schläge	○					
✗	✗	✗	✗		◉	[schlagen]	●	✗	✗	✗	✗	
					○	schlägst	○					
✗	✗				◉	schlägt	◉	✗	✗			
						schlugst	○					
						schlug	○					
	✗		✗			schräg	○			✗		✗
✗						[schweigen]	○	✗				
✗						schwieg	○	✗				
						Segelflugzeug	○					
						Sieg	○					
✗	✗	✗	✗	✗	●	Sonntag(e)	●	✗	✗	✗	✗	✗
						sonntags	○					
						Spielzeug	○					
	✗	✗	✗		◉	[steigen]	●		✗	✗	✗	
					○	steigst	○					
					○	steigt	○					
		✗	✗		○	stieg	○			✗	✗	
✗	✗	✗	✗	✗	●	Tag(e)	●	✗	✗	✗	✗	✗
						Teig	○					
✗	✗	✗	✗	✗	●	[tragen]	●	✗	✗	✗	✗	✗
					○	trägst	○					
✗	✗		✗		◉	trägt	◉	✗	✗			✗
	✗				○	trug	◉		✗			
					○	[überlegen]	○					
					○	überlegt	○					
					○	[umziehen]	○					
					○	zog um	○					
						[vertragen]	○					
						verträgt	○					
						vertrug	○					
	✗				○	Vormittag(e)	◉		✗			
	✗					vormittags	○		✗			
						Vorschlag/…schläge	○					
						[vorschlagen]	○					
						schlug vor	○					
						Wandertag	○					
✗	✗	✗	✗	✗	●	Weg(e)	●	✗	✗	✗	✗	✗
	✗				○	weg	◉		✗			

Klassenstufen 1-2						Wörter	Klassenstufen 3-4					
Bay	NiSa	S	S-A	Th	LB		LB	Bay	NiSa	S	S-A	Th
						[weglaufen]	O					
						läuft weg	O					
						[wegrennen]	O					
						rennt weg	O					
					O	Werkzeug(e)	O					
✗		✗	✗			[wiegen]	◉	✗		✗	✗	
						wiegst	O					
✗						wog	O	✗				
					O	Wochentag	O					
✗	✗	✗	✗	✗	◉	[zeigen]	●	✗	✗	✗	✗	✗
						zeigst	O					
✗	✗				◉	zeigt	◉	✗	✗			
	✗					gezeigt	O		✗			
✗	✗	✗	✗	✗	◉	[ziehen]	●	✗	✗	✗	✗	✗
✗	✗	✗	✗		O	zog	◉	✗	✗	✗	✗	
	✗	✗	✗		◉	Zug / Züge	●		✗	✗	✗	
	✗	✗	✗		O	Zweig(e)	O			✗	✗	✗
						Zwerg(e)	O					

3.11.6 Wörter mit g am Silbenende

Klassenstufen 1-2						Wörter	Klassenstufen 3-4					
Bay	NiSa	S	S-A	Th	LB		LB	Bay	NiSa	S	S-A	Th
						argwöhnisch	O					
						bergab	O					
						Bergführer(in)	O					
						Bergmann	O					
✗	✗	✗	✗	✗	O	[bewegen]	●	✗	✗	✗	✗	✗
						bewegte	O					
						beweglich	O					
						biegsam	O					
						[borgen]	O					
						borgte	O					
						Burgruine	O					
						Ereignis	O					
						Flughafen /Flughäfen	O					
✗	✗	✗	✗			Flugzeug(e)	◉	✗	✗	✗	✗	
						Flugzeugträger	O					
✗	✗	✗	✗	✗	●	[fragen]	●	✗	✗	✗	✗	✗
	✗				O	fragte	O		✗			
						Geburtstagsfeier	O					
		✗	✗	✗	O	[jagen]	◉			✗	✗	✗
						jagte	O					
						Klugheit	O					
	✗				O	[kriegen]	O		✗			
						kriegte	O					

Klassenstufen 1-2						Wörter	Klassenstufen 3-4					
Bay	NiSa	S	S-A	Th	LB		LB	Bay	NiSa	S	S-A	Th
	✗					Mittagessen	○		✗			
						Mittagspause	○					
	✗	✗				möglich	○		✗	✗		
						möglicherweise	○					
						Möglichkeit	○					
						möglichst	○					
✗		✗	✗	✗	○	[pflegen]	◉	✗		✗	✗	✗
						pflegte	○					
✗	✗	✗	✗	✗	●	[sagen]	●	✗	✗	✗	✗	✗
	✗				○	sagte	○		✗			
						Schlagzeile(n)	○					
						Segelflugzeug	○					
						siegreich	○					
					○	täglich	○					
						tauglich	○					
						[verfolgen]	○					
						verfolgte	○					
						Wagnis	○					
						wegbringen	○					
						weglaufen	○					
	✗	✗	✗			wegnehmen	○		✗	✗	✗	
						wegrennen	○					
					○	Wegweiser	○					
	✗	✗				wegwerfen	○			✗	✗	
✗	✗	✗	✗	✗	◉	[zeigen]	●	✗	✗	✗	✗	✗
						zeigte	○					
✗	✗			✗		Zeugnis(se)	◉	✗	✗			✗

3.12 Wörter mit Adjektivendungen

3.12.1 Wörter mit der Endung –haft

Klassenstufen 1-2						Wörter	Klassenstufen 3-4					
Bay	NiSa	S	S-A	Th	LB		LB	Bay	NiSa	S	S-A	Th
						boshaft	○					
						ernsthaft	○					
						feenhaft	○					
						glaubhaft	○					
						heldenhaft	○					
						meisterhaft	○					
						nahrhaft	○					
						schmerzhaft	○					
						traumhaft	○					
						zauberhaft	○					

3.12.2 Wörter mit der Endung –ig

Klassenstufen 1-2						Wörter	Klassenstufen 3-4					
Bay	NiSa	S	S-A	Th	LB		LB	Bay	NiSa	S	S-A	Th
		✗		✗		achtzig	○			✗		✗
	✗	✗	✗			artig	○		✗	✗	✗	
						artige	○					
						barfüßig	○					✗
						bergig	○					
						berufstätig	○					
						bettlägerig	○					
	✗	✗	✗	✗	○	billig	◉			✗	✗	✗	✗
						brummig	○					
						drahtig	○					
✗	✗			✗		dreckig	◉	✗	✗			✗
		✗	✗	✗	○	dreißig	○			✗	✗	✗
✗	✗					durstig	○	✗	✗			
✗					○	eckig	○	✗				
						eifersüchtig	○					
		✗	✗	✗	○	eifrig	◉			✗	✗	✗
					○	eigenartig	○					
					○	eilig	○					
		✗	✗			einig	○			✗	✗	
	✗	✗	✗	✗	○	einige	◉		✗	✗	✗	✗
						einunddreißig	○					
	✗					einzig(e)	○		✗			
						eisig	○					
						endgültig	○					
					○	ewig	○					
						farbig	○					

Klassenstufen 1-2						Wörter	Klassenstufen 3-4					
Bay	NiSa	S	S-A	Th	LB		LB	Bay	NiSa	S	S-A	Th
✗	✗	✗	✗	✗	○	fertig	●	✗	✗	✗	✗	✗
						fettig	○					
						fleckig	○					
✗	✗	✗	✗	✗		fleißig	◉	✗	✗	✗	✗	✗
						fleißiger	○					
						flüchtig	○					
✗		✗	✗	✗	○	flüssig	◉	✗		✗	✗	✗
					○	flüssiger	○					
						freudig	○					
						frostig	○					
						fünfundzwanzig	○					
						fünfzig	○					
						gebirgig	○					
					○	geduldig	○					
						gefräßig	○					
						gegenseitig	○					
		✗	✗	✗		geizig	○			✗	✗	✗
						geschäftstüchtig	○					
					○	giftig	◉		✗			✗
						gläubig	○					
					○	gleichzeitig	○					
						goldig	○					
						gruselig	○					
						hastig	○					
✗		✗	✗	✗	○	häufig	◉	✗		✗	✗	✗
						hitzig	○					
						holzig	○					
✗					○	hungrig	◉	✗				
	✗					hungrig sein	○		✗			
						irrsinnig	○					
						kernig	○					
						kipplig	○					
						klapprig	○					
						klebrig	○					
						knochig	○					
						knurrig	○					
						körnig	○					
✗	✗				○	kräftig	○	✗	✗			
	✗				○	langweilig	○		✗			
						langweiliger	○					
	✗				○	lebendig	○		✗			
					○	listig	○					
						löchrig	○					
						lockig	○					
						luftig	○					
	✗	✗	✗	✗	○	lustig	●		✗	✗	✗	✗
						lustiger	○					
						mächtig	○					

Bay	NiSa	S	S-A	Th	LB	Wörter	LB	Bay	NiSa	S	S-A	Th
						madig	O					
						mäßig	O					
						mehlig	O					
						mehrspurig	O					
						mondsüchtig	O					
						moorig	O					
						moosig	O					
	✗	✗	✗		O	mutig	●		✗	✗	✗	
						mutiger	O					
						neblig	O					
						nebliger	O					
	✗	✗	✗	✗	O	neugierig	◉		✗	✗	✗	✗
						neunzig	O					
		✗	✗	✗		niedrig	O			✗	✗	✗
						notwendig	O					
						ölig	O					
						pelzig	O					
						pfiffig	O					
					O	rechtzeitig	O					
						regelmäßig	O					
✗	✗	✗	✗	✗	O	richtig	●	✗	✗	✗	✗	✗
				✗	O	riesig	O					✗
						riesiger	O					
						rissig	O					
						rostig	O					
✗	✗	✗	✗		O	ruhig	◉	✗	✗	✗	✗	
						rutschig	O					
						saftig	O					
						salzig	O					
✗					O	sandig(...e)	O	✗				
					O	schattig	O					
						schaumig	O					
						schmierig	O					
✗	✗	✗	✗	✗	◉	schmutzig	O	✗	✗	✗	✗	✗
		✗	✗	✗		schuldig	O			✗	✗	✗
✗	✗	✗	✗	✗	O	schwierig	◉	✗	✗	✗	✗	✗
						schwieriger	O					
						am schwierigsten	O					
		✗	✗	✗		sechzig	O			✗	✗	✗
						seidig	O					
	✗					selbstständig	O		✗			
		✗	✗	✗		siebzig	O			✗	✗	✗
						silbrig	O					
				✗		sonnig	O					✗
						sonniger	O					
						sonstige	O					
						sorgfältig	O					
						sorgfältiger	O					

| Klassenstufen 1-2 | | | | | | Wörter | Klassenstufen 3-4 | | | | | |
Bay	NiSa	S	S-A	Th	LB		LB	Bay	NiSa	S	S-A	Th
						spaßig	○					
						stämmig	○					
		✗	✗	✗		staubig	○			✗	✗	✗
						steinig	○					
						streitsüchtig	○					
						strohig	○					
						stumpfsinnig	○					
						tätig	○					
						tatkräftig	○					
	✗	✗	✗	✗	○	traurig	◉	✗	✗	✗	✗	✗
						trauriger	○					
						trotzig	○					
						trübselig	○					
		✗	✗	✗	○	tüchtig	○			✗	✗	✗
	✗	✗	✗	✗	○	übrig	◉	✗	✗	✗	✗	✗
						ulkig	○					
						ungeduldig	○					
					○	unschuldig	○					
						unvorsichtig	○					
						vernünftig	○					
						viereckig	○					
		✗	✗	✗	○	vierzig	○			✗	✗	✗
					○	völlig	○					
						vollständig	○					
		✗		✗		vorige(-r, ...)	○			✗		✗
						vorrätig	○					
✗	✗	✗	✗	✗	○	vorsichtig	●	✗	✗	✗	✗	✗
						wacklig	○					
						waldig	○					
						wässrig	○					
✗	✗	✗	✗		◉	wenig(e)	●	✗	✗	✗	✗	
						weniger	○					
						zu wenig	○					
✗	✗	✗	✗		○	wichtig	●	✗	✗	✗	✗	
						wichtiger	○					
						am wichtigsten	○					
						widerspenstig	○					
						widerwillig	○					
						windig	○					
						winzig	○					
						witzig	○					
						wohlig	○					
						wolkig	○					
						wollig	○					
						x-beliebig	○					
						zapplig	○					
						zipflig	○					
						zittrig	○					

Klassenstufen 1-2						Wörter	Klassenstufen 3-4					
Bay	NiSa	S	S-A	Th	LB		LB	Bay	NiSa	S	S-A	Th
						zuckrig	○					
✗						zukünftig	○	✗				
						zuverlässig	○					
		✗		✗		zwanzig	○			✗		✗
					○	zweckmäßig	○					

3.12.3   Wörter mit der Endung –isch

Klassenstufen 1-2						Wörter	Klassenstufen 3-4					
Bay	NiSa	S	S-A	Th	LB		LB	Bay	NiSa	S	S-A	Th
						argwöhnisch	○					
						diebisch	○					
				✗	○	elektrisch	○					✗
						elektronisch	○					
						englisch	○					
						erfinderisch	○					
						fantastisch	○					
						französisch	○					
						italienisch	○					
						kämpferisch	○					
						klimatisch	○					
						komisch	○					
						kriegerisch	○					
						kritisch	○					
						lügnerisch	○					
						metallisch	○					
						mürrisch	○					
						musikalisch	○					
						närrisch	○					
					○	neidisch	○					
	✗					praktisch	○		✗			
						quadratisch	○					
						räuberisch	○					
						regnerisch	○					
						spanisch	○					
						spöttisch	○					
✗						stürmisch	○	✗				
						technisch	○					
						telefonisch	○					
						träumerisch	○					
						türkisch	○					
						typisch	○					
						zänkisch	○					

3.12.4 Wörter mit der Endung –lich

Bay	NiSa	S	S-A	Th	LB	Wörter	LB	Bay	NiSa	S	S-A	Th
						abendlich	○					
	✗					absichtlich	○		✗			
✗	✗	✗	✗	✗	○	ähnlich	◉	✗	✗	✗	✗	✗
	✗					allmählich	○		✗			
✗	✗	✗	✗	✗	○	ängstlich	◉	✗	✗	✗	✗	✗
						ängstlicher	○					
						appetitlich	○					
	✗		✗			ärgerlich	○		✗		✗	
						ärgerlicher	○					
						ärztlich	○					
						bedrohlich	○					
						beruflich	○					
						beweglich	○					
						bitterlich	○					
						brieflich	○					
✗	✗	✗	✗	✗	○	deutlich	◉	✗	✗	✗	✗	✗
						dienstlich	○					
✗	✗	✗	✗	✗		ehrlich	◉	✗	✗	✗	✗	✗
✗	✗	✗		✗	○	eigentlich	●	✗	✗	✗		✗
✗						empfindlich	○	✗				
	✗	✗	✗	✗	○	endlich	◉		✗	✗	✗	✗
						entsetzlich	○					
						feierlich	○					
						feindlich	○					
						festlich	○					
	✗	✗	✗	✗	○	freundlich	◉		✗	✗	✗	✗
						freundlicher	○					
✗	✗				○	friedlich	○	✗	✗			
✗	✗	✗	✗	✗	○	fröhlich	●	✗	✗	✗	✗	✗
						fröhlicher	○					
	✗				○	fürchterlich	○		✗			
						gastlich	○					
✗	✗	✗	✗	✗	○	gefährlich	◉	✗	✗	✗	✗	✗
						gemeinschaftlich	○					
	✗					gemütlich	○		✗			
						geschäftlich	○					
						gesetzlich	○					
✗	✗	✗	✗	✗	○	glücklich	◉	✗	✗	✗	✗	✗
						glücklicher	○					
						gründlich	○					
					○	hässlich	○					
						heimlich	○					
						heimlich	○					
	✗	✗	✗	✗	○	herrlich	○		✗	✗	✗	✗

Klassenstufen 1-2						Wörter	Klassenstufen 3-4					
Bay	NiSa	S	S-A	Th	LB		LB	Bay	NiSa	S	S-A	Th
						herzlich	○					
						herzlicher	○					
	✗					*herzliche Grüße*	○		✗			
✗	✗	✗	✗	✗	○	hoffentlich	◉	✗	✗	✗	✗	✗
		✗	✗	✗		höflich	◉			✗	✗	✗
						irrtümlich	○					
						jährlich	○					
						jämmerlich	○					
✗						jugendlich	○	✗				
						kirchlich	○					
						klammheimlich	○					
						kränklich	○					
						ländlich	○					
					○	lieblich	○					
						meisterlich	○					
						menschlich	○					
	✗	✗				möglich	○		✗	✗		
						monatlich	○					
						mütterlich	○					
						nachbarschaftlich	○					
	✗			✗	○	nämlich	●		✗			✗
✗	✗				○	natürlich	◉	✗	✗			
					○	neulich	○					
				✗		niedlich	○					✗
✗		✗	✗	✗		nützlich	○	✗		✗	✗	✗
		✗	✗	✗		ordentlich	○			✗	✗	✗
						österlich	○					
						persönlich	○					
✗	✗	✗	✗	✗	●	plötzlich	●	✗	✗	✗	✗	✗
		✗	✗	✗	○	pünktlich	○			✗	✗	✗
						reichlich	○					
						rundlich	○					
						säuerlich	○					
		✗	✗	✗		schädlich	○			✗	✗	✗
✗	✗			✗	○	schrecklich	◉	✗	✗			✗
						schrecklicher	○					
						sicherlich	○					
						sommerlich	○					
						sportlich	○					
						staatlich	○					
						sträflich	○					
					○	täglich	○					
					○	tatsächlich	○					
						tauglich	○					
						tröstlich	○					
						üblich	○					
						unglücklich	○					
					○	unheimlich	○					

Klassenstufen 1-2						Wörter	Klassenstufen 3-4					
Bay	NiSa	S	S-A	Th	LB		LB	Bay	NiSa	S	S-A	Th
						unterschiedlich	○					
						unverbesserlich	○					
						urzeitlich	○					
						verächtlich	○					
						verantwortlich	○					
						verständlich	○					
						verwandtschaftlich	○					
						verzeihlich	○					
						volkstümlich	○					
	✗				○	wahrscheinlich	○		✗			
						widerlich	○					
	✗	✗	✗	✗	○	wirklich	◉		✗	✗	✗	✗
	✗			✗	○	ziemlich	◉		✗			✗
		✗	✗	✗		zierlich	○			✗	✗	✗

3.12.5 Wörter mit der Endung –los

Klassenstufen 1-2						Wörter	Klassenstufen 3-4					
Bay	NiSa	S	S-A	Th	LB		LB	Bay	NiSa	S	S-A	Th
						achtlos	○					
						ahnungslos	○					
						arbeitslos	○					
						bewusstlos	○					
						endlos	○					
						ergebnislos	○					
						furchtlos	○					
						grenzenlos	○					
						hilflos	○					
						hoffnungslos	○					
						lückenlos	○					
						mühelos	○					
						mutlos	○					
						ratlos	○					
						restlos	○					
						schuldlos	○					
						spurlos	○					
						wehrlos	○					
						zwecklos	○					

3.12.6 Wörter mit der Endung –sam

Klassenstufen 3-4						Wörter	Klassenstufen 3-4					
Bay	NiSa	S	S-A	Th	LB		LB	Bay	NiSa	S	S-A	Th
						achtsam	○					
					○	aufmerksam	○					
						biegsam	○					
						einsam	○					
						einsamer	○					
						furchtsam	○					
	✗	✗	✗		○	gemeinsam	◉		✗	✗	✗	
	✗	✗	✗	✗	●	langsam	●		✗	✗	✗	✗
						langsamer	○					
						mühsam	○					
						ratsam	○					
					○	seltsam	○					
					○	sparsam	○					
						wachsam	○					
						wirksam	○					

3.13 Wörter mit Substantivendungen

3.13.1 Wörter mit der Endung –chen

Klassenstufen 1-2						Wörter	Klassenstufen 3-4					
Bay	NiSa	S	S-A	Th	LB		LB	Bay	NiSa	S	S-A	Th
						Abzeichen	○					
						Brettchen	○					
✗					◉	Brötchen	○	✗				
					○	Eichhörnchen	○					
						Gänseblümchen	○					
						Gässchen	○					
						Gruselmärchen	○					
						Gummibärchen	○					
						Häkchen	○					
						Küsschen	○					
						Lehrmädchen	○					
					○	Maiglöckchen	○					
				✗	○	Märchen	○					✗
					○	Meerschweinchen	○					
✗		✗	✗	✗	○	Päckchen	◉	✗		✗	✗	✗
						Pärchen	○					
						Veilchen	○					
						Waldmännchen	○					
						Würstchen	○					

3.13.2 Wörter mit der Endung –heit

Klassenstufen 1-2						Wörter	Klassenstufen 3-4					
Bay	NiSa	S	S-A	Th	LB		LB	Bay	NiSa	S	S-A	Th
						Berühmtheit	○					
✗						Dummheit	○	✗				
						Dunkelheit	○					
						Einzelheit	○					
						Frechheit	○					
✗						Freiheit	○	✗				
						Geborgenheit	○					
						Gelegenheit(en)	○					
						Gesundheit	○					
						Gewissheit	○					
						Kindheit	○					
						Klarheit	○					
						Klugheit	○					
	✗				○	Krankheit	○		✗			
						Rohheit	○					
						Schönheit(en)	○					
						Seltenheit	○					
						Sicherheit	○					

Klassenstufen 1-2						Wörter	Klassenstufen 3-4					
Bay	NiSa	S	S-A	Th	LB		LB	Bay	NiSa	S	S-A	Th
						Verlegenheit	○					
	✗	✗	✗	✗		Wahrheit(en)	○		✗	✗	✗	✗

3.13.3 Wörter mit der Endung –ion

Klassenstufen 1-2						Wörter	Klassenstufen 3-4					
Bay	NiSa	S	S-A	Th	LB		LB	Bay	NiSa	S	S-A	Th
						Addition	○					
						Diskussion	○					
						Division	○					
						Endstation	○					
✗						Information(en)	○	✗				
						Kanalisation	○					
						Million(en)	○					
						Multiplikation	○					
						Organisation	○					
					○	Portion	○					
						Subtraktion	○					
		✗	✗	✗		Stadion	○			✗	✗	✗
						Unfallstation	○					

3.13.4 Wörter mit der Endung –keit

Klassenstufen 1-2						Wörter	Klassenstufen 3-4					
Bay	NiSa	S	S-A	Th	LB		LB	Bay	NiSa	S	S-A	Th
						Ähnlichkeit	○					
						Bequemlichkeit	○					
						Ehrlichkeit	○					
						Einigkeit	○					
						Einsamkeit	○					
✗						Feuchtigkeit	○	✗				
✗						Flüssigkeit		✗				
✗						Fröhlichkeit		✗				
						Gemeinsamkeit	○					
						Gerechtigkeit	○					
						Geschicklichkeit	○					
						Helligkeit	○					
						Höflichkeit	○					
						Möglichkeit	○					
						Müdigkeit	○					
						Notwendigkeit	○					
						Sauberkeit	○					
✗						Schwierigkeit		✗				

Klassenstufen 1-2						Wörter	Klassenstufen 3-4					
Bay	NiSa	S	S-A	Th	LB		LB	Bay	NiSa	S	S-A	Th
✗						Süßigkeit	○	✗				
						Tapferkeit	○					
						Tätigkeit	○					
						Traurigkeit	○					
						Wichtigkeit	○					
						Wirklichkeit	○					

3.13.5 Wörter mit der Endung –nis

Klassenstufen 1-2						Wörter	Klassenstufen 3-4					
Bay	NiSa	S	S-A	Th	LB		LB	Bay	NiSa	S	S-A	Th
						Ereignis	○					
				✗		Ergebnis	○					✗
✗				✗		Erlaubnis		✗				
✗	✗			✗	○	Erlebnis(se)	◉	✗	✗			✗
						Finsternis	○					
✗	✗			✗		Geheimnis(se)	○	✗	✗			✗
						Geständnis	○					
						Gleichnis	○					
						Mondfinsternis	○					
						Versäumnis	○					
				✗		Verzeichnis(se)	○					✗
						Wagnis	○					
						Wildnis	○					
✗	✗			✗		Zeugnis(se)	◉	✗	✗			✗

3.13.6 Wörter mit der Endung –schaft

Klassenstufen 1-2						Wörter	Klassenstufen 3-4					
Bay	NiSa	S	S-A	Th	LB		LB	Bay	NiSa	S	S-A	Th
						Eigenschaft	○					
						Feindschaft	○					
						Freundschaft(en)	○					
						Gemeinschaft	○					
						Herrschaft	○					
						Landschaft	○					
						Leidenschaft	○					
						Mannschaft	○					
						Meisterschaft	○					
						Verwandtschaft	○					

3.13.7 Wörter mit der Endung –tum

Klassenstufen 1-2						Wörter	Klassenstufen 3-4					
Bay	NiSa	S	S-A	Th	LB		LB	Bay	NiSa	S	S-A	Th
		✗		✗		Eigentum	○			✗		✗
						Irrtum	○					
						Reichtum	○					
						Territorium / Territorien	○					
						Wachstum	○					

3.13.8 Wörter mit der Endung –um

Klassenstufen 1-2						Wörter	Klassenstufen 3-4					
Bay	NiSa	S	S-A	Th	LB		LB	Bay	NiSa	S	S-A	Th
					○	Album	○					
						Aquarium / Aquarien	○					
						Datum / Daten	○					
						Gymnasium / Gymnasien	○					
		✗			○	Konsum	○			✗		
						Museum / Museen	○					
						Zentrum	○					

3.13.9 Wörter mit der Endung –ung

Klassenstufen 1-2						Wörter	Klassenstufen 3-4					
Bay	NiSa	S	S-A	Th	LB		LB	Bay	NiSa	S	S-A	Th
						Abbildung	○					
						Achtung	○					
	✗					Ahnung	○		✗			
						Änderung	○					
						Anlehnung	○					
						Anstrengung	○					
						Aufklärung	○					
	✗					Aufregung	○		✗			
						Ausbildung(en)	○					
				✗		Ausstellung	○					✗
						Bedeutung(en)	○					
						Bedrohung	○					
						Begegnung	○					
						Beleidigung	○					
	✗					Belohnung	○		✗			
						Beobachtung(en)	○					
	✗	✗	✗	✗		Berichtigung(en)	○		✗	✗	✗	✗
						Beschäftigung	○					
						Beschreibung	○					
						Besichtigung	○					

Klassenstufen 1-2						Wörter	Klassenstufen 3-4					
Bay	NiSa	S	S-A	Th	LB		LB	Bay	NiSa	S	S-A	Th
						Besserung	O					
						Bestäubung	O					
						Bestimmung	O					
						Betonung(en)	O					
						Betrachtung	O					
						Beugung	O					
						Bewegung	O					
						Bezeichnung	O					
						Biegung	O					
						Bildung	O					
						Bohrung	O					
						Dämmerung	O					
						Dehnung	O					
						Deutung	O					
						Drehung	O					
					O	Drohung	O					
						Ehrung	O					
					O	Einladung(en)	O					
						Empfangsbescheinigung	O					
						Empfindung	O					
						Entdeckung	O					
✗						Entfernung	O	✗				
						Entführung	O					
						Entscheidung	O					
	✗					Entschuldigung(en)	O		✗			
						Enttäuschung(en)	O					
✗						Entwicklung(en)	O	✗				
						Erfahrung	O					
						Erfindung(en)	O					
						Erfüllung	O					
						Ergänzung	O					
						Erholung	O					
						Erinnerung(en)	O					
						Erklärung	O					
						Ermahnung	O					
						Ermäßigung	O					
						Ernährung	O					
✗						Erwartung		✗				
✗						Erzählung(en)	O	✗				
						Erziehung	O					
✗						Führung	O	✗				
						Füllung	O					
						Fütterung(en)	O					
						Geschenkpackung	O					
						Handlung	O					
						Häutung	O					
✗	✗	✗	✗			Heizung	O	✗	✗	✗	✗	
✗						Herstellung		✗				

Klassenstufen 1-2						Wörter	Klassenstufen 3-4					
Bay	NiSa	S	S-A	Th	LB		LB	Bay	NiSa	S	S-A	Th
						Hoffnung(en)	○					
✗						Impfung	○	✗				
						Kleidung	○					
✗					○	Kreuzung(en)	○	✗				
						Krümmung	○					
						Lagerung	○					
						Lähmung	○					
						Laubfärbung	○					
						Leitung	○					
						Lenkung	○					
						Lieferung	○					
						Lockerung	○					
						Lösung	○					
						Mahnung	○					
	✗					Meinung(en)	○		✗			
						Meldung	○					
✗		✗	✗	✗	○	Nahrung(en)	◉	✗		✗	✗	✗
						Notlandung	○					
						Nummerierung	○					
						Öffnung	○					
		✗	✗	✗		Ordnung	○			✗	✗	✗
						Orientierung	○					
		✗	✗	✗	○	Prüfung(en)	◉			✗	✗	✗
						Quetschung	○					
						Quittung(en)	○					
						Rechnung	○					
						Reibung	○					
						Reizung	○					
						Rettung	○					
						Richtung(en)	○					
						Rührung	○					
✗						Sammlung	○	✗				
						Schätzung	○					
						Schonung	○					
						Sendung(en)	○					
						Senkung	○					
				✗		Spannung	○					✗
						Spiegelung	○					
						Sprengung	○					
						Spülung	○					
						Steigung	○					
						Stimmung	○					
						Störung	○					
						Streckung	○					
						Strömung	○					
						Täuschung	○					
						Teuerung	○					
						Tötung	○					

| Klassenstufen 1-2 | | | | | | Wörter | Klassenstufen 3-4 | | | | | |
Bay	NiSa	S	S-A	Th	LB		LB	Bay	NiSa	S	S-A	Th
						Trauung	○					
						Trennung	○					
						Trübung	○					
						Überraschung	○					
		✗	✗		○	Übung(en)	○			✗	✗	
						Unterscheidung	○					
						Verachtung	○					
						Verantwortung	○					
						Verbesserung	○					
✗						Verbrennung		✗				
✗						Verletzung	○	✗				
✗						Verpackung		✗				
				✗		Versammlung	○					✗
✗						Verschmutzung		✗				
						Versöhnung	○					
						Verständigung	○					
						Verteidigung	○					
						Verwaltung	○					
						Verwechslung(en)	○					
						Verzeihung	○					
						Vorführung(en)	○					
						Vorstellung(en)	○					
						Wanderung(en)	○					
						Warnung	○					
						Wendung	○					
						Werbung	○					
						Wertung	○					
						Wirkung	○					
						Witterung	○					
	✗	✗	✗	✗	◉	Wohnung(en)	●		✗	✗	✗	✗
						Zähmung	○					
						Zeichnung	○					
✗	✗	✗	✗	✗	○	Zeitung(en)	◉	✗	✗	✗	✗	✗

4   Literaturverzeichnis

4.1   Verwendete Schulbücher (alphabetisch geordnet nach Schulbuchverlagen):

Auer Verlag:

Dolenc, R., Fisgus, Ch., Kraft, G., Röbe, E. & Röbe, H. (1999). Mein *Rechtschreibheft. Der Weg zum sicheren Schreiben. 2. Jahrgangsstufe.* Donauwörth: Auer.

Dolenc, R., Fisgus, Ch., Kraft, G., Röbe, E. & Röbe, H. (2001). *Das Auer Rechschreibheft 1/2.* Donauwörth: Auer.

Plötzl, F. (1999). *Spaß mit dem Grundwortschatz. Ein systematischer Rechtschreiblehrgang für die 3. Jahrgangsstufe.* Donauwörth: Auer.

Plötzl, F. (1999). *Spaß mit dem Grundwortschatz. Ein systematischer Rechtschreiblehrgang für die 4. Jahrgangsstufe.* Donauwörth: Auer.

Cornelsen:

Hanefeld, D. (1992). *Grundwortschatz-Kartei 1./2. Schuljahr* (2. Aufl.). Berlin: Cornelsen.

Hanefeld, D. (1992). *Grundwortschatz-Kartei 3./4. Schuljahr* (2. Aufl.). Berlin: Cornelsen.

Kleingeist, H., Pollert, M. & Schwartz, K. (1996). *Der neue Sprachschatz (3), neue Rechtschreibung, Schülerbuch.* Berlin: Cornelsen.

Kleingeist, H., Pollert, M. & Schwartz, K. (1996). *Der neue Sprachschatz (4), neue Rechtschreibung, Schülerbuch.* Berlin: Cornelsen.

Diesterweg:

Buck, S. (1997*). Sprachbuch: „Bausteine Deutsch" (2. Klasse). Ausgabe N.* Frankfurt/M.: Diesterweg.

Buck, S. (1997). *Sprachbuch: „Bausteine Deutsch" (2. Klasse). Ausgabe S.* Frankfurt/M.: Diesterweg.

Buck, S. (1997). *Sprachbuch: „Bausteine Deutsch" (3. Klasse). Ausgabe N.* Frankfurt/M.: Diesterweg.

Buck, S. (1997). *Sprachbuch: „Bausteine Deutsch" (3. Klasse). Ausgabe S.* Frankfurt/M.: Diesterweg.

Buck, S. (1997). *Sprachbuch: „Bausteine Deutsch" (4. Klasse). Ausgabe N.* Frankfurt/M.: Diesterweg.

Buck, S. (1997). *Sprachbuch: „Bausteine Deutsch" (4. Klasse). Ausgabe S.* Frankfurt/M.: Diesterweg.

Klett:

Abt, U. (2001). *Der Sprachfuchs Bayern neu.* Stuttgart: Klett.

Everling, G., Gauggel, F., Kauffeld, H. (1997). *Sprachfuchs II, Ausgabe für Baden-Württemberg, neue Rechtschreibung, Sprachbuch für Klasse 2.* Stuttgart: Klett.

Everling, G., Gauggel, F., Kauffeld, H. (1997). *Sprachfuchs II, Ausgabe für Hessen, neue Rechtschreibung, Sprachbuch für Klasse 2.* Stuttgart: Klett.

Everling, G., Gauggel, F., Kauffeld, H. (1997). *Sprachfuchs II, Ausgabe für Rheinland-Pfalz, neue Rechtschreibung, Sprachbuch für Klasse 2.* Stuttgart: Klett.

Everling, G., Gauggel, F., Kauffeld, H. (1997). *Sprachfuchs II, Ausgabe für Rheinland-Pfalz, neue Rechtschreibung, Sprachbuch für Klasse 3.* Stuttgart: Klett.

Everling, G., Gauggel, F., Kauffeld, H. (1997). *Sprachfuchs II, Ausgabe Nord (Schleswig-Holstein, Niedersachsen, Hamburg, Bremen, Berlin), neue Rechtschreibung, Sprachbuch für Klasse 2.* Stuttgart: Klett.

Everling, G., Gauggel, F., Kauffeld, H. (1997). *Sprachfuchs II, Ausgabe Nord (Schleswig-Holstein, Niedersachsen, Hamburg, Bremen, Berlin), neue Rechtschreibung, Sprachbuch für Klasse 3.* Stuttgart: Klett.

Everling, G., Gauggel, F., Kauffeld, H. (1999). *Sprachfuchs II, Ausgabe für Baden-Württemberg, neue Rechtschreibung, Sprachbuch für Klasse 3.* Stuttgart: Klett.

Everling, G., Gauggel, F., Kauffeld, H. (1999). *Sprachfuchs II, Ausgabe für Hessen, neue Rechtschreibung, Sprachbuch für Klasse 3.* Stuttgart: Klett.

Everling, G., Gauggel, F., Kauffeld, H. (1999). *Sprachfuchs II, Ausgabe Nord (Schleswig-Holstein, Niedersachsen, Hamburg, Bremen, Berlin), neue Rechtschreibung, Sprachbuch für Klasse 4.* Stuttgart: Klett.

Everling, G., Gauggel, F., Kauffeld, H. (2001). *Sprachfuchs II, Ausgabe für Baden-Württemberg, neue Rechtschreibung, Sprachbuch für Klasse 4.* Stuttgart: Klett.

Everling, G., Gauggel, F., Kauffeld, H. (2001). *Sprachfuchs II, Ausgabe für Hessen, neue Rechtschreibung, Sprachbuch für Klasse 3.* Stuttgart: Klett.

Everling, G., Herbert, M., Renatus, K. (1997). *Der neue Sprachfuchs, systematische Ausgabe für Sachsen, neue Rechtschreibung, Übungsbuch für das 2. Schuljahr.* Stuttgart: Klett.

Everling, G., Herbert, M. & Renatus, K. (1998). *Der neue Sprachfuchs, systematische Ausgabe für Sachsen, neue Rechtschreibung, Übungsbuch für das 4. Schuljahr.* Stuttgart: Klett.

Everling, G., Herbert, M. & Renatus, K. (2001). *Der neue Sprachfuchs, systematische Ausgabe für Sachsen, neue Rechtschreibung, Übungsbuch für das 3. Schuljahr.* Stuttgart: Klett.

Gramsamer, G. & Holzner, F. (1997). *Sicher zu Grundwortschatz, neue Rechtschreibung, 3. Schuljahr.* Stuttgart: Klett.

Gramsamer, G. & Holzner, F. (1998). *Sicher zu Grundwortschatz, neue Rechtschreibung, 4. Schuljahr.* Stuttgart: Klett.

Heimerl, H., Janouschek, H & Herbert, M. (1999). *Der Sprachfuchs, Ausgabe Bayern, 3. Schuljahr.* Stuttgart: Klett.

Renatus, K., Everling, G. & Herbert, M. (1997). *Der neue Sprachfuchs, systematische Ausgabe, neue Rechtschreibung, Übungsbuch für das 3. Schuljahr.* Stuttgart: Klett.

Renatus, K., Everling, G. & Herbert, M. (1998). *Der neue Sprachfuchs, systematische Ausgabe, neue Rechtschreibung, Übungsbuch für das 4. Schuljahr.* Stuttgart: Klett.

Oldenbourg:

Brettel, I. & Scholze, C. (2001). *Grundwortschatz spielend leicht 1.* München: Oldenbourg.

Burs, C., Derwensky, H. & Jarosch, E. (2001). *Leseschule, Lese-Sprach-Buch, Ausgabe A, neue Rechtschreibung, 4. Schuljahr.* München: Oldenbourg.

Burs, C., Derwensky, H. & Jarosch, E. (2001). *Leseschule, Lese-Sprach-Buch, Ausgabe C, neue Rechtschreibung, 4. Schuljahr.* München: Oldenbourg.

Fackelmann, J. & Müller R. (1997) *Diktatbuch 1, Übungsnachschriften zum Grundwortschatz.* München: Oldenbourg.

Regelein, S. (1998). *Grundwortschatz spielend leicht 3.* München: Oldenbourg.

Scholze, C., Brettel, I. & Regelein, S. (1997). *Grundwortschatz spielend leicht 4.* München: Oldenbourg.

Volk und Wissen:

Bartoniček, N, Fürniß, H., Kasten, B., Szelenko, C. & Wegener, B. (2003). *Sprachfreunde 3, Sprechen, Schreiben, Spielen*. Berlin: Volk und Wissen.

Noack, I., Sonnenburg, P., Tosch, E. & Wolt, R. (2002). *Sprachfreunde 3, Sprechen, Schreiben, Spielen*. Berlin: Volk und Wissen.

Szelenko, C., Schmidt, T. & Wessel, H. (2001). *Sprachfreunde 2, Sprechen, Schreiben, Spielen*. Berlin: Volk und Wissen.

Westermann:

Avila, M., Berg, K., Dick, G., Eckert, C., Koenen, M., Kronsteiner, E. & Odersky, E. (2001). *Leporello 1, miteinander sprechen, schreiben, lesen, Ausgabe Bayern*. Braunschweig: Westermann.

Avila, M., Eckert, Ch. & Kronsteiner, E. (2001). *Leporello 2, miteinander sprechen, schreiben, lesen, neue Rechtschreibung, Ausgabe Bayern*. Braunschweig: Westermann.

Dick, G. & Koenen, M. (1998). *Leporello 2, sprechen, schreiben, lesen, allgemeine Ausgabe, neue Rechtschreibung, Sprachbuch*. Braunschweig: Westermann.

Dick, G. & Koenen, M. (1998). *Leporello 2. Sprechen, schreiben, lesen, Ausgabe Baden-Württemberg, neue Rechtschreibung, Sprachbuch*. Braunschweig: Westermann.

Dick, G. & Koenen, M. (1998). *Leporello 2, sprechen, schreiben, lesen, Ausgabe Rheinland-Pfalz/Saarland, neue Rechtschreibung, Sprachbuch*. Braunschweig: Westermann.

Dick, G. & Koenen, M. (1999). *Leporello 3, sprechen, schreiben, lesen, Allgemeine Ausgabe, neue Rechtschreibung, Sprachbuch*. Braunschweig: Westermann.

Dick, G. & Koenen, M. (1999). *Leporello 3, sprechen, schreiben, lesen, Ausgabe Baden-Württemberg, neue Rechtschreibung, Sprachbuch*. Braunschweig: Westermann.

Dick, G. & Koenen, M. (1999*). Leporello 3, sprechen, schreiben, lesen, Ausgabe Rheinland-Pfalz/Saarland, neue Rechtschreibung, Sprachbuch*. Braunschweig: Westermann.

Dick, G. & Koenen, M. (2000). *Leporello 3,. sprechen, schreiben, lesen, Allgemeine Ausgabe, neue Rechtschreibung, Sprachbuch*. Braunschweig: Westermann.

Dick, G. & Koenen, M. (2000). *Leporello 4, sprechen, schreiben, lesen, Ausgabe Baden-Württemberg, neue Rechtschreibung, Sprachbuch*. Braunschweig: Westermann.

Dick, G. & Koenen, M. (2000). *Leporello 4, sprechen, schreiben, lesen, Ausgabe Rheinland-Pfalz/Saarland, neue Rechtschreibung, Sprachbuch*. Braunschweig: Westermann.

Eberle, V., Goigner, H. & Günther, H.-P. (1996). *Miteinander sprechen, Sprachbuch für bayerische Grundschulen, neue Rechtschreibung, 2. Jahrgangsstufe*. Braunschweig: Westermann.

Eberle, V., Goigner, H. & Günther, H.-P. (1996). *Miteinander sprechen, Sprachbuch für bayerische Grundschulen, neue Rechtschreibung, 3. Jahrgangsstufe*. Braunschweig: Westermann.

Eberle, V., Goigner, H. & Günther, H.-P. (1996*). Miteinander sprechen, Sprachbuch für bayerische Grundschulen, neue Rechtschreibung, 4. Jahrgangsstufe*. Braunschweig: Westermann.

Koch, H., Lang, D. & Taubert-Striese, A. (2001). *Mobile Sprachbuch, Ausgabe Bayern, neue Rechtschreibung, 1./2. Jahrgangsstufe*. Braunschweig: Westermann.

Wedel-Wolff, A. & Wespel, M. (1999). *Mobile Sprachbuch, Allgemeine Ausgabe, neue Rechtschreibung, 2. Schuljahr*. Braunschweig: Westermann.

Wedel-Wolff, A. & Wespel, M. (1999). *Mobile Sprachbuch, Ausgabe Baden-Württemberg, neue Rechtschreibung, 2. Schuljahr*. Braunschweig: Westermann.

Wedel-Wolff, A. & Wespel, M. (2000). *Mobile Sprachbuch, allgemeine Ausgabe, neue Rechtschreibung, 3. Schuljahr.* Braunschweig: Westermann.

Wedel-Wolff, A. & Wespel, M. (2000). *Mobile Sprachbuch, Ausgabe Baden-Württemberg, neue Rechtschreibung, 4. Schuljahr.* Braunschweig: Westermann.

Wedel-Wolff, A., Wespel, M. & Odersky, E. (2001). *Mobile Sprachbuch, allgemeine Ausgabe, neue Rechtschreibung, 4. Schuljahr.* Braunschweig: Westermann.

4.2 Grundwortschatzlisten aus folgenden Lehrplänen:

Bayern (2000). *Lehrplan für bayerische Grundschulen.* Bayrisches Staatsministerium für Unterricht und Kultus (Hrsg.).

Niedersachsen (1984). Rahmenrichtlinien für die Grundschule: Deutsch. Der niedersächsische Kultusminister (Hrsg.). Hannover: Schroedel Schulbuchverlag.

Sachsen (1992). *Lehrplan Grundschule.* Sächsisches Staatsministerium für Kultus (Hrsg.). Dresden: Sächsisches Druck- und Verlaghaus.

Sachsen-Anhalt (1993). *Rahmenrichtlinien Grundschule: Deutsch.* Kultusministerium des Landes Sachsen-Anhalt (Hrsg.). Magdeburg: Druckerei und Verlag Gebr. Garloff.

Thüringen (1999). *Lehrplan für die Grundschule und für die Förderschule mit dem Bildungsgang der Grundschule: Deutsch.* Thüringer Kultusministerium (Hrsg.).

4.3 Wissenschaftliche Literatur:

Stock, C. (2005). *Über phonologische und schriftsprachliche Kompetenzen deutscher Grundschüler: Eine Bestandsaufnahme. Hamburg:* Kovač.

Stock, C. & Schneider, W. (2007a). *Deutscher Rechtschreibtest für das dritte und vierte Schuljahr (DERET 3-4+).* Göttingen: Beltz Test GmbH.

Stock, C. & Schneider, W. (2007b). *Deutscher Rechtschreibtest für das erste und zweite Schuljahr (DERET 1-2+).* Göttingen: Beltz Test GmbH.